国学经典丛书

名家注译本

战国策

王华宝　注译

长江出版传媒
长江文艺出版社

图书在版编目（CIP）数据

战国策 / 王华宝注译. -- 武汉 ：长江文艺出版社，2019.6（2023.9 重印）
（国学经典丛书. 第二辑）
ISBN 978-7-5702-0424-3

Ⅰ. ①战… Ⅱ. ①王… Ⅲ. ①中国历史－战国时代－史籍②《战国策》－注释③《战国策》－译文 Ⅳ. ①K231.04

中国版本图书馆 CIP 数据核字（2018）第 102149 号

责任编辑：梅若冰　　责任校对：毛季慧
封面设计：新华智品　　责任印制：邱　莉　王光兴

出版：长江出版传媒 | 长江文艺出版社
地址：武汉市雄楚大街 268 号　　邮编：430070
发行：长江文艺出版社
http://www.cjlap.com
印刷：三河市百盛印装有限公司

开本：880 毫米×1230 毫米　1/32　　印张：11.75
版次：2019 年 6 月第 1 版　　2023 年 9 月第 2 次印刷
字数：314 千字

定价：79.80 元

总 序

郭齐勇　武汉大学国学院院长

国学大师钱穆先生曾说“今人率言‘革新’，然革新固当知旧”。对现代人尤其是青年一代来说，缺乏的也许不是所谓的“革新力量”，而是“知旧”，也即对传统的了解。

中国文化传统的源头，都在中国古代经典当中。从先秦的《诗经》《易经》，晚周诸子，前四史与《资治通鉴》，骚体诗、汉乐府和辞赋，六朝骈文，直到唐诗、宋词、元曲和明清小说，在传统经典这条源远流长的巨川大河中，流淌着多少滋养着我们精神的养分和元气！

《说文解字》上说“经”是一种有条不紊的编织排列，《广韵》上说“典”是一种法、一种规则。经与典交织运作，演绎中国文化的风貌，制约着我们的日常行为规范、生活秩序。中国文化的基调，总体上是倾向于人间的，是关心人生、参与人生、反映人生的，当然也是指导人生的。无论是春秋战国的诸子哲学，汉魏各家的传经事业，韩柳欧苏的道德文章，程朱陆王的心性义理；还是先民传唱的诗歌，屈原的忧患行吟，都洋溢着强烈的平民性格、人伦大爱、家国情怀、理想境界。尤其是四书五经，更是中国人的常经、常道。这些对当下中国人治国理政，建构健康人格，铸造民族精魂都具有重要意义。经典是当代人增长生命智慧的源头活水！

长江文艺出版社历来重视中华民族优秀传统文化的传播及普及，近年来更在阐释传统经典、传承核心文化价值，建构文化认同的大纛下努力向中国古典文化的宝库掘进。他们欲推出《国学经典丛书》，殊为可喜。

怎么样推广这些传统文化经典呢？

古代经典和现代读者的阅读习惯及趣味本来有一定差距，如果再板起面孔、高高在上，只会让现代读者望而生畏。当然，经典也不是任人打扮的小姑娘，一味将它鸡汤化、庸俗化、功利化，也会让它变味。最好的办法就是，既忠实于经典的原汁原味，又方便读者读懂经典，易于接受。在这个原则的指导下，《国学经典丛书》首先是以原典为主，尊重原典，呈现原典。同时又照顾现实需要，为现代读者阅读经典扫除障碍，对经典作必要的字词义的疏通。这些必要精到的疏通，给了现代读者一把迈入经典大门的钥匙，开启了现代读者与古圣先贤神交的窗口。

放眼当下出版界，传统文化出版物鱼目混珠、泥沙俱下，诸多出版商打着传承古典文化的旗号，曲解经典，对现代读者尤其是广大青少年认知传承经典起了误导作用。有鉴于此，长江文艺出版社推出的《国学经典丛书》特别注重版本的选取。这套丛书大多数择取了当前国内已经出版过的优秀版本，是请相关领域的名家、专业人士重新梳理的。这些版本在尊重原典的前提下同时兼顾其普及性，希望读者能有一次轻松愉悦的古典之旅。

种种原因，这套丛书必然会有缺点和疏漏，祈望方家指正。

前　言

《战国策》也称《国策》，是一部独特的国别体著作，也可以说是一部独特的言论集、故事集。它主要记载了战国时期策士游说诸侯、国君的活动和说辞，以及一些相关史实和历史人物。它以策士的游说活动为中心，反映了战国至秦汉之际的社会风貌和各国政治、经济、军事、外交方面的重大活动，生动记载了纵横家们的机智善辩、聪明智慧。

《战国策》最早是分散的书册，名称不一，有“国事”“短长”“国策”“事语”“长书”“修书”等说。这些书一直流传到西汉，刘向（公元前 77 年—前 6 年）去其重复，校其脱误，考订整理后，定名为《战国策》，按国别记述、分篇，计有东周一、西周一、秦五、齐六、楚四、赵四、魏四、韩三、燕三、宋卫合为一、中山一，总计为 12 国、33 篇。

此书记事年代大约在春秋之后、楚汉相争之前，达 240 多年。纵横家们在当时的社会大舞台上演出了一幕幕生动感人、有声有色的话剧。战国策士们的道德人品、游说背景、目的、方法、文化修养、个人气质等各不相同，此类资料在长期流传过程中又经过增删润色，因此，《战国策》的文辞绚丽多彩、不拘一格：或词锋锐利，气势逼人；或迂徐曲折，委婉含蓄；或酣畅淋漓，恣意铺陈；或三言两语，短小精悍；或短兵相接，唇枪舌剑；或滑稽诙谐，嬉笑怒骂。而其中的寓言故事，诸如“鹬蚌相争，渔翁得利”“画蛇添足”“狐假虎威”“亡羊补牢”“南辕北辙”等，更是家喻户晓，万古流传。

一、关于作者

《战国策》的作者，历来众说纷纭，莫衷一是。人们对《战国策》的成书年代作了大量考证，主要有以下几种观点：一是战国时人所著。书中有许多人和事都是战国时代的，如长平之战、荆轲刺秦王等，因此认为其中大部分作品是战国时人所著。二是秦末楚汉之际人所著。如有人认为古本有《蒯通说韩信自立》，大概就是楚汉时人的著作。三是一部分出自西汉时人之手。西汉时有许多人如蒯通、边通、主父偃等都好“长短纵横之术”，蒯通还撰有《隽永》凡 81 篇，通论战国时游说之士的权变和自己关于纵横之术的理论，故有些学者考证推论刘向所依据的《短长》《长书》《修书》，可能就是西汉人所学之长短纵横术，或者直接就是蒯通的《隽永》，而蒯通可能就是《战国策》一书的作者之一。

要想解决这一问题，必须结合《战国策》的流传和成书过程来考虑。刘向《战国策书录》说：“所校中《战国策》书，中书余卷，错乱相糅莒。又有国别者八，篇少不足。臣向因国别者，略以时次之，分别不以序者以相补……中书本号，或曰国策，或曰国事，或曰短长，或曰事语，或曰长书，或曰修书。”很明显，《战国策》的资料来源相当广泛，并非出自一时、一地，成于一人之手。《战国策书录》又说：“臣向以为战国时，游士辅所用之国，为之策谋，宜为《战国策》。”战国以后，策士游说之余风犹存，与汉高祖刘邦同时的辩士蒯通“善为长短说，论战国之权变，为八十一首”（《史记·田儋列传》），景帝时邹阳也著书七篇，武帝时主父偃“学长短纵横之术”（《史记·平津侯主父列传》），著书二十八篇，边通也曾“学长短”（《史记·酷吏列传》），他如徐乐、严安、聊苍等也都有所著述，他们编次相关资料，涉及汉代之事，是完全有可能的。但是，汉人为纵横学说的相关著作，与刘向所编《战国策》并无关联。《汉书·艺文志》著录《战国策》三十三篇，同时著录《蒯子五篇》，班固自注：“名通。”《汉书·蒯通传》说：“通论战国时说士权变，亦自序其说，凡八十一首，号曰《隽永》。”据此，蒯通一方面编次战国策士之说辞，另一方面，自己也有所创作，他自己的著作，书名为《隽永》，应该就在《汉志》著录的《蒯子五篇》之中，与刘向编定的《战国策》无关。刘向《战国策书录》说“其事继春秋以后，讫楚汉之起，二百四十五年间之事”，其书本不涉及汉事。《史记·淮阴侯列传》载蒯通说韩信事，唐代司马贞《索隐》说：“《汉书》及《战国策》皆有此文。”然而这种说法并不可信。清代张照说：“《战国策》安得有韩信、蒯通之事？《索隐》误。”（《殿本史记考证》）张照的说法是正确的。首先，依照分国记事的体例，《战国策》很难插入蒯通游说项羽之事。其次，《战国策》记事始于周贞定王，下限当在秦始皇之时。再次，蒯通所著之书流传于后世，游说项羽，是他的得意之作，自当载录其中。据诸祖耿先生《战国策集注汇考》所附《战国策》佚文，都在秦以前，只有蒯通事是例外，也可以证明《索隐》之误。

二、关于版本

刘向编定的《战国策》33篇，分为12国，是为古本。把各国之间复杂的关系及名人佚事整理得井井有条。但因其中杂有纵横阴谋之术，为儒家所排斥，所以传诵较少，容易残缺。据《崇文总目》称，共散失11篇。到了北宋，著名文学家曾巩从士大夫的私人藏书中访求书籍，并加以校订，正其谬误，复定为33篇。然而，也有人认为，曾巩所校订的《战国策》与刘向所编订的《战国策》在篇目上已有出入。

到了南宋，在曾巩校补本的基础上又出现了两种新本子：一是姚宏的续注本，号称善本；一是鲍彪的重定次序的新注本。元代吴师道在鲍本的基础上，又作了补正，于元朝泰定二年（1325年）刻成新本，通行至今。今日常见的有，上海古籍出版社出版的以姚宏的续注本为底本的《战国策》，诸祖耿《战国策集注汇考》，郭人民《战国策校注系年》，缪文远《战国策新校注》，何建章《战国策注释》等多种版本。

1973年年底，长沙马王堆三号汉墓中出土大批帛书，其中一部分，经文物考古工作者整理研究，共27章，1万1千多字，定名为《战国纵横家书》。其中11章内容见于《战国策》和《史记》，文字大体相同。另16章，是《史记》《战国策》没有载录的。这部书大约编成于秦汉之际，类似后来刘向重编许多纵横家言为《战国策》所根据的一种被埋没的纵横家言的辑本。《战国纵横家书》为战国历史的研究提供了若干新的资料，但就其主体而言，它的价值远逊于《史记》《战国策》的相关记载。帛书将苏秦、张仪的顺序颠倒为张仪、苏秦，尤不可信。

三、本书的阅读价值

从《战国策》记载的内容、对后世的影响等方面看，《战国策》具有广泛的阅读价值。

首先，《战国策》有很高的史学价值，尤其是刘向编校成书的古本，在中国古代史上曾占有很重要的史料地位。

《战国策》是继《春秋》之后，迄楚汉之际，共240多年的历史记载。如果从楚汉起事之年算起，即从秦二世元年（前209年）上推245年，正好是周贞定王十六年（前453年），韩、赵、魏三家分晋为其始。在《左传》《国语》之后，《楚汉春秋》之前，这中间245年的史料空白，主要靠《战国策》来填补。《战国策》保存了许多珍贵史料，如西周君、东周君二国的情况，楚幽王为春申君之后，郭开谗李牧，吕不韦立子楚，嫪毐乱秦宫等，都是司马迁作《史记》取材的重要史料来源。

《战国策》很多篇是战国时人或稍后时人所著，所载史实比较可信。《史记》与《战国策》相关的史料有九十余事，其中有二十余事与《战国策》相同或基本相同。在战国诸子所著书中，《战国策》也屡被征引。司马光著《资治通鉴》，战国时史料亦取自《战国策》。

需要注意的是，人们习惯上把《战国策》归为历史著作，但它的情况与《左传》《国语》等有些不同。有许多记载，作为史实来看是不可信的。如《魏策四》中著名的“唐且劫秦王”，写唐且在秦廷中挺剑胁逼秦王嬴政（即秦始皇），就是根本不可能发生的事情。这一类内容，与其说是历史，还不如说是故事。这些非信史的东西，应该是在长期的流传过程中，策士们增益润色所致。

《战国策》中所收游说之士的纵横之论，反映了战国时的社会风貌和各国政治、经济、军事、外交的重大活动，生动记载了纵横家们的机智善辩、聪明智慧，使人如临其境，如闻其声。《战国策》为后人留下了那段历史的宝贵材料。

第二，《战国策》具有很高的文学价值。

《战国策》同时也是一部文学价值极高的散文名著，在文学史上占有一定的地位。

首先它长于叙事，有如小说，这是《战国策》的根本特点。主要表现在三个方面：

一是富有故事情节，引人入胜。将权谋哲理蕴藏在曲折动人的故事中。《战国策》的文章特点是最长于说事，无论个人陈述或双方辩论，都喜欢夸张渲染，充分发挥，畅所欲言，具有很强的说服力。如苏秦说赵王（《赵策二》），张仪说秦王、司马错论伐蜀（《秦策一》），虞卿斥楼缓（《赵策三》）等，就历史散文的明白流畅来说，已经达到前所未有的高度。而且策士们估计形势，分析利害，往往细致准确。如苏秦劝薛公留楚太子，分析它有十个可能的结果（《齐策三》）；齐索地于楚，而慎子告襄王三计并用（《楚策二》）。虽然《战国策》记述事件的后果不尽可靠，但作为纵横家论事的本身来看，则是持之有故，言之成理的。

二是善于刻画人物，栩栩如生。如苏秦和张仪都是能言善辩的策士，为了追逐“富贵卿相”，诈变反复是其共同特点。然而苏秦的刻苦、自信与张仪的阴毒、无赖，毕竟不同。前者多少让人同情，后者只让人憎恶。荆轲与聂政，同是重义轻生的勇士，但荆轲的沉着机智、倔强又带点冷漠的个性，与聂政的孝顺、忠诚、爽直而又勇于决断的性格，显然又有所区别。其他如头脑冷静敏锐、善于观察分析的邹忌，善于利用矛盾以解决矛盾的冯谖，机智老练又风趣活泼的触龙，以及秦宣太后、吕不韦、楚怀王等形象，在《战国策》中都被刻画得栩栩如生，给读者以如闻其语、如见其人的感觉，阅后让人铭记不忘。

三是语言明快流畅，纵恣多变，委曲尽情，生动优美。《战国策》中许多对话颇似戏剧，针锋相对、令人喝彩；铺排和夸张中呈现绚丽多姿的辞藻、酣畅淋漓的气势，让人赞叹。语言不仅是作用于理智、说明事实和道理的工具，也是直接作用于感情以打动人的手段。《战国策》描写人物的形象极为生动。如苏秦说秦不行及相赵归家，前后颓丧和得意的情状，以及庸俗的世态人情（《秦策一》），鲁仲连的倜傥奇伟，慷慨慕义，“不诎于诸侯”的精神，无不栩栩如生，惟妙惟肖。特别是《燕策三》中用全力铺写刺客荆轲，更是一篇完整而精彩的侠义故事。

其次，长于议论，可与诸子中的孟子、荀子、韩非子等相媲美。这也可以分为三点来谈：

一是论辩善于抓住要害，单刀直入，鞭辟入里，既有针对性，又有逻辑性。像邹忌讽谏的方法就非常巧妙。他以生活琐事来启发齐王，小中见大，步步进逼，使齐王感到四面八方被谄臣包围的危险，不得不下令大开言路。邹忌的生活体验可能是事实而非虚构，但借以作为一种增强说服力的手段，依然带有寓言意味，可谓别开生面。

二是说理常用寓言故事，深入浅出，言简意赅，既有明快感，又有幽默感。这些寓言，形象鲜明，寓意深刻，独立地看，也是中国文学宝库中璀璨的明珠。诸如“鹬蚌相争，渔翁得利”“画蛇添足”“狐假虎威”“亡羊补牢”“南辕北辙”等，历来家喻户晓，称引不绝。

三是议论说理中讲求语言艺术，注重形式美。《战国策》中各种修辞手法应有尽有。它在语言艺术方面取得了较高的成就，在文学史上更具有承上启下的作用。秦汉的政论散文、汉代的辞赋，都受到《战国策》辞藻华丽、铺排夸张的风格的影响；司马迁的《史记》描绘人物形象，也是在《战国策》的基础上向前发展的。

第三，《战国策》具有较为丰富的思想资源。

《战国策》的思想观念，就其主流来说，与《左传》等史书有不同之处。刘向序说："战国之时，君德浅薄，为之谋策者，不得不因势而为资，据时而为画。故其谋扶急持倾，为一切之权，虽不可以临教化，兵革救急之势也。"战国时代，是春秋以后更激烈的大兼并时代，过去还勉强做的仁义礼信之说，在这时已完全被打破。可以说，《战国策》在相当程度上背离了中国古代的正统思想，也因此常常受到正统观念者严厉的批评，但以历史的眼光来看，《战国策》突破了旧的思想观念的束缚，体现了战国时代活跃的思想氛围，所以比以前的历史著作更加活泼而富有生气。

《战国策》的绝大多数文章中，体现了浓厚的民本思想。作为两千多年以前的典籍，这一点是相当可贵的。《齐王使使者问赵威后》（《齐策四》）中的赵威后，把"民"的地位提高到国君之上。《齐人有冯谖者》（《齐策四》）中的策士冯谖，为孟尝君"焚券""市义"，赢得"民称万岁"，孟尝君因此能以区区薛地作为避难免死的安乐之"窟"。《中山策》中有一篇《昭王既息民缮兵》，则是从反面说明民心的重要性。《战国策》对士的个人尊严和个人作用，给予强有力的肯定。如《秦策一》中赞扬苏秦，"特穷巷掘门桑户棬枢之士"，却使得"天下之大，万民之众，王侯之威，谋臣之权，皆欲决苏秦之策"。这当然是夸大的，但这夸大中显示了策士们的自信，也是平民中优异人物的自信，肯定了策士的历史作用。

对倾慕正义、蔑视王侯、敢于反抗强暴的义侠、高士等英雄人物，《战国策》予以歌颂。例如面对齐宣王不愿进前“趋势”的颜斶，他不但敢于针锋相对地直呼“王前”，而且公然宣称“士贵耳，王者不贵”，“生王之头，曾不若死士之垄也”（《齐策四》）。又如身为一介布衣之士的鲁仲连，发誓宁愿“赴东海而死”，也不忍做暴秦的臣民（《赵策三》）。对于这些人物的高志洁行，《战国策》都给予充分的肯定和高度的赞扬。“侠”也是一种游离于统治集团、不受权势约束的人物。他们以自身的标准、个人的恩怨来决定自己的行动，重义轻生，疾恶如仇，所以“侠”历来为放任不羁的人士所喜爱，《战国策》热情讴歌了多位义侠之士的豪情壮举。

《战国策》体现了器重贤能、珍惜人才、崇尚智谋和智巧的思想。齐宣王采纳王斗的意见，“举士五人任官，齐国大治”（《齐策四》）；秦孝公以商鞅为相，实行变法，一年时间，就“道不拾遗，民不妄取，兵革大强，诸侯畏惧”（《秦策一》）。《战国策》不仅对这些历史上有重大影响的高才奇能给予赞扬，而且对一些在某些事上能出“奇策异智”或在某一方面有一技之长的人，不论出身尊卑，不问职业贵贱，也同样予以肯定，体现了“不取其污，不听其非，察其为己用”的进步观点。如姚贾原本是梁国一个看门人的儿子，又有偷盗行为，因为他很会外交，秦王就任用他为外交官。他为秦国解除了一场被四个国家攻伐的危机。又如《苏子谓楚王》（《楚策三》）、《汗明见春申君》（《楚策四》）等篇，也都从不同角度说明了识才、惜才、容才、任才的重要。不重清名而重功利的务实作风也是《战国策》所透露的优点之一。苏秦在那时就提出了政治权谋与日常道德仁义断然无涉的思想，体现的是务实精神而非泛道德化，这与西方政治科学开山祖师马基雅维利的见解不谋而合。

四、本书的阅读方法

《战国策》与一般的史书不同，书中的史料真伪杂出，而其他典籍的记载也多与之相关。将《战国策》与《史记》《战国纵横家书》《说苑》《新序》等书比勘，可以锻炼思辨能力，明辨真伪，了解史实真相，同时提高阅读古书的能力。《战国策》中形形色色的人物，他们的喜怒哀乐、成败得失，对于我们富有启发意义。《战国策》长于辞辨，也值得后人借鉴。

赵生群

整理说明

《战国策》是一部可读性较强的古代文史名著。它是一部独特的国别体著作，也可以说是一部独特的言论集、故事集。它主要记载了战国时期策士游说诸侯、国君的活动和说辞，以及一些相关史实和历史人物。它以策士的游说活动为中心，反映了战国至秦并六国时的社会风貌和各国政治、经济、军事、外交方面的重大活动，生动记载了纵横家们的机智善辩、聪明智慧。《战国策》可称为彪炳千秋、影响深远的一部谋略宝典、论辩宝典。

关于《战国策》的作者和“战国策”名称的意义，诸祖耿先生认为作者不是一人，而是战国时代的一群“游士”；《战国策》最早是分散的书册，名称不一，有“国事”“短长”“国策”“事语”“长书”“修书”等说，流传至西汉，刘向去其重复，校其脱误，考订整理后，定名为《战国策》，按国别记述、分篇，其名称的意义是指战国时代的书本。

《战国策》展示了战国时代的历史特点和社会风貌，是研究战国历史的重要典籍。因其史学价值、文学价值和丰富的思想资源等，《战国策》历来受到世人的重视，但是在传承过程中仍有散佚。东汉高诱注，北宋时已有残缺，《战国策》原书亦有缺佚。

随着出版业的发展，到北宋末期有了近十种“印卖本”，其中曾巩订补本影响最大。南宋形成两种重要版本，一是姚宏注本，世称“剡川姚氏本”；一是鲍彪改变原书次序所作新注，世称“缙云鲍氏本”，为国内现存最早的宋刻本。元吴师道在鲍本基础上作《校注》。近人金正炜有《补释》，今人整理研究成果有郭人民《战国策校注系年》、缪文远《战国策新注》、诸祖耿《战国策集注汇考》、何建章《战国策注释》等。1973 年，湖南长沙马王堆出土西汉帛书，记述战国时事，定名《战国纵横家书》，与《战国策》部分内容相同，可以参阅。

本次整理，以姚宏续注本《战国策》为底本，编选了近 150 篇文章，都是艺术性较强、思想内容可取的代表性作品。整理原则是：一、底本可确定为讹、脱、衍、倒者，改字并出校改符号。凡改字、加字都用〔〕表示，删字、误字加（）表示。改字从严掌握。二、底本文字与他本有异，但文义俱通而难判是非者，一律不改字。三、传刻过程中出现的避讳字，一律改正；作者原本使用的避讳字，一般不改。四、古今字、通假字一般不改，不出异同校；异体字、俗体字径改成通行之正体字。五、注释力求简明，不作详细考证；译文以直译为主，意译为辅。

本次整理过程中，参考了诸祖耿《战国策集注汇考（增补本）》、郭人民《战国策校注系年》、缪文远《战国策新校注》、何建章《战国策注释》，以及多种新旧《战国策》注译本、相关的研究成果，凤凰出版社薛正兴编审对本书的撰写给予了很多的关心与指导，业师南京师范大学博士生导师赵生群教授撰写导读前言，江苏大学王勇博士帮助校对书稿，在此一并谨致谢忱。

在竞争激烈、人人推崇成功学的今天，谋略与口才是每一位成功人士不可或缺的必备素质。拥有了谋划方略，才会懂得做事的方式方法，运筹规划；拥有了雄辩和口才，才能说服他人，推销自己。然谋略与口才偏重于外在的修为，《易经·系辞上传》有云："形而上者谓之道，形而下者谓之器；化而裁之谓之变，推而行之谓之通；举而措之天下之民，谓之事业。"有志者宜明道修德践行以成就事业。希望本书对您能有一定的帮助。

本次修订，保留了原篇目，而对注释做了增补，对原文与译文做了订正。选文或有未妥，注释或有不当，谨祈广大读者批评指正，以便不断完善。

王华宝

修订于东南大学九龙湖畔

目　　录

卷一　东周

秦兴师临周而求九鼎

秦兴师临周而求九鼎①，周君患之，以告颜率②。颜率曰："大王勿忧，臣请东借救于齐。"颜率至齐，谓齐王曰："夫秦之为无道也，欲兴兵临周而求九鼎。周之君臣内自画计，与秦，不若归之大国③。夫存危国，美名也；得九鼎，厚宝也。愿大王图之。"齐王大悦，发师五万人，使陈臣思将以救周，而秦兵罢。

齐将求九鼎，周君又患之。颜率曰："大王勿忧，臣请东解之。"颜率至齐，谓齐王曰："周赖大国之义，得君臣父子相保也，愿献九鼎，不识大国何途之从而致之齐？"齐王曰："寡人将寄径于梁。"颜率曰："不可。夫梁之君臣欲得九鼎，谋之晖台之下，[沙]海之上④，其日久矣。鼎入梁，必不出。"齐王曰："寡人将寄径于楚。"对曰："不可。楚之君臣欲得九鼎，谋之于叶庭之中⑤，其日久矣。若入楚，鼎必不出。"王曰："寡人终何途之从而致之齐？"颜率曰："弊邑固窃为大王患之。夫鼎者，非效醯壶酱甀耳⑥，可怀挟提挈以至齐者；非效鸟集乌飞，兔兴马逝，漓然止于齐者⑦。昔周之伐殷，得九鼎，凡一鼎而九万人輓之，九九八十一万人，士卒师徒，器械被具，所以备者称此。今大王纵有其人，何途之从而出？臣窃为大王私忧之。"

齐王曰："子之数来者，犹无与耳[⑧]。"颜率曰："不敢欺大国，疾定所从出[⑨]，弊邑迁鼎以待命。"齐王乃止。

【注释】

①九鼎：相传为大禹所铸，上有日月山川神灵之像，为传国宝器。古代列鼎制度为：天子九鼎，诸侯七鼎，大夫五鼎。鼎是权力的象征，问鼎成为争夺权力的象征。②颜率：周人，策士，生平不详。③归：通"馈"，赠送。④晖台、沙海：梁国地名。沙：原作"少"，据鲍彪本改。⑤叶庭：楚建筑名。郭人民认为当作"华亭"，为章华之亭的省称。⑥效：模仿，像……一样。醯（xī）：醋。甀（chuí）：小口坛。⑦漓然：本意为水急流的样子。⑧与：给。⑨疾：赶快，尽快。

【译文】

秦国兴师威胁东周，并向东周君索要九鼎，周君为此忧虑不安，就将此事告诉了重臣颜率。颜率说："君王不必忧虑，可由臣往东去齐国借兵求救。"颜率到了齐国，对齐王说："秦王暴虐无道，要兴师威胁周君，并索要九鼎。我东周君臣内部寻思对策，认为与其将九鼎交给暴秦，不如送给贵国。挽救面临危亡的国家，必定赢得美名；如得到九鼎这样的重器，又获得巨大的实惠。但愿大王能认真考虑！"齐王听了非常高兴，立刻派遣五万大军，任命陈臣思为统帅前往救助东周，秦军因此退兵。

当齐王准备向周君要九鼎时，周君又一次忧虑不安。颜率说："大王不必担心，请允许臣东去齐国解决这件事。"颜率到了齐国，对齐王说："东周仰赖贵国的义举，才使我君臣父子得以平安无事，因此甘愿将九鼎献给大王，但是却不知贵国要从哪条道路把九鼎从东周运回到齐国？"齐王说："寡人准备借道梁国。"颜率说："不行。因为梁国君臣很早就想得到九鼎，他们在晖台和沙海一带谋划这件事已很长时间了。所以九鼎一旦进入梁国，必然很难再出来。"于是齐王又说："那么寡人准备借道楚国。"颜率回答说："这也不行。因为楚国君臣为了得到九鼎，很早就在叶庭之中进行谋划。假如九鼎进入楚国，也绝对不会再运出来。"齐王说："那么寡人究竟从哪里把九鼎运到齐国呢？"颜率说："我周王室也正私下为大王这件事忧虑。因为九鼎，并不像醋瓶子或酱罐子一类的东西，可以提在手上或揣在怀中就能拿到齐国的，也不像群鸟聚集、乌鸦飞散、兔子奔跳、骏马疾驰那样飞快地进入齐国。当初周武王伐殷纣王获得九鼎之后，为了拉运一鼎就动用了九万人，九鼎就是九九共八十一万人。还需要有士兵工匠等人力、相应的搬运工具和被服粮饷等物资作为配套。如今大王即使有这种人力和物力，也不知道从哪条路把九鼎运回齐国。所以我私下在为大王担忧。”

齐王说：“贤卿多次来我齐国，说来说去还是不想把九鼎给寡人！”颜率赶紧解释说：“臣不敢欺骗贵国。大王尽快决定从哪条路搬运，我们就听候命令迁移九鼎。”齐王只好停止索要九鼎。

东周欲为稻

东周欲为稻[①]，西周不下水[②]，东周患之。苏子谓东周君曰[③]：“臣请使西周下水，可乎？”乃往见西周之君曰：“君之谋过矣！今不下水，所以富东周也。今其民皆种麦，无他种矣。君若欲害之，不若一为下水，以病其所种。下水，东周必复种稻；种稻而复夺之。若是，则东周之民可令一仰西周[④]，而受命于君矣。”西周君曰：“善。”遂下水，苏子亦得两国之金也。

【注释】

①为稻：犹言种稻。②西周不下水：西周不肯往下放水。西周居水的上流，不肯放水灌溉下游东周的稻田。在东周王朝最后的周赧王时，王室衰微，分裂为东周、西周两个小国。西周建都王城（今河南省洛阳市），东周建都巩（今河南省巩义市）。王城在西，巩在东，史称西周君、东周君，合称“二周”。③苏子：一说苏子即苏厉，洛阳人。一说，

苏子指苏厉或苏代。另一说，缪文远注：“此苏子乃策士虚拟而嫁名者。”④一仰：都仰仗。一：都，一切。仰：仰仗，依靠。

【译文】

东周想种水稻，西周不放水，东周为此而忧虑。苏子对东周君说：“请让我去说服西周放水，可以吗？”于是前去拜见西周君，说：“您的主意打错了！如果不放水，反而使东周有了致富的机会。如今东周的百姓都种麦子，没有种其他东西。您如果想坑害他们，不如突然一下子给他们放水，去破坏他们的庄稼。放了水，东周一定重新种水稻；东周种上水稻，您再停掉水。如果这样，那么就可以使东周的百姓完全依赖西周，而听命于您了。”西周君说：“这个主意好。”于是就放水。苏子得到了两国赏金。

温人之周

温人之周[1]，周不纳。问曰：“客耶？”对曰：“主人也。”问其巷而不知也[2]，吏因囚之。君使人问之曰：“子非周人，而自谓非客，何也？”对曰：“臣少而诵《诗》，《诗》曰：‘普天之下，莫非王土；率土之滨，莫非王臣。[3]’今周君天下，则我天子之臣，而又为客哉？故曰主人。”君乃使吏出之。

【注释】

①之：前往。②巷：住所。③《诗》：即《诗经》，中国第一部诗歌总集。此句见《小雅·北山篇》。普：遍，满。率：循。滨：边沿。

【译文】

魏国温城有人前往东周，周人不准他入境。问他说：“你是客人吗？”温人回答说：“我是主人。”可是周人问他的住处，他却毫无所知，于是官吏就把他拘留起来。这时周君派人来问他说：“你不是周人，却又自称不是客人，这是什么道理呢？”温人回答说：“臣自幼诵读《诗》，有一段《诗》说：‘整个天下，无一处不是君王的领土；四海之内，无一人不是君王的百姓。’如今周王既然君临天下，那么我就是天子的臣民，又怎么能说我是客人呢？所以我才说是‘主人’。”周君听后就让官吏将此人放了。

杜赫欲重景翠于周

杜赫欲重景翠于周，谓周君曰：“君之国小，尽君子重宝珠玉以事诸侯，不可不察也[1]。譬之如张罗者[2]，张于无鸟之所，则终日无所得矣；张于多鸟处，则又骇鸟矣；必张于有鸟无鸟之际[3]，然后能多得鸟矣。今君将施于大人，大人轻君；施于小人，小人无可以求，又费财焉。君必施于今之穷士，不必且为大人者，故能得欲矣。”

【注释】

①察：明察，深思。②张罗：张网。③际：边缘地方。

【译文】

杜赫想让东周重用景翠，就对东周君说：“您的国家很小，倾尽您的珍宝侍奉显赫诸侯的方法，不能不仔细考虑。比如张网捕鸟，把网设在没有鸟的地方，那么整天也不会捕到鸟；把网设在鸟多的地方，又容易使鸟惊飞；只能把网设在有鸟而鸟不多的地方，才会捕到很多鸟。如今您把钱花在声名显赫的人身上，可那些人却瞧不起您；您把钱花在普通人身上吧，您对那些人指望不上，又浪费钱财。君王只有把钱花在目前穷困潦倒、将来一定成大器的人身上，不一定花在已声名显赫的人身上，才能实现自己的愿望。”

昌他亡西周

昌他亡西周，之东周，尽输西周之情于东周[①]。东周大喜，西周大怒。冯且曰："臣能杀之。"君予金三十斤。冯且使人操金与书，间遗昌他书曰[②]："告昌他，事可成，勉成之；不可成，亟亡来。事久且泄，自令身死。"因使人告东周之候曰[③]："今夕有奸人当入者矣。"候得而献东周，东周立杀昌他。

【注释】

①输：告诉，泄露。②间：暗中。③候：探子，侦查官员。

【译文】

西周大臣昌他叛逃出西周，去了东周。昌他把西周的机密全部泄露给了东周，东周君十分高兴，西周君则愤怒万丈。大臣冯且对西周君说："我有办法杀掉昌他。"西周君给冯且三十斤黄金。冯且派人拿着黄金和一封信，暗中送给在东周的昌他，信上写道："告诉昌他：如果事情可以办成，你就尽力办成；如果办不成，就赶快逃回来。时间长了事情将会败露，你就会自身难保。"同时，冯且又派人告诉东周边境的东周探子说："今晚有奸细要入境。"东周探子果然抓到了送信人，搜出书信上交东周君，东周君立刻杀掉了昌他。

卷二　西周

秦令樗里疾以车百乘入周

秦令樗里疾以车百乘入周①，周君迎之以卒②，甚敬。楚王怒，让周③，以其重秦客。游腾谓楚王曰④：“昔智伯欲伐厹由⑤，遗之大钟⑥，载以广车⑦，因随入以兵，厹由卒亡，无备故也。桓公伐蔡也⑧，号言伐楚，其实袭蔡。今秦者，虎狼之国也，兼有吞周之意；使樗里疾以车百乘入周，周君惧焉，以蔡、厹由戒之，故使长兵在前，强弩在后，名曰卫疾，而实囚之也。周君岂能无爱国哉？恐一日之亡国，而忧大王。”楚王乃悦。

【注释】

①樗（chū）里：地名，因里中有樗树而得名。疾：人名，秦惠王的弟弟。②卒：量词，指一百名士兵。③让：责难。④游腾：周臣。⑤智伯：春秋末晋卿智瑶。厹（qiú）由：古国名，在今山西孟县，与晋国相邻。⑥遗：赠送。大钟：乐器。⑦广车：大车。⑧桓公：齐桓公小白。伐蔡事在鲁僖公四年。

【译文】

秦国派樗里疾率领一百辆战车访问西周，西周君用一百名士卒的盛大仪式出城欢迎，显得非常尊敬。楚王知道以后大为愤怒，严词责难周君不应该这样重视秦国使者。周臣游腾对楚王解释说：“以前晋国智伯要讨伐厹由时，先赠送厹由一口大钟，厹由特别修了一条大路以便用大车运这口大钟。智伯却乘机派兵跟随，厹由终于因此而灭亡，这主要是因为厹由没有防备的缘故。齐桓公攻打蔡国时，表面上声称去攻打楚国，其真实目的却是偷袭蔡国。如今秦国是一个如虎似狼之国，还有吞灭周朝的野心；秦国派樗里疾率领百辆战车到西周时，周君当然非常害怕，于是以当年的蔡国和厹由的事情作为警戒，在欢迎仪式上派手持长柄武器的士兵走在前面，派手持强弓的士兵走在后面，名义上是护卫樗里疾，而实际上是围住他。周君难道不爱他的国家吗？唯恐一旦被灭，而让大王您担忧啊。”楚王这才高兴起来。

苏厉谓周君

苏厉谓周君曰[①]：“败韩、魏，杀犀武，攻赵，取蔺、离石、祁者，皆白起[②]。是攻用兵[③]，又有天命也。今攻梁[④]，梁必破，破则周危，君不若止之。”谓白起曰：“楚有养由基者[⑤]，善射；去柳叶者百步而射之，百发百中。左右皆曰善。有一人过曰，善射，可教射也矣。养由基曰，人皆善，子乃曰可教射，子何不代我射之也。客曰，我不能教子支左屈右[⑥]。夫射柳叶者，百发百中，而不已善息[⑦]，少焉气力倦，弓拨矢钩[⑧]，一发不中，前功尽矣。今公破韩、魏，杀犀武，而北攻赵，取蔺、离石、祁者，公也。公之功甚多。今公又以秦兵出塞，过两周，践韩而以攻梁，一攻而不得，前功尽灭。公不若称病不出也。”

【注释】

①苏厉：苏秦的弟弟。②白起：秦国著名将领，杀犀武于伊阙。③攻：工，善于。④梁：大梁，魏国都城。⑤养由基：姓养名由基，春秋时著名的楚国善射者。⑥支左屈右：一种射箭方法。⑦不已善息：不

在射得好的时候及时休息。⑧拨：不正。钩：弯曲。

【译文】

说客苏厉对周君说："击败韩、魏联军，杀掉魏将犀武，攻取赵国蔺、离石、祁等地的都是秦将白起。这是他善于用兵，又得上天之助的缘故。现在，他要进攻魏都大梁，大梁必被攻破，攻克大梁，西周就岌岌可危。君王您不如制止他进攻魏都。"可对白起说："楚国有个叫养由基的人，善于射箭，距离柳叶百步射箭，百发百中。旁边看的人都说他的射箭技术很好。有一人从旁走过，却说，射得很好，可以教别人射了。养由基说，人家都说好，您却说可以教别人射吗？您为何不代我射呢？那人说，我并不能教您左手拉弓，用力向前伸出，右手拉弦，用力向后弯曲那种射箭的方法。但是，您射柳叶能百发百中，却不趁着射得好的时候及时休息，过一会儿，当气力衰竭、感到疲倦时，就会拉不正弓、箭杆弯曲，您若一箭射出而不中，岂不前功尽弃了吗！现在击破韩、魏，杀了犀武，向北攻赵，夺取了蔺、离石和祁的都是您呀。您的功劳已经很多。现在您又率领秦兵出塞，经过东、西两周，进犯韩国，攻打魏都大梁，如果此次进攻不胜，岂不前功尽弃。您不如称病不出兵。"

司寇布为周最谓周君

司寇布为周最谓周君曰："君使人告齐王以周最不肯为太子也，臣为君不取也。函冶氏为齐太公买良剑，公不知善，归其剑而责之金[①]。越人请买之千金，折而不卖。将死，而属其子曰[②]：'必无独知。'今君之使最为太子，独知之契也[③]，天下未有信之者也。臣恐齐王之为君实立果而让之于最[④]，以嫁之齐也[⑤]。君为多巧，最为多诈，君何不买信货哉[6]？奉养无有爱于最也[7]，使天下见之。”

【注释】

①责：索要。②属：同“嘱”，叮嘱。③契：约定。④果：人名，周太子。让：饰说，假称。⑤嫁：卖，欺蒙。⑥信货：公认的可靠货物，这里指公认的事实真相。⑦爱：吝，吝惜。

【译文】

司寇布为周最的事对周君说：“您派人把周最不肯做太子的事告诉齐王，臣认为这样做不太合适。以前函冶氏为齐太公买了一把宝剑，齐太公没有看出宝剑的精良品质，结果叫函冶氏退掉宝剑并索回买宝剑的钱。后来越国的一个人想用一千金买这把剑，函冶氏却又认为不够原价而没有卖。函冶氏将要死时，叮嘱他儿子说：‘凡有出售，绝对不能只有自己知道，要让众人知道它好的方面。’如今君王想立周最为太子，是只有自己知道的约定，而天下人却没有人相信这件事。臣深怕齐王认为你的真实意图是立公子果为太子，只是假称周最不肯当太子，是以此欺蒙齐国。让人误以为君王在搬弄计谋，周最在搞权诈之术，那么现在君王为何不让人们看到事情的真相呢？奉养父王周最不遗余力，你应让天下人知道这些真相。”

秦欲攻周

秦欲攻周，周最谓秦王曰：“为王之国计者，不攻周。攻周，实不足以利国，而声畏天下[1]。天下以声畏秦，必东合于齐。兵弊于周[2]，而合天下于齐，则秦孤而不王矣。是天下欲罢秦[3]，故劝王攻周。秦与天下俱罢，则令不横行于周矣。”

【注释】

①声：名声，名义，与“实”相对。畏：畏恶，憎恨。②弊：疲惫。③罢：同“疲”，疲惫。

【译文】

秦打算进攻西周，周最对秦王说：“为大王的国家利益着想，不应该攻打西周。秦如果攻打西周，所得实惠不足以对秦国产生利益，反而会在名义上让天下人憎恨秦国。天下人因秦攻打天子的名声而憎恨秦，必定会向东和齐国联合。秦为攻周陷于疲惫，又使天下诸侯与齐国联合，那么秦国就孤立而不能称王了。这是诸侯想使秦军精疲力竭，才怂恿君王攻打西周国的。秦国和诸侯的实力都消耗尽了，那么号令就不能通行于周了。”

卷三　秦一

卫鞅亡魏入秦

卫鞅亡魏入秦①，孝公以为相，封之于商，号曰商君。商君治秦，法令至行②，公平无私，罚不讳强大③，赏不私亲近，法及太子，黥劓其傅④。期年之后⑤，道不拾遗，民不妄取，兵革大强，诸侯畏惧。然刻深寡恩⑥，特以强服之耳。

孝公行之八年，疾且不起⑦，欲传商君，辞不受。孝公已死，惠王代后，莅政有顷⑧，商君告归。

人说惠王曰："大臣太重者国危，左右太亲者身危。今秦妇人婴儿皆言商君之法，莫言大王之法。是商君反为主，大王更为臣也。且夫商君，固大王仇雠也⑨，愿大王图之。"商君归还⑩，惠王车裂之，而秦人不怜。

【注释】

①卫鞅：即公孙鞅，卫国人。劝秦孝公变法，秦一跃而为强国。②至行：大行。③讳：避开。强大：指强宗大族。④法及太子，黥（qíng）劓（yì）其傅：当时太子犯法而不能施刑，就对太子的老师分别施以黥刑、劓刑。太子名驷，即后来的秦惠王。黥，即墨刑，在犯人面额刺字涂墨的刑罚。劓，割犯人鼻子的刑罚。⑤期（jī）年：一周年。⑥刻深：严酷，苛刻。寡恩：少仁爱。⑦且：将。⑧莅政：继位执政。

有顷：不久。⑨仇雠：仇敌。⑩商君归还：指商君想回魏国，而秦人不让，商君只好返回。

【译文】

卫鞅从魏国逃到秦国，秦孝公任用他为丞相，把商地分封给他，号称“商君”。商君治理秦国，法令雷厉风行，公平无私。惩罚，不忌避强宗大族；奖赏，不偏私亲信，法令实施至于太子，依法对太子的老师处以黥劓之刑。一周年之后，路上没人拾取遗失的东西，百姓不乱取非分的财物，国力大大加强，诸侯个个畏惧。但刑罚严酷，刻薄少恩，只是用强力压服人而已。

孝公实行商君新法八年后，重病卧床不起，打算传位给商君，商君辞谢不受。孝公死后，惠王继位，惠王执政不久，商君请求告老还乡。

有人游说惠王说：“大臣权力太重会危及国家，左右近臣太亲会危及自身。现在秦国连妇女、儿童都说法令是商君的法令，并不说是大王的法令。这样，商君反为人主，而大王反变为人臣了。况且商君，本来就是大王的仇人。希望大王想办法对付他。”商君想返回魏国而不成，只好返回。惠王即以车裂的极刑处死了商鞅，而秦国人并不同情商君。

苏秦始将连横

苏秦始将连横①，说秦惠王曰：“大王之国，西有巴、蜀、汉中之利，北有胡貉、代马之用，南有巫山、黔中之限，东有肴、函之固。田肥美，民殷富，战车万乘，奋击百万②，沃野千里，蓄积饶多，地势形便，此所谓天府，天下之雄国也。以大王之贤，士民之众，车骑之用③，兵法之教，可以并诸侯，吞天下，称帝而治。愿大王少留意，臣请奏其效。”

秦王曰：“寡人闻之，毛羽不丰满者不可以高飞，文章不成者不可以诛罚[4]，道德不厚者不可以使民[5]，政教不顺者不可以烦大臣。今先生俨然不远千里而庭教之，愿以异日。”

苏秦曰：“臣固疑大王之不能用也。昔者神农伐补遂，黄帝伐涿鹿而禽蚩尤，尧伐驩兜，舜伐三苗，禹伐共工，汤伐有夏，文王伐崇，武王伐纣，齐桓任战而伯天下[6]。由此观之，恶有不战者乎[7]？古者使车毂击[8]，驰言（语）相结[9]，天下为一；约从连横，兵革不藏；文士并餝[10]，诸侯乱惑；万端俱起，不可胜理；科条既备，民多伪态；书策稠浊[11]，百姓不足；上下相愁，民无所聊；明言章理[12]，兵甲愈起；辩言伟服[13]，战攻不息；繁称文辞，天下不治；舌弊耳聋，不见成功；行义约信，天下不亲。于是，乃废文任武，厚养死士，缀甲厉兵，效胜于战场。夫徒处而致利，安坐而广地，虽古五帝、三王、五伯，明主贤君，常欲坐而致之，其势不能，故以战续之。宽则两军相攻，迫则杖戟相橦[14]，然后可建大功。是故兵胜于外，义强于内；威立于上，民服于下。今欲并天下，凌万乘，诎敌国[15]，制海内，子元元[16]，臣诸侯，非兵不可。今之嗣主，忽于至道，皆惛于教，乱于治，迷于言，惑于语，沈于辩，溺于辞。以此论之，王固不能行也。”

说秦王书十上而说不行。黑貂之裘弊，黄金百斤尽，资用乏绝，去秦而归。羸縢履蹻[17]，负书担橐，形容枯槁[18]，面目犁黑，状有归色。归至家，妻不下纴，嫂不为炊，父母不与言。苏秦喟叹曰：“妻不以我为夫，嫂不以我为叔，父母不以我为子，是皆秦之罪也。”乃夜发书，陈箧数十，得太公《阴符》之谋，伏而诵之，简练以为揣摩。读书欲睡，引锥自刺其股，血流至足。曰：“安有说人主不能出其金玉锦绣，取卿相之尊者乎？”期年，揣摩成，曰："此真可以说当世之君矣。"

于是乃摩燕乌集阙[19]，见说赵王于华屋之下，抵掌而谈[20]。赵王大悦，封为武安君。受相印，革车百乘，锦绣千纯[21]，白璧百双，黄金万溢[22]，以随其后，约从散横，以抑强秦。故苏秦相于赵而关不通。当此之时，天下之大，万民之众，王侯之威，谋臣之权，皆欲决苏秦之策。不费斗粮，未烦一兵，未战一士，未绝一弦，未折一矢，诸侯相亲，贤于兄弟。夫贤人在而天下服，一人用而天下从。故曰：式于政，不式于勇；式于廊庙之内，不式于四境之外[23]。当秦之隆，黄金万溢为用，转毂连骑，炫熿于道[24]，山东之国从风而服[25]，使赵大重。且夫苏秦特穷巷掘门、桑户棬枢之士耳[26]，伏轼撙衔[27]，横历天下，廷说诸侯之王，杜左右之口，天下莫之能伉[28]。

将说楚王，路过洛阳，父母闻之，清宫除道，张乐设饮，郊迎三十里。妻侧目而视，倾耳而听；嫂蛇行匍伏，四拜自跪而谢。苏秦曰："嫂何前倨而后卑也？"嫂曰："以季子之位尊而多金[29]。"苏秦曰："嗟乎！贫穷则父母不子，富贵则亲戚畏惧。人生世上，势位富贵，盖可忽乎哉[30]！"

【注释】

①苏秦：东周洛阳人，纵横家的代表人物，曾组织"合纵"抗秦。后因为燕昭王行反间之计，破坏齐、赵交好，被齐闵王车裂而死。南北为纵，东西为横。六国从南到北纵向联合抗秦，称作合纵。连横，指秦国联合六国中的某国或数国攻打其他的国家。连横与合纵，是对立的政治外交斗争策略。②奋击：指奋击之士，即能奋勇作战的士兵。③骑：骑兵。④文章：指礼乐法度。⑤使民：役使百姓，指使百姓出战。⑥任：用，凭。伯：同"霸"，称霸。⑦恶：何，哪里。⑧使车毂击：使者的车毂相互撞击。形容使者来往频繁而急切。⑨驰言（语）相结：宣称相互结盟。语，疑衍。⑩饬：同"饰"，指巧辩。⑪稠浊：多而乱。⑫明言：

使语辞越说越明白。明，使……明，使动用法。章理：使道理越辩越明显。章，同“彰”，明显。⑬辩言：能言善辩。伟服：穿着奇伟的服饰。⑭杖：持着。橦：刺，冲刺。⑮诎：同“屈”，屈服。⑯子：以……为子，意动用法，有爱护、统治的意思。元元：人民。⑰羸：通“缧”，缠绕。縢：绑腿布。履：踏，穿着。蹻（jué）：草鞋。⑱形容：指面容。⑲摩：靠近。燕乌集阙：宫阙名。⑳抵掌：鼓掌，形容谈话很热烈、融洽。㉑纯：匹。㉒溢：同“镒”，古代重量单位，二十四两为一镒。㉓四境之外：这里指在野外作战。㉔炫熿：同“炫煌”，光辉耀眼的样子。㉕山东之国：指崤山以东六国。从风而服：像风吹草动一样服从。㉖掘门：同“窟门”。桑户：桑木为板的门。棬枢：树条圈起做成的门枢。㉗轼:车前横木。撙（zǔn）：勒住，控制。衔：马勒。㉘伉：通“抗”，抗衡，匹敌。㉙季子：苏秦的字。一说嫂呼小叔为季子。㉚盖：同“盍”，何。忽：轻视。

【译文】

苏秦一开始用连横的方法游说秦惠王说：“大王的国家，西面有巴、蜀、汉中等地的物产，北方有胡人地区与代郡马邑等地的物产，南边有巫山、黔中作为屏障，东方又有崤山、函谷关这样坚固的要塞。土地肥沃，人民众多而富足；战车万辆，精兵百万；沃野千里，积蓄充足；地势险要，能攻易守。这正是人们所说的‘天然的府库’，确实是天下的强国。凭着大王您的贤能，军民的众多，战备的充足，战士的训练有素，完全有把握吞并诸侯，统一天下，成为治理天下的帝王。希望大王能稍加留意，允许臣陈述秦国地利兵强的功效。”

秦惠王说：“寡人曾听说：羽毛不够丰满的鸟儿不可以高飞，礼乐法度不完备的国家不可以奖惩刑罚，道德修养不淳厚的君主不可役使百姓，政策教化不顺通的君主不可以号令大臣。如今先生郑重地不远千里来到我秦国亲临指教，我希望改日再谈！”

苏秦说：“我本来就猜想大王可能不用我的策略。从前神农攻打补遂，黄帝讨伐涿鹿并擒获蚩尤，唐尧放逐驩兜，虞舜攻打三苗，夏禹王攻打共工，商汤王灭夏桀，周文王攻打崇侯，周武王灭商纣王，齐桓公用战争而雄霸天下。由这些事例来看，哪有不经过战争就行的呢？古代使者往来频繁而急切，宣称互相缔结盟约，谋求天下统一；合纵、连横兴起，兵革不息；文士巧言善饰，诸侯昏乱迷惑；事端纷起，无法梳理；法令条规都很完备，但百姓虚伪奸恶；文书政令杂乱繁琐，百姓生活贫困不足；君臣上下都愁眉不展，百姓无所依赖；有漂亮的言辞，冠冕堂皇的理由，而战事却愈演愈烈；能言善辩、衣着华丽的辩士四处奔走，而战争却不能停息；讲求文辞末节，天下就无法太平。因此说客的舌头说焦了，听的人耳朵都听聋了，却不见什么成效；实行道义讲究信用，天下人却不亲善。于是废除文治而使用武力，召集并且礼遇敢死之士，制作好各种甲胄，磨光各种刀枪，然后到战场上去争胜负。如果无所事事却想获取利益，安居不动却要使国土扩大，即使是古代五帝、三王、五霸，明主贤君，也常想坐着不动而获得这些，但形势却不允许，所以只有继续用战争达到目的。距离远的就用军队互相攻伐，距离近的就短兵相杀，只有如此才能建立伟大功业。所以，军队如果能得胜于外，那么国内民众的仁义就会高涨，君王的威权就会增强，在下的百姓就会服从统治。现在假如想要并吞天下，凌驾于大国，使敌国屈服，控制海内，治理百姓，号令诸侯，实在是非用武力不可。可是如今继嗣当政的君主，却忽视了这至上的道理，都不懂得教化人民，政治混乱，迷惑于花言巧语，热衷于辩论，沉溺在辩辞中。以此来说，大王本来就不会实行我的策略。”

苏秦游说秦王的奏章虽然一连上了十多次，但他的建议始终没被秦王采纳。他的黑貂皮袄已破了，百斤金币也用完了，没有了生活之资，不得已只好离开秦国回到洛阳。他腿上打着裹脚，脚上穿着草鞋，背着一些书籍，挑着自己的行囊，形容枯槁、神情憔悴，脸色又黄又黑，面有惭愧之色。他回到家里以后，妻子不下织布机，嫂子也不给他做饭，甚至父母也不跟他说话。因此他深深叹息说：“妻子不把我当丈夫，嫂子不把我当小叔，父母不把我当儿子，这都是我苏秦的罪过。”当晚，苏秦就从几十个书箱里面找出一部姜太公著的《阴符》来。他伏案发奋钻研，选择重点加以熟读，并反复揣摩演练。读到疲倦而要打瞌睡时，就用锥子刺自己的大腿，鲜血一直流到自己的脚上。他自语道：“哪有游说人主而不能让他们掏出金玉锦绣，得到卿相这样的尊位呢?”过了一年,终于揣摩透了,说道:“这次我真的可以游说当世的君王了。”

于是苏秦来到赵国的燕乌集阙宫门,在高大华丽的宫殿里游说赵王,说话投机以至拍起掌来。赵王非常高兴,立刻封苏秦为武安君,并授以相印。又给兵车百辆、锦缎千匹,白玉环百双,金币二十万两跟随其后,到各国去约定合纵,拆散连横,以此抑制强大的秦国。因此,当苏秦在赵国做宰相时,函谷关的交通就被断绝了。在当时,天下如此之大、百姓如此之多、诸侯如此威风、谋臣有如此权术,都要取决于苏秦的策略。没耗费一斗军粮,没耗用一件兵器,没派一名士兵出战,没折断一根弓弦,没损失一支羽箭,就使天下诸侯和睦相处,甚至比亲兄弟还要亲近。由此可见,只要有贤明人士当权主政,天下就会顺服;只要有一人得以重用,天下就会顺从。所以说:“要用政治手段解决问题,而不必用武力征服;要在朝廷上运筹帷幄,而不必到边疆上去厮杀作战。”当苏秦得势当红的时候,黄金二十万两供他使用,车轮飞驰,马匹成群,威风十足,炫耀于道,崤山以东的各诸侯国,莫不望风而臣服。赵国的地位也大大提高。其实那苏秦,当初只不过是一个住在陋巷、挖墙做门、砍桑做窗、用弯曲的树条作门框的那类穷人罢了,但现在的他却常常坐上豪华的马车、骑着高头大马,横行天下,在各诸侯国朝廷上游说君王,使各诸侯王的亲信不敢开口,天下没有谁敢与他对抗的。

苏秦将要去游说楚威王,路过洛阳。他的父母听说了,就赶紧整理房间,清扫道路,张设乐队,备办酒席,到距城三十里远的地方去迎接。妻子对他敬畏得不敢正视,侧着耳朵听他说话;而嫂子跪在地上不敢站起,像蛇一样在地上爬,对苏秦一再叩头请罪。苏秦问:“嫂子为什么以前那样傲慢而现在又这样卑下呢?”他嫂子答:“因为现在你地位尊显、钱财富裕。”苏秦长叹一声说道:“唉!一个人如果穷困落魄,连父母都不把他当儿子,然而一旦富贵显赫之后,亲戚朋友都感到畏惧。由此可见,人生在世,权势、名位和富贵,怎么能忽视不顾呢!”

秦惠王谓寒泉子

秦惠王谓寒泉子曰："苏秦欺寡人，欲以一人之智，反覆东山之君，从以欺秦[①]。赵固负其众，故先使苏秦以币帛约乎诸侯[②]。诸侯不可一，犹连鸡之不能俱止于栖之明矣。寡人忿然，含怒日久。吾欲使武安子起往喻意焉[③]。"寒泉子曰："不可。夫攻城堕邑，请使武安子。善我国家使诸侯，请使客卿张仪[④]。"秦惠王曰："受命。"

【注释】

①从：合纵。②币帛：指钱币玉帛，代指礼物。③武安子起：武安君白起。④张仪：战国时魏国人，主张"连横"的代表人物，曾任秦相，以连横策略游说诸侯服从秦国。

【译文】

秦惠王对寒泉子说："苏秦欺负我太甚，他企图凭一个人的雄辩之术，来改变山东六国君主的政策，企图合纵来欺扰秦国。赵国原来就自负兵力雄厚，所以就首先派苏秦用重礼联合诸侯订立合纵盟约。然而诸侯不可能一致，就像把很多鸡绑在一起鸡也不能栖息在一起，这是很明显的道理。寡人为苏秦的事痛恨已久，因此想派武安君白起前往告诉他们。"寒泉子说："不可以这样。攻城掠地，可以派武安君率军前往，然而出使诸侯、为我们秦国争取利益，那大王就应该派客卿张仪！"秦惠王说："我完全接受你的意见。"

张仪说秦王

张仪说秦王曰："臣闻之，弗知而言为不智，知而不言为不忠。为人臣不忠当死，言不审亦当死。虽然，臣愿悉言所闻，大王裁其罪。臣闻，天下阴燕阳魏[①]，连荆固齐，收余韩成从[②]，将西（南）［面］以与秦为难[③]。臣窃笑之。世有三亡，而天下得之，其此之谓乎！臣闻之曰：'以乱攻治者亡，以邪攻正者亡，以逆攻顺者亡。'今天下之府库不盈，囷仓空虚，悉其士民，张军数千百万，白刃在前，斧质在后，而皆去走，不能死，罪其百姓不能死也，其上不能杀也。言赏则不与，言罚则不行，赏罚不行，故民不死也。

"今秦出号令而行赏罚，不攻无攻相事也[④]。出其父母怀衽之中，生未尝见寇也，闻战顿足徒裼[⑤]，犯白刃，蹈煨炭[⑥]，断死于前者比是也。夫断死与断生也不同，而民为之者是贵奋也。一可以胜十，十可以胜百，百可以胜千，千可以胜万，万可以胜天下矣。今秦地形，断长续短，方数千里，名师数百万，秦之号令赏罚，地形利害，天下莫如也。以此与天下[⑦]，天下不足兼而有也。是知秦战未尝不胜，攻未尝不取，所当未尝不破也。开地数千里，此甚大功也。然而甲兵顿，士民病，蓄积索[⑧]，田畴荒，囷仓虚，四邻诸侯不服，伯王之名不成，此无异故，谋臣皆不尽其忠也。

"臣敢言往昔。昔者齐南破荆，（中）［东］破宋[⑨]，西服秦，北破燕，中使韩、魏之君，地广而兵强，战胜攻取，诏令天下，济清河浊，足以为限，长城、钜坊[10]，足以为塞。齐，五战之国也，一战不胜而无齐。故由此观之，夫战者万乘之存亡也。

“且臣闻之曰：‘削株掘根[11]，无与祸邻，祸乃不存。’秦与荆人战，大破荆，袭郢，取洞庭、五都、江南。荆王亡奔走，东伏于陈。当是之时，随荆以兵，则荆可举。举荆，则其民足贪也，地足利也。东以（强）［弱］齐、燕[12]，中陵三晋。然则是一举而伯王之名可成也，四邻诸侯可朝也。而谋臣不为，引军而退，与荆人和。今荆人收亡国，聚散民，立社主，置宗庙，令帅天下西面以与秦为难，此固已无伯王之道一矣。天下有比志而军华下[13]，大王以诈破之，兵至梁郭，围梁数旬，则梁可拔。拔梁，则魏可举。举魏，则荆、赵之志绝。荆、赵之志绝，则赵危。赵危而荆孤。东以强齐、燕，中陵三晋，然则是一举而伯王之名可成也，四邻诸侯可朝也。而谋臣不为，引军而退，与魏氏和。令魏氏收亡国，聚散民，立社主，置宗庙，此固已无伯王之道二矣。前者穰侯之治秦也[14]，用一国之兵，而欲以成两国之功。是故兵终身暴灵于外[15]，士民潞病于内，伯王之名不成，此固已无伯王之道三矣。

“赵氏，中央之国也，杂民之所居也。其民轻而难用，号令不治，赏罚不信，地形不便，上非能尽其民力。彼固亡国之形也，而不忧民氓，悉其士民，军于长平之下，以争韩之上党。大王以诈破之，拔武安。当是时，赵氏上下不相亲也，贵贱不相信，然则是邯郸不守，拔邯郸，完河间[16]，引军而去，西攻修武，逾羊肠，降代、上党。代三十六县，上党十七县，不用一领甲，不苦一民，皆秦之有也。代、上党不战而已为秦矣，东阳河外不战而已反为齐矣，中呼池以北不战而已为燕矣。然则是举赵则韩必亡，韩亡则荆、魏不能独立。荆、魏不能独立，则是一举而坏韩，蠹魏，挟荆，以东弱齐、燕，决白马之口，以流魏氏。一举而三晋亡，从者败。大王拱手以须，天下遍随而伏，伯王之名可成也。而谋臣不为，引军而退，与赵氏为和。以大王之明，秦兵之强，伯王之业地尊不可得，乃取欺于亡国，是谋臣之拙也。且夫赵当亡不亡，秦当伯不伯，天下固量秦之谋臣一矣。乃复悉卒乃攻邯郸，不能拔也，弃甲兵怒[17]，战慄而却，天下固量秦力二矣。军乃引退，并于李下，大王又并军而致与战，非能厚胜之也，又交罢却，天下固量秦力三矣。内者量吾谋臣，外者极吾兵力。由是观之，臣以天下之从，岂其难矣。内者吾甲兵顿，士民病，蓄积索，田畴荒，囷仓虚；外者天下比志甚固。愿大王有以虑之也。

"且臣闻之：'战战慄慄，日慎一日。'苟慎其道，天下可有也。何以知其然也？昔者纣为天子，帅天下将甲百万，左饮于淇谷，右饮于洹水，淇水竭而洹水不流，以与周武为难。武王将素甲三千领，战一日，破纣之国，禽其身，据其地，而有其民，天下莫不伤。智伯帅三国之众，以攻赵襄主于晋阳，决水灌之，三年，城且拔矣。襄主错龟，数策占兆，以视利害，何国可降，而使张孟谈。于是潜行而出，反智伯之约，得两国之众，以攻智伯之国，禽其身，以成襄子之功。今秦地断长续短，方数千里，名师数百万，秦国号令赏罚，地形利害，天下莫如也。以此与天下，天下可兼而有也。

"臣昧死望见大王，言所以举破天下之从，举赵亡韩，臣荆、魏，亲齐、燕，以成伯王之名，朝四邻诸侯之道。大王试听其说，一举而天下之从不破，赵不举，韩不亡，荆、魏不臣，齐、燕不亲，伯王之名不成，四邻诸侯不朝，大王斩臣以徇于国，以主为谋不忠者。”

【注释】

①阴燕阳魏：犹言燕北魏南。②从：即“纵”，指合纵。③西面：原作“西南”，据吴师道、金正炜等说改。④不攻无攻相事：指分别其有功无功，不使其混淆。攻，同“功”。⑤徒裼：空手露体。裼，袒露。⑥煨炭：盆中炭火。⑦与：举。⑧索：耗尽。⑨东：原作“中”，《韩非子》作“东”，据王先慎、郭人民等说改。⑩坊：通“防”，即防门，在济水，其地已不详。⑪削株掘根：砍树要挖根。⑫弱：原作“强”，据吴师道、金正炜等说改。⑬比志：志同道合，指六国合纵抗秦。华下：指华阳城下。⑭穰侯：即魏冉，秦昭王母舅，封于穰，故称穰侯。⑮灵：黄丕烈《札记》释为“雨”，今从之。⑯完：包有。⑰怒：当作“弩”。

【译文】

张仪游说秦王说：“我听说，不知道事情的缘由就开口发言那是不明智；明白事理却不开口，那是不忠贞。作为一位臣子，对君王不忠诚就该死；说话不审慎也该死。尽管如此，但我仍然愿意把所有见闻都说出来，请大王裁决定罪。我听说四海之内，北方的燕国和南方的魏国，在联合荆楚，巩固与齐国的联盟，收罗残余的韩国势力，形成合纵阵线，将面向西方，与秦国对抗。对此我私下不禁失笑。世上有三种亡国的情况，而天下终会有人得到，说的就是今天的世道！我听人说：‘以混乱之国去攻打有序之国必遭败亡，以邪恶之国攻打正义之国必遭败亡，以悖逆天道之国去攻打顺应天道之国必遭败亡。’如今天下诸侯国储藏财货武器的仓库不充实，屯积米粮的仓库也很空虚，他们征召所有人民，发动号称千百万计的军队，虽然是白刃在前、利斧在后督战，而军士仍然都退却逃跑，不肯拼死一战。其实并不是他们的人民不肯死战，而是由于统治者不能赏罚分明。说奖赏却不给予，说处罚却不执行，所以人民才不肯为国死战。

“现在秦国号令鲜明，赏罚分明，有功无功都据实情奖惩。每个人离开父母怀抱之初，从来没有见过敌人，但一听说作战就跺脚、空手、露胸，迎着敌人的刀枪，赴汤蹈火，拼死向前的人，比比皆是。决心死战与逃生是不同的，但秦国人愿意去死战，这是由于以奋战至死为荣。一人可以战胜十人，十人可以战胜百人，百人可以战胜千人，千人可以战胜万人，万人可以战胜全天下。如今秦国的地势，截长补短，方圆有数千里，强大的军队有几百万。而秦国的号令和赏罚，险峻有利的地形，天下诸侯都比不上。用这种优越条件吞并天下，全天下也不够秦国吞并而占有的。由此可知，只要秦国作战没有打不胜的，进攻没有不能取胜的，所抵挡的敌人也没有不被攻破的。开拓土地几千里，那将是很伟大的功业。然而如今，秦国军队疲惫，人民穷困，积蓄耗尽，田园荒废，仓库空虚，四邻诸侯不肯臣服，霸王之名不成，出现这种情况并没有别的原因，都是因为秦国的谋臣未能尽忠。

“臣愿用历史为证加以说明：从前齐国往南击破荆楚，往东打败了宋国，往西征服了秦国，向北打败了燕国，在中原地带又指挥韩、魏两国君主。土地广大，兵强马壮，攻城略地，战无不胜，号令天下诸侯，清清的济水和混浊的黄河，都足可以作为天然屏障，长城防门，足可以作为防守掩体。齐国是一连五次战胜的强国，可是只战败一次，齐国就没有了。由此可见，用兵作战关系到万乘大国的生死存亡。

“我还听说：‘砍树要除根，不与祸相邻，祸才不会发生。’从前秦国和楚国作战，秦兵大败楚军，占领了楚国首都郢城，又占领了洞庭湖、五都、江南等地，楚王向东逃亡，躲藏在陈地。在那个时候，继续发兵攻打楚国，就可以占领楚国全境。而占领了楚国，那里的人民就足够使用，物产就足够物质需要。东向削弱齐、燕两国，中原可以凌驾在三晋（指韩、赵、魏三国）之上，如果这样就可以一举而成就霸王之名，使四方诸侯都来秦廷朝拜。然而当时的谋臣没能这样做，反而撤兵，与楚人讲和。现在楚已收复所有失地，重新集合逃散的人民，再度建立起宗庙和社稷之主。这是秦国第一次失去建立霸业的机会。后来诸侯国同心协力而兵临华阳城下，幸亏大王用诈术击溃了他们，一直进兵到魏都大梁外。当时只要继续围困几十天，就可以占领大梁。占领大梁，就可以攻下魏国；攻下魏国，赵、楚的联盟就拆散了，赵国就危险了。赵国一危险，楚国就孤立无援。这样秦国向东可以削弱齐、燕，中间可以欺凌三晋，如此也可以一举而成就霸王之名，使四方诸侯都来朝拜。然而谋臣没有这样做，反而引兵自退，与魏人讲和，使魏国收复所有失地，重新集合逃散的人民，再度建立起宗庙和社稷之主。这是秦国第二次失去建立霸业的机会。前不久穰侯为相治理秦国，他用一国的军队，却想建立两国才能完成的功业。所以军队在边境外风吹日晒雨淋，人民在国内劳苦疲惫，霸王的功业也始终不能建立。这是秦国第三次失去建立霸业的机会。

“赵国，是位居中央的国家，四面八方的人都来杂居。其国民众轻浮而难于任用，以致使国家号令无法贯彻，赏罚毫无信用，其地理位置不利于防守，统治者又不能使人民的潜力全部发挥出来，这一切本来是一种亡国的形势了。再加上不体恤百姓，征发所有战士驻军于长平战场，去跟韩国争上党。大王以计谋战胜赵国，既而攻克武安。当时赵国君臣不和睦，官民也互不信任，这样邯郸就无法固守。如果秦军攻下邯郸，占领河间，率领军队而走，往西攻打修武，经过羊肠险塞，降服代和上党。代有三十六县，上党有十七县，不用一副盔甲，不费一兵一卒，就都成了秦国所有。代和上党不经过作战就成为秦国土地，赵国的东阳和河外等地不经过战争将反归齐国，中呼池以北之地不经过战争将属于燕国。既然如此，攻下赵国之后，韩国就必然灭亡，韩国灭亡则楚、魏就不能独立；楚魏既然不能独立，就可一举攻破韩国、危及魏国，然后再挟持楚国，往东去削弱齐、燕，挖开白马津的河口来淹魏国。如此一举就可以灭三晋，而六国的合纵联盟也势将瓦解。大王只要拱手以待，天下诸侯就会一个接一个来投降，霸王之名就可建立。而谋臣没有这样做，反而自动退兵，与赵国讲和。凭大王的贤明，秦兵的强盛，竟然建立不起天下霸主的基业，反而被即将灭亡的各诸侯国欺凌，这都是由于谋臣的愚拙。并且赵国当亡不亡，秦国该称霸又不称霸，天下人已经看透了秦国谋臣的本领高低，此其一。秦国曾用全国之兵去攻打赵国的邯郸，非但没有攻下反而被敌人打得丢盔弃甲，害怕地败下阵来，天下人已经看透了秦国将士的斗志，此其二。军队退下来以后，都聚集在李城下，大王又重新编整而督促将士们再战，可是并没有取得大胜，就纷纷罢兵撤退，天下人又都看透了秦国军队的战斗力，此其三。在内看透了秦国的谋臣，在外看透了秦国的兵力。由此观之，臣认为天下的合纵力量，岂非更难对付。在内秦国的军队疲劳不堪，人民极端困顿，积蓄耗尽，田园荒芜，仓库空虚；而在外诸侯合纵更为坚固，但愿大王能多加考虑这种状况！

“我又听人说：‘战战兢兢，日慎一日。’假如谨慎得法，可以占有天下。怎么知道是这样呢？过去殷纣王做天子，率领天下百万大军，左边的军队在淇谷饮马，右边军队在洹水喝水，竟把淇水喝干了，让洹水断流了，用这么雄壮庞大的大军跟周武王作战。可是武王只率领了三千名穿着简单盔甲的战士作战一天，就打败了纣王之军，俘虏了殷纣王，占有了殷的全部的土地和百姓，天下竟没有一个人同情纣王。以前智伯率领韩、赵、魏三国的兵众，前往晋阳去攻打赵襄子，智伯掘开晋河灌城，经过三年之久的攻打，当城快破时，赵襄子用乌龟进行占卜，看看国家命运的吉凶，预测到底谁败降。赵襄子派出大臣张孟谈，悄悄出城，破坏韩、魏与智伯的盟约，结果争取到韩、魏两国的合作，然后合力攻打智伯，终于大败智伯的军队，俘虏了智伯本人，而成就了赵襄子的功业。如今秦国的地势，截长补短，方圆有数千里，强大的军队有几百万，而且秦国号令严明，赏罚分明，再加上地形的优势，天下诸侯没有能比得上的。如果凭这种优势吞并天下，全天下可以吞并而占有的。

臣冒死罪，希望见到大王，谈论怎样能够破坏天下的合纵战略，灭赵亡韩，让楚、魏称臣，使齐、燕归附，以成就霸王之名，让四方诸侯都来朝拜的策略。大王假如采用我的策略，不能一举瓦解天下合纵联盟，攻不下赵，灭不了韩，魏、楚不称臣，齐、燕不归附，霸王之名不能成就，四方诸侯不来朝拜，那么就请大王砍下我的头在全国示众，以惩戒那些为君主谋划而不尽忠的人。”

司马错与张仪争论于秦惠王前

司马错与张仪争论于秦惠王前[①]。司马错欲伐蜀，张仪曰："不如伐韩。"王曰："请闻其说。"

对曰："亲魏善楚，下兵三川[②]，塞轘辕、缑氏之口[③]，当屯留之道[④]，魏绝南阳，楚临南郑，秦攻新城、宜阳，以临二周之郊[⑤]，诛周主之罪，侵楚、魏之地。周自知不救，九鼎宝器必出。据九鼎，按图籍，挟天子以令天下，天下莫敢不听，此王业也。今夫蜀，西辟之国，而戎狄之长也，弊兵劳众不足以成名，得其地不足以为利。臣闻：'争名者于朝，争利者于市。'今三川、周室，天下之市朝也，而王不争焉，顾争于戎狄，去王业远矣。"

司马错曰："不然。臣闻之，欲富国者，务广其地；欲强兵者，务富其民；欲王者，务博其德。三资者备[⑥]，而王随之矣[⑦]。今王之地小民贫，故臣愿从事于易[⑧]。夫蜀，西辟之国也，而戎狄之长也，而有桀、纣之乱[⑨]。以秦攻之，譬如使豺狼逐群羊也。取其地，足以广国也；得其财，足以富民；缮兵不伤众[⑩]，而彼已服矣。故拔一国，而天下不以为暴；利尽西海[⑪]，诸侯不以为贪。是我一举而名实两附，而又有禁暴正乱之名。今攻韩劫天子，劫天子，恶名也，而未必利也，又有不义之名，而攻天下之所不欲，危！臣请谒其故：周，天下之宗室也；齐，韩、周之与国也[⑫]。周自知失九鼎，韩自知亡三川，则必将二国并力合谋，以因于齐、赵，而求解乎楚、魏。以鼎与楚，以地与魏，王不能禁。此臣所谓‘危’，不如伐蜀之完也。”惠王曰：“善！寡人听子。”

卒起兵伐蜀，十月取之，遂定蜀。蜀主更号为侯，而使陈庄相蜀⑬。蜀既属，秦益强富厚，轻诸侯。

【注释】

①司马错：战国时秦将。②三川：指伊水、洛水及黄河的一段，当时属韩。③轘（huán）辕、缑（gōu）氏：险道，均在今河南偃师，历来为军事要地。④当：通“挡”。屯留：今山西屯留，这里多有太行山羊肠坂道，地势险要。⑤二周：指战国后期二小国西周、东周。⑥资：条件，资本。⑦王：用作动词，称王。⑧易：这里指伐蜀。司马错认为，伐蜀容易成功，而伐韩则非常危险。⑨有桀、纣之乱：这里指蜀国内部有桀、纣这样的淫暴之君乱政。⑩缮兵：这里指发动战争。缮：治理，修补。兵：兵器。⑪西海：指中国西部地区。⑫与国：盟国。⑬陈庄：人名，秦国官吏。相：用作动词，担任相国。

【译文】

司马错与张仪在秦惠王面前展开争论。司马错主张秦国应先攻打蜀国，可是张仪却反对说：“不如先攻打韩国。”秦惠王说：“我愿听听你们的意见。”

张仪回答说：“亲近魏国，善待楚国，然后再出兵攻打韩国的三川，堵住轘辕和缑氏山的通道，挡住屯留的要道，让魏国切断韩国出兵南阳的路，让楚军进逼韩国都城南郑，秦兵再攻打新城、宜阳，这样兵锋直逼东、西二周的城外，声讨二周国君的罪过，并且可以进入楚、魏两国。周王知道没有人来援救，一定会交出九鼎等宝器。我们占有了九鼎，并掌握地图和户籍档案，就可假借周天子的名义号令诸侯，天下没有谁敢不服从，这才是霸王之业。至于那蜀国，不过是一个西方边远之地的小国，戎狄之邦的首领。我们损兵费力去攻打，也不足以成就霸名；得到它的土地，也没有多大的好处。臣听人说：‘争名的人要到朝廷上去，争利的人要到市场上去。’现在三川、周室，正是天下的市场和朝廷，大王却不去争，反而去争夺戎、狄之邦，这就距离霸王之业实在太远了。”

司马错说：“事情并不像张仪所说的那样。我听说，要想使国家富足，务必扩张领土；要想兵强马壮，必先使人民富足；要想建立王业，一定要先广施德政。这三项条件具备以后，那么王业自然会随之而来。如今大王地盘小而百姓穷，所以臣希望大王先从容易的地方着手。那蜀国确实是一个偏僻小国，戎狄之邦的首领，并且有夏桀、商纣那样的内乱，如果用秦国去攻打蜀国，就好像派豺狼去驱逐羊群一样简单。秦国得到蜀国的土地可以扩大版图，得到蜀国的财富可以富足百姓；虽是用兵却伤亡不大，并且又让蜀国臣服。所以秦得到一国，而诸侯不会认为是暴虐；即使秦抢走蜀国的一切财富，诸侯也不会以秦为贪婪。这样我们只要做伐蜀一件事，就可以名利双收，甚至还可以得到除暴止乱的美名。现在如果我们去攻打韩国、劫持周天子，劫持周天子是一个恶名，而且不见得能获得什么利益，反而落得一个不仁不义的坏名。攻打普天下都不赞成攻打的国家，实在是危险的事。请允许我陈述一下理由：周天子是天下的共主，同时齐与韩是周的同盟国。周自己知道将要失掉九鼎，韩自己清楚要失去三川，那么两国必然精诚合作，共同依靠齐、赵，去请求楚、魏解除围困。同时把九鼎献给楚，把土地割让给魏，这一切大王是无法制止的，这就是臣所说的危险所在。因此，攻打韩国是失策，先伐蜀才是万全之计。”

秦惠王说：“好的！寡人听你的。”

于是秦国就出兵攻打蜀国，当年十月攻取了，就控制了蜀国的局势。把蜀主的名号改为侯，并且派秦臣陈庄做蜀的相国。蜀地既已归附，秦国就越发强盛富足，而且更加轻视天下诸侯。

陈轸去楚之秦

陈轸去楚之秦。张仪谓秦王曰："陈轸为王臣，常以国情输楚。仪不能与从事，愿王逐之。即复之楚[①]，愿王杀之。"王曰："轸安敢之楚也。"

王召陈轸告之曰："吾能听子言，子欲何之，请为子车约。"对曰："臣愿之楚。"王曰："仪以子为之楚，吾又自知子之楚。子非楚，且安之也！"轸曰："臣出，必故之楚，以顺王与仪之策，而明臣之楚与不也[②]。楚人有两妻者，人诛其长者[③]，詈之；诛其少者，少者许之。居无几何，有两妻者死。客谓诛者曰：'汝取长者乎[④]？少者乎？''取长者。'客曰：'长者詈汝，少者和汝[⑤]，汝何为取长者？'曰：'居彼人之所，则欲其许我也。今为我妻，则欲其为我詈人也。'今楚王明主也，而昭阳贤相也[⑥]。轸为人臣，而常以国输楚王，王必不留臣，昭阳将不与臣从事矣。以此明臣之楚与不。"

轸出，张仪入，问王曰："陈轸果安之？"王曰："夫轸，天下之辩士也，孰视寡人曰：'轸必之楚。'寡人遂无奈何也。寡人因问曰：'子必之楚也，则仪之言果信矣[⑦]。'轸曰：'非独仪之言也，行道之人皆知之。昔者子胥忠其君，天下皆欲以为臣；孝己爱其亲，天下皆欲以为子。故卖仆妾不出里巷而取者，良仆妾也；出妇嫁于乡里者[⑧]，善妇也。臣不忠于王，楚何以轸为？忠尚见弃，轸不之楚，而何之乎？'"王以为然，遂善待之。

【注释】

①即：假如。②不：同“否”。③诶（tiǎo）：引诱，调戏。④取：同“娶”。⑤和：答应。⑥昭阳：人名，是楚国王族，楚怀王时任令尹。⑦信：确实。⑧出妇：被离弃的女人。

【译文】

陈轸离开楚国来到秦国。张仪就对秦惠王说：“陈轸做了大王的臣子，他会经常把秦国的内情泄露给楚国。我不愿跟这样的人同朝共事，希望大王把他赶走。如果他想重回楚国，希望大王杀掉他。”惠王说：“陈轸怎么敢去楚国呢？”

秦惠王召见陈轸并询问他说：“寡人愿意尊重贤卿的意见，您要到哪里，寡人就为你准备车马。”陈轸回答说：“我愿意去楚国！”惠王说：“张仪料定你必然去楚国，而我自己也知道你将去楚国。如果你不去楚国，又能往哪里去呢。”陈轸说：“我离开以后，必然故意要去楚国，以符合大王和张仪的估计，而可以表明我到楚国不会泄露秦国内幕。楚国有个人娶了两个妻子，有人去勾引他年长的妻子，年长的就骂起来明确拒绝；勾引年轻的妻子时，她就顺从了。没有多久，这个拥有两个妻子的男人死了。有个客人问勾引者说：‘在这两个寡妇当中，你是娶那个年长的还是年轻的？’勾引者回答说：‘我娶年长的！’客人问：‘年长的曾经骂过你，而年轻的却顺从了你，你为什么反倒要娶年长的呢？’勾引者说：‘他们在别人那里为人妻时，则希望她们接受我的勾引；现在做了我的妻子，则希望她替我骂别人。’现在楚王是位明主，而宰相昭阳也是一位贤臣。我陈轸既然做了他国的臣子，而经常把他国的内情泄露给楚王，那么楚王必定因为上述的道理不收留我，而昭阳也不愿与臣同朝共事。这就表明我离秦去楚也不会将秦国内情告诉楚国。”

陈轸出去，张仪进来问秦王说：“陈轸去哪里？”秦王说：“那个陈轸，真是天下有名的辩士，他仔细看了看寡人，说：‘陈轸一定到楚国。’寡人对此无可奈何。寡人问他：‘你一定要到楚国，那么就被张仪言中了。’陈轸回答说：‘不仅张仪说中了，可谓路人皆知。过去子胥忠于其君，天下做君的人都希望他做臣子；孝己孝敬父母，天下做父母的都希望他做儿子。所以被卖的婢妾不出街巷就被人买走的，是好的婢妾；弃妇能嫁给乡里的，是好的女人。假如臣对王不忠，楚国还用我陈轸做什么？如果忠心还被遗弃，那我陈轸不到楚国，还能到哪里？’”秦王认为说得对，于是善待陈轸。

卷四　秦二

齐助楚攻秦

齐助楚攻秦，取曲沃。其后，秦欲伐齐，齐、楚之交善，惠王患之，谓张仪曰："吾欲伐齐，齐、楚方欢，子为寡人虑之，奈何？"张仪曰："王其为臣约车并币，臣请试之。"

张仪南见楚王曰："弊邑之王所说甚者，无大大王[①]；唯仪之所甚愿为臣者，亦无大大王。弊邑之王所甚憎者，亦无先齐王；唯仪之甚憎者，亦无大齐王。今齐王之罪，其于弊邑之王甚厚，弊邑欲伐之，而大国与之欢，是以弊邑之王不得事令[②]，而仪不得为臣也。大王苟能闭关绝齐，臣请使秦王献商於之地，方六百里。若此，齐必弱，齐弱则必为王役矣。则是北弱齐，西德于秦，而私商於之地以为利也，则此一计而三利俱至。"

楚王大说，宣言之于朝廷，曰："不谷得商於之田，方六百里。"群臣闻见者毕贺，陈轸后见，独不贺。楚王曰："不谷不烦一兵[③]，不伤一人，而得商於之地六百里，寡人自以为智矣！诸士大夫皆贺，子独不贺，何也？"陈轸对曰："臣见商於之地不可得，而患必至也，故不敢妄贺。"王曰："何也？"对曰："夫秦所以重王者，以王有齐也。今地未可得而齐先绝，是楚孤也，秦又何重孤国？且先出地绝齐，秦计必弗为也。先绝齐后责地，且必受欺于张仪。受欺于张仪，王必惋之。是西生秦患，北绝齐交，则两国兵必至矣。”楚王不听，曰：“吾事善矣！子其弭口无言，以待吾事。”楚王使人绝齐，使者未来[④]，又重绝之。

张仪反，秦使人使齐，齐、秦之交阴合。楚因使一将军受地于秦。张仪至，称病不朝。楚王曰：“张子以寡人不绝齐乎？”乃使勇士往詈齐王。张仪知楚绝齐也，乃出见使者曰：“从某至某，广从六里。”使者曰：“臣闻六百里，不闻六里。”仪曰：“仪固以小人，安得六百里？”使者反报楚王，楚王大怒，欲兴师伐秦。陈轸曰：“臣可以言乎？”王曰：“可矣。”轸曰：“伐秦非计也，王不如因而赂之一名都，与之伐齐，是我亡于秦而取偿于齐也。楚国不尚全（事）［乎］[⑤]。王今已绝齐，而责欺于秦，是吾合齐、秦之交也，（固）［国］必大伤[⑥]。”

楚王不听，遂举兵伐秦。秦与齐合，韩氏从之。楚兵大败于杜陵。故楚之土壤士民非削弱，仅以救亡者[⑦]，计失于陈轸，过听于张仪。

【注释】

①大：超过。②事令：听命。③不谷：不善，古代君主的谦称。④未来：没有返回。来，回来。⑤不尚全乎：不还完整无缺吗？事，一作“乎”，可从。⑥固：一作“国”，义顺，可从。⑦仅以救亡：仅仅没有灭亡。

【译文】

齐国帮助楚国进攻秦国，攻下了秦国的曲沃。此后秦想进攻齐国，可是齐、楚交好，秦惠王为此甚感忧虑，就对张仪说：“寡人想要发兵攻齐，无奈齐、楚关系正密切，请贤卿为寡人考虑一下，怎么样？”张仪说：“请大王为臣准备好车马和金钱，让臣去试试看！”

于是张仪向南见楚怀王说：“敝国国王最敬重的人莫过于大王了，我张仪做臣子的，也莫过于希望给大王你做臣子。敝国所最痛恨的君主莫过于齐王，而臣张仪最痛恨的君主也莫过于齐王。现在齐王的罪恶，对敝国的秦王来说是最严重的，因此敝国想发兵征讨他，无奈贵国与齐交好，以致秦王无法听命于楚王，同时也不能使臣做大王的臣子。然而如果大王能关起国门与齐断交，让臣劝秦王献上方圆六百里的商、於土地。如此一来，齐就走向衰弱；齐走向衰弱后，就必然听从大王的差遣。这样一来，楚国不但在北面削弱了齐国的势力，而又在西面对秦国施有恩惠，同时暗中获得了商、於六百里的好处，这真是一举而三利俱得的良策。"

楚怀王听了非常高兴，就在朝公开宣布："寡人已经从秦国得到商、於六百里的土地!"群臣听了怀王的宣布，都一致向怀王道贺，客卿陈轸最后晋见，唯独不向怀王道贺。怀王就问道："寡人不烦一兵一卒，没有伤亡一名将士，就得到商、於六百里土地，寡人自认为是明智之举。文武百官都向寡人道贺，唯独贤卿不道贺，这是为什么?"陈轸回答说："因为我认为大王不但得不到商、於六百里，反而一定会招来祸患，所以臣不敢随便向大王道贺。"怀王问："什么道理呢?"陈轸回答说："秦王之所以重视大王，是因为大王有齐国这样一个强大盟国。如今地还没有得到，大王就跟齐国断绝邦交，就会使楚国陷于孤立，秦国又怎会重视一个孤立无援的国家呢?何况如果先让秦国割让土地，楚国再跟齐断绝邦交，估计秦国必不肯这样做；要是楚国先跟齐国断交，然后再向秦要土地，那么必然遭张仪欺骗而得不到土地。被张仪欺骗了，大王必然懊悔万分。这样就西面惹出秦国的祸患，北面断了齐国的后援，那么秦、齐两国的军队必然来了。"楚王不听从，说："我的事已办妥，你就闭口不要再说了，你就等待寡人的好消息吧!"怀王就派使者前往齐国宣布断交，使者还未回来，楚王又派人去与齐国断交。

张仪回到秦国之后，秦王就派使者前往齐国游说，齐、秦交好暗暗缔结成功。楚国就派出一名将军去秦国接收土地。使臣到后，张仪竟然装病不上朝。楚怀王说："张仪以为寡人没有与齐国断交吗?"于是楚怀王就派了一名勇士前去辱骂齐王。张仪在证实楚、齐断交以后，才出来接见使臣说："赠送的土地从这里到那里，方圆总共是六里。"楚国使者很谅讶说："臣只听说是六百里，从没有听说是六里。"张仪巧辩说："我张仪只不过是一个微不足道的小官，怎么能说有六百里呢?"楚国使者回国报告楚怀王以后，怀王大怒，想发兵攻打秦国。这时陈轸问：“现在我可以说话了吗？”怀王说：“可以了。”于是陈轸就说：“发兵攻打秦国不是好办法，大王不如趁此机会送给秦国一个大都市，与秦一起攻打齐国，或许可以把在秦国损失的再从齐国补回来，这样楚国不还完整无缺吗？大王如今已经与齐国绝交，现在又去责备秦国骗人，这是我国在促合秦、齐两国结交，这样的话，楚国必受大害！”

可惜楚怀王仍然没有采纳陈轸的忠谏，而是照原定计划发兵北去攻打秦国。秦、齐两国组成联合阵线，同时韩国也加入了他的军事同盟，结果楚军被三国联军在杜陵打得惨败。可见，楚国的土地并非不大，而人民也并非比其他诸侯软弱，但发展到几乎亡国的惨境，就是由于怀王没有采纳陈轸的计策，而过于听信张仪诡诈游说的缘故。

楚绝齐，齐举兵伐楚

楚绝齐，齐举兵伐楚。陈轸谓楚王曰：“王不如以地东解于齐①，西讲于秦。”

楚王使陈轸之秦，秦王谓轸曰：“子秦人也，寡人与子故也。寡人不佞，不能亲国事也②，故子弃寡人事楚王。今齐、楚相伐，或谓救之便，或谓救之不便，子独不可以忠为子主计，以其余为寡人乎？”陈轸曰：“王独不闻吴人之游楚者乎？楚王甚爱之，病，故使人问之，曰：‘诚病乎？意亦思乎？’左右曰：‘臣不知其思与不思，诚思则将吴吟③。’今轸将为王吴吟。王不闻夫管与之说乎？有两虎诤人而斗者④，管庄子将刺之，管与止之曰：‘虎者，戾虫；人者，甘饵也。今两虎诤人而斗，小者必死，大者必伤。子待伤虎而刺之，则是一举而兼两虎也。无刺一虎之劳，而有刺两虎之名。’齐、楚今战，战必败。败，王起兵救之，有救齐之利，而无伐楚之害。计听知覆逆者，唯王可也。计者，事之本也；听者，存亡之机。计失而听过，能有国者寡也。故曰：‘计有一二者难悖也，听无失本末者难惑。’”

【注释】

①解：和解。②亲：知道。③吟：歌吟。④诤：同“争”。

【译文】

楚国与齐国绝交后，齐发兵攻打楚国。陈轸对楚怀王说：“大王不如送土地给东面的齐国求得和解，再跟西面的秦国讲和。”

于是楚怀王派陈轸出使秦国。秦惠王对陈轸说：“贤卿本来就是秦国人，而且与寡人有旧交。可惜由于寡人无高才，不知国家大事，所以贤卿离开寡人去侍候楚王。如今齐、楚两国互相攻伐，有的人认为救援有利，有的人认为不救援有利。贤卿为何不在为你的主子效忠之余，也为我出一点主意呢?”陈轸说：“大王难道没听说过吴国人到楚国去做官的故事吗？楚王很喜欢这位客卿，客卿生了病，楚王就派人去问候，说：‘是真生病吗？还是思念故国呢?’左右侍臣回答说：‘不知道他是否怀乡，假如真是怀乡的话，那他就要唱吴歌了。’现在我就准备为大王唱‘吴歌’。不知大王有没有听说管与的故事？这个故事是说有两只老虎，因为争吃人而打斗起来，管庄子准备去刺杀这两只虎，可是管与赶忙制止说：‘老虎是贪狠的大虫，人是他的最香甜的食物。现在两只老虎为争吃人而打斗，小虎必然因斗败而死，大虎也必然因苦斗而伤，你就等着去刺杀那只受伤的大虎吧，那是一举而兼杀两虎的妙计。没有杀死一只老虎的辛苦，却兼得刺杀两只虎的英名。’如今齐、楚两国既然正在开战，开战必有战败。战败了，大王再发兵救援，既能获得救齐的好处，而又没有伐楚的危害。听到我的计谋判断其优劣，那就全由大王定夺。计谋是做事的根本，听从良计是国家存亡的关键。计谋错了，或听从错计，而能保住国家的君王很少。所以说：‘计谋要反复思考才不会出错，听计要兼顾轻重本末才不会迷惑。’”

医扁鹊见秦武王

医扁鹊见秦武王，武王示之病[1]，扁鹊请除。左右曰："君之病，在耳之前，目之下，除之未必已也，将使耳不聪，目不明。"君以告扁鹊。扁鹊怒而投其石[2]："君与知之者谋之，而与不知者败之。使此知秦国之政也，则君一举而亡国矣。"

【注释】

①示：示知，告诉。②石：治病用的石针。

【译文】

医生扁鹊去见秦武王，武王把他的病情告诉了扁鹊，扁鹊建议治疗。可是左右大臣说："君王的病在耳朵的前面，眼睛的下面，治疗未必根除，弄不好反而会使耳朵听不清，眼睛看不明。"武王把这话告诉了扁鹊。扁鹊生气了，把治病的砭石一丢，说："君王和懂医的人商量治病，又与不懂医的人一道讨论干扰治疗。就凭这件事，就可以了解到秦国的内政，那么，君王随时一动都会有亡国的危险。"

秦武王谓甘茂

秦武王谓甘茂曰："寡人欲车通三川[1]，以窥周室，而寡人死不朽乎？"甘茂对曰："请之魏，约伐韩。"王令向寿辅行。甘茂

至魏，谓向寿："子归告王曰：'魏听臣矣，然愿王勿攻也。'事成，尽以为子功。"向寿归以告王，王迎甘茂于息壤。

甘茂至，王问其故。对曰："宜阳，大县也，上党、南阳积之久矣，名为县，其实郡也。今王倍数险②，行千里而攻之，难矣。臣闻张仪西并巴、蜀之地，北取西河之外，南取上庸，天下不以为多张仪而贤先王③。魏文侯令乐羊将，攻中山，三年而拔之，乐羊反而语功，文侯示之谤书一箧，乐羊再拜稽首曰：'此非臣之功，主君之力也。'今臣羁旅之臣也，樗里疾、公孙衍二人者，挟韩而议，王必听之，是王欺魏，而臣受公仲侈之怨也。昔者曾子处费，费人有与曾子同名族者而杀人，人告曾子母曰：'曾参杀人。'曾子之母曰：'吾子不杀人。'织自若。有顷焉，人又曰：'曾参杀人。'其母尚织自若也。顷之，一人又告之曰：'曾参杀人。'其母惧，投杼逾墙而走。夫以曾参之贤，与母之信也，而三人疑之，则慈母不能信也。今臣之贤不及曾子，而王之信臣又未若曾子之母也，疑臣者不适三人④，臣恐王为臣之投杼也。"王曰："寡人不听也，请与子盟。"于是与之盟于息壤。

果攻宜阳，五月而不能拔也。樗里疾、公孙衍二人在，争之王，王将听之，召甘茂而告之。甘茂对曰："息壤在彼。"王曰："有之。"因悉起兵，复使甘茂攻之，遂拔宜阳。

【注释】

①车通：犹言出兵。车，指战车。②倍：同"背"，冒着。③多：赞扬。④适（chì）：通"啻"，仅仅。

【译文】

秦武王对甘茂说："我想出兵三川，伺机取周室而代之，这样我死了会永垂不朽吧？"甘茂回答说："请让我去魏国，与他们相约共同攻打韩国。"武王派亲信向寿做甘茂的副使出使魏国。甘茂到了魏国，对向寿说："您回去告诉武王说：'魏王已同意我的约定。但希望大王不要进攻韩国。'当大事成功之后，一切功劳归于您。”向寿回到秦国，把这话告诉了武王，武王便到息壤这个地方迎接甘茂。

甘茂到了息壤，武王问他其中的原因。甘茂回答说：“宜阳，是韩国的大县，上党和南阳在此积聚人力和财物已很久了，它名义是县，实际上相当于一个郡。现在大王的军队要冒着很多危险，跋涉千里去攻打宜阳，实在太难了。我听说，张仪西并巴、蜀，北取西河之地，南占上庸，诸侯并不因此就赞扬张仪，却称颂先王秦惠王的贤明。魏文侯派乐羊为将，进攻中山，三年灭掉了中山。乐羊返回魏国，称道自己的战功。魏文侯拿出整整一箱指责乐羊的文书给他看，乐羊赶紧磕头说：‘这不是我的功劳，完全是主君的功劳啊！’我现在只不过是寄居在秦国的人，而权臣樗里疾、公孙衍二人，倚仗和韩国的关系而非议我，大王必会听从。如果这样，大王就欺骗了盟国魏国，而我又会白白招致韩国相国公仲侈的怨恨。从前曾参在费地，费地有个与曾参同姓同名的人杀了人，有人告诉曾参的母亲，说：‘曾参杀人了。’曾参的母亲说：‘我的儿子不会杀人。’她泰然自若。过了一会儿，一个人跑来说：‘曾参杀人了。’曾参的母亲还织布，泰然自若。又过了一会，又有人来说：‘曾参杀人了。’曾参的母亲害怕了，扔掉梭子翻过垣墙逃跑了。就连曾参这样贤德的人，与母亲对儿子的信任，三人迷惑之下，就是慈母也信不过儿子。何况现在我不如曾参贤能，大王相信我又不如曾参的母亲相信曾参，非议我的将不止三人，我担心大王恐怕因我扔掉梭子啊！”武王说：“我不听信别人的议论，让我们订立盟约吧！”于是武王和甘茂在息壤订立盟约。

后来甘茂攻打宜阳，五个月还不能攻下。于是樗里疾和公孙衍二人在朝中，直言劝王，武王几乎要听信了，因而召回甘茂并告诉他。甘茂回答说：“息壤在那里，请勿违背！”武王说：“确实有这回事。”武王才动用了全部兵力，继续让甘茂指挥作战，终于攻克了宜阳。

甘茂亡秦且之齐

甘茂亡秦且之齐[①]，出关遇苏子，曰："君闻夫江上之处女乎？"苏子曰："不闻。"曰："夫江上之处女，有家贫而无烛者，处女相与语，欲去之。家贫无烛者将去矣，谓处女曰：'妾以无烛，故常先至，扫室布席，何爱余明之照四壁者[②]？幸以赐妾，何妨于处女？妾自以有益于处女，何为去我？'处女相语以为然而留之。今臣不肖，弃逐于秦而出关，愿为足下扫室布席，幸无我逐也。"苏子曰："善。请重公于齐。"

乃西说秦王曰："甘茂，贤人，非恒士也[③]。其居秦累世重矣，自殽塞、谿谷，地形险易尽知之。彼若以齐约韩、魏，反以谋秦，是非秦之利也。"秦王曰："然则奈何？"苏代曰："不如重其贽，厚其禄以迎之。彼来则置之槐谷，终身勿出，天下何从图秦。"秦王曰："善。"与之上卿，以相迎之齐。甘茂辞不往。苏秦伪谓王曰："甘茂，贤人也。今秦与之上卿，以相迎之，茂德王之赐[④]，故不往，愿为王臣。今王何以礼之？王若不留，必不德王。彼以甘茂之贤，得擅用强秦之众，则难图也！"齐王曰："善。"赐之上卿命而处之。

【注释】

①且：将。之：到。②爱：吝惜。③恒士：平常之士。④苏秦：鲍本作"苏子"，这里指苏代。德：感激。

【译文】

甘茂从秦国逃出后准备到齐国去，出了函谷关，遇见苏子，说："您听说那种江上女子的故事吗？"苏子说："没听说过。"甘茂说："在江上的众多女子中，有一个家贫无烛的女子。女子们在一起商量，要把家贫无烛的女子赶走。家贫无烛的女子准备离去，她对女子们说：'我因为没有烛，所以常常先到，打扫屋子，铺好席子。你们何必吝惜照在四壁上的那一点余光呢？如果赐一点余光给我，对你们又有什么妨碍呢？我自认为对你们还是有用的，为什么一定要赶我走呢？'女子们商量以后，认为她说得对，就把她留下来了。现在我由于没有才德，被秦国赶走，出了函谷关，愿意为您扫屋铺席，请求不要把我赶走。"苏子说："好，我将设法让您在齐国受重用。"

于是苏子先西入关中游说秦王说："甘茂是个贤能的人，并不是平常之士。他在秦国受到惠王、武王、昭王等几朝重用，由崤山、函谷关直至溪谷，秦国的险阻要冲无不了解。万一他通过齐国联合韩、魏，反过来图谋秦国，这就对秦国十分不利。"秦王说："那可怎么办呢？"苏代说："您不如多备厚礼，以高位重金迎他回来。他来了，就把他软禁在槐谷，让他终生不能出去，诸侯又凭什么图谋秦国呢。"秦王说："好。"于是，给甘茂以上卿的高位，拿相印到齐国去迎接他。甘茂推辞不去。苏代又对齐王说："甘茂是个贤能的人，眼下秦王给他上卿的高位，拿相印去迎接他。但甘茂却因为感激您齐王的恩德而不去秦国，他愿意做大王的臣子。现在大王用什么样的礼节对待他？大王如果不挽留他，他一定不会感激大王。以甘茂之贤能，如果让他统率强秦的军队，那秦国可就难以对付了。"齐王说："好。"于是，赐予甘茂上卿的爵位，安排甘茂在齐国住下。

秦宣太后爱魏丑夫

秦宣太后爱魏丑夫。太后病将死，出令曰：“为我葬，必以魏子为殉。”魏子患之。庸芮为魏子说太后曰：“以死者为有知乎？”太后曰：“无知也。”曰：“若太后之神灵[①]，明知死者之无知矣，何为空以生所爱，葬于无知之死人哉！若死者有知，先王积怒之日久矣，太后救过不赡[②]，何暇乃私魏丑夫乎[③]？”太后曰：“善。”乃止。

【注释】

①神灵：聪明智慧。②不赡：不足，不能够。③私：私通。

【译文】

秦宣太后私通大臣魏丑夫，后来宣太后生病将死，拟下遗命：“如果安葬我，一定要魏丑夫为我殉葬。”魏丑夫为此忧虑不安。秦臣庸芮为他游说宣太后：“太后您认为人死之后还有知觉吗？”宣太后说：“没有知觉。”庸芮又说：“像太后这样明智的人，明明知道人死了没有知觉，为何还平白无故地要生前所爱的人为没有知觉的死人陪葬呢？假如死人还知道什么的话，那么先王早就对太后恨之入骨了，太后赎罪还来不及呢，哪有空闲与魏丑夫有私情呢？”宣太后说：“说得好。”就放弃了让魏丑夫为自己殉葬的想法。

卷五　秦三

秦客卿造谓穰侯

秦客卿造谓穰侯曰："秦封君以陶，藉君天下数年矣。攻齐之事成，陶为万乘，长小国[①]，率以朝天子，天下必听，五伯之事也；攻齐不成，陶为邻恤，而莫之据也。故攻齐之于陶也，存亡之机也。君欲成之，何不使人谓燕相国曰：'圣人不能为时[②]，时至而弗失。舜虽贤，不遇尧也，不得为天子；汤、武虽贤，不当桀、纣不王。故以舜、汤、武之贤，不遭时，不得帝王。令攻齐，此君之大时也已。因天下之力，伐雠国之齐，报惠王之耻，成昭王之功，除万世之害，此燕之长利，而君之大名也。《书》云：树德莫如滋，除害莫如尽。吴不亡越，越故亡吴；齐不亡燕，燕故亡齐。齐亡于燕，吴亡于越，此除疾不尽也。以非此时也，成君之功，除君之害，秦卒有他事而从齐，齐、赵合，其雠君必深矣。挟君之雠以诛于燕，后虽悔之，不可得也已。君悉燕兵而疾僭之，天下之从君也，若报父子之仇。诚能亡齐，封君于河南，为万乘，达途于中国[③]，南与陶为邻，世世无患。愿君之专志于攻齐，而无他虑也。'"

【注释】

①长小国：成为小国之长。②为：动词，创造。③河南：黄河以南。

中国：中原之地。

【译文】

秦国客卿造对秦国相国穰侯魏冉说："自从秦王把陶邑封给您，借助您制天下之权已经好几年了。如果攻下齐国之事成功的话，陶邑成万乘大国，您成为小国的领袖，诸侯无不俯首听命，这如同五霸之事啊！如攻齐不成，陶邑要为邻邦担忧，而不能作为依靠。所以进攻齐国对陶邑来说，是存亡的关键。您如想成功，为什么不派人对燕国相国公孙操说：'圣人不能创造时势，时机来了不能错过。虞舜虽贤，如果不遇到唐尧，也不会成为天子，商汤、周武王虽贤，不是遇到昏君夏桀和商纣，也不会称王于天下。所以虞舜、商汤和周武王那样的贤人，如果不遇到时机，也都不可能成为帝王。现在诸侯要进攻齐国，这是您的大好时机啊！凭借诸侯之力，攻打敌对的齐国，既可报燕惠王以前的耻辱，又可成就燕昭王未尽的功业，还可以除掉万世之害，这是燕国长远的利益，也是您建成大名的良好时机。《书》上说：做好事要愈多愈好，除祸害要愈彻底愈好。吴国不乘势灭掉越国，越国反而灭了吴国；齐国不乘势灭掉燕国，燕国反而会灭了齐国。齐国被燕国所灭，吴国被越国灭掉，这都是因为除害不彻底的缘故。您如果不乘此时机成就您的功业，除掉您的祸害，一旦秦国发生其他的变故而放纵齐国，齐、赵联合，您的敌对势力就更加强大了。留着这样的仇敌来讨伐燕国，到那时，后悔就来不及了。如果您出动燕国所有的兵力，马上消灭齐国，诸侯也一定会像父子报仇那样，响应您的行动。如果能灭掉齐国，我们将把黄河以南一带作为您的封地，您将像万乘大国，身居中原，四通八达，南与陶邑为邻，永世没有祸患。希望您一心一意进攻齐国，不要有其他想法。'"

范子因王稽入秦

范子因王稽入秦，献书昭王曰："臣闻明主莅正[①]，有功者不得不赏，有能者不得不官；劳大者其禄厚，功多者其爵尊，能治众者其官大。故不能者不敢当其职焉，能者亦不得蔽隐。使以臣之言为可，则行而益利其道；若将弗行，则久留臣无为也。语曰：'人主赏所爱，而罚所恶。明主则不然，赏必加于有功，刑必断于有罪。'今臣之胸不足以当椹质，要不足以待斧钺[②]，岂敢以疑事尝试于王乎？虽以臣为贱而轻辱臣，独不重任臣者后无反覆于王前耶！臣闻周有砥厄，宋有结绿，梁有悬黎，楚有和璞。此四宝者，工之所失也，而为天下名器。然则圣王之所弃者，独不足以厚国家乎？臣闻善厚家者，取之于国；善厚国者，取之于诸侯。天下有明主，则诸侯不得擅厚矣。是何故也？为其凋荣也[③]。良医知病人之死生，圣主明于成败之事，利则行之，害则舍之，疑则少尝之，虽尧、舜、禹、汤复生，弗能改已！语之至者，臣不敢载之于书；其浅者又不足听也。意者，臣愚而不阖于王心耶？已其言臣者，将贱而不足听耶？非若是也，则臣之志，愿少赐游观之间，望见足下而入之。"

书上，秦王说之，因谢王稽说，使人持车召之。

【注释】

①莅正：亲自执政。②要：同"腰"。③凋荣：摧折与荣华。指不被赏和受赏识。

【译文】

范雎因王稽的帮助来到秦国，献书给秦昭王说："臣听说明君主政，有战功的人必然得到奖赏，有能力的人一定授予官职；功劳大的人俸禄多，战功多的人爵位高，能治理百姓的人官位高。所以没有才能的人不能让他任职，有能力的人也不会被埋没。假如大王认为臣说得在理，就请大王试行之，臣自信有益于治道。如果不行此道，那臣即使久留于秦也枉自无用。谚语道：'一般的君王赏赐所喜欢的，而处罚所讨厌的；而英明的君主却不是这样，总是赏赐给有功的而处罚有罪的。'现在，我的胸膛挡不住杀人用的垫板，我的腰板抵不住利斧，我怎敢拿毫无把握的计策献给大王呢？即使我鄙贱而可轻视，大王难道会认为举荐臣的人王稽胆敢欺诈大王吗？臣听说周有砥厄，宋有结绿，梁有悬黎，楚有和璞。这四样美玉，最初玉工都不能辨别，而最终成为天下名器。既然这样，那么圣王所遗弃的人难道就不能使国家富强吗？臣听说善于治家的，在国内招徕人才；善于治国的，更到诸侯国中寻觅良臣。正因为天下有明君贤主，则各诸侯国才不可能专有贤士。这是什么原因呢？在于识才与不识才。正如良医能预测生死一样，明主能够洞察事情的成败，有利则做，有害则不做，疑惑不定则稍稍尝试一下。虽是尧、舜、禹、汤等圣主再生，也无法改变。至关重要的言语，臣不敢写在这里；而一些肤浅的话语又不值得大王一听。我猜想，是臣愚昧无知而不合大王的心意呢？还是由于推荐臣的人出身鄙贱，大王认定他的话不足相信呢？如果不是这些原因，那么我的心愿是，希望大王能稍微腾出一点游览观赏的余暇，容我当面进言。"

自荐的奏书献上后，秦王十分高兴，向王稽表示了荐举贤才的谢意，再派人带车马去召请范雎。

范睢至秦

范睢至，秦王庭迎[①]，谓范睢曰："寡人宜以身受令久矣。今者义渠之事急，寡人日自请太后。今义渠之事已，寡人乃得以身受命。躬窃闵然不敏，敬执宾主之礼。"范睢辞让。

是日见范睢，见者无不变色易容者。秦王屏左右[②]，宫中虚无人，秦王跪而请："先生何以幸教寡人？"范睢曰："唯唯[③]。"有间，秦王复请，范睢曰："唯唯。"若是者三。

秦王跽曰[④]："先生不幸教寡人乎？"范睢谢曰："非敢然也。臣闻始时吕尚之遇文王也[⑤]，身为渔父而钓于渭阳之滨耳。若是者，交疏也。已一说而立为太师，载与俱归者，其言深也。故文王果收功于吕尚，卒擅天下，而身立为帝王。即使文王疏吕望而弗与深言，是周无天子之德，而文、武无与成其王也。今臣，羁旅之臣也，交疏于王，而所愿陈者，皆匡君（之）［臣］之事[⑥]，处人骨肉之间[⑦]，愿以陈臣之陋忠，而未知王心也，所以王三问而不对者是也。臣非有所畏而不敢言也，知今日言之于前，而明日伏诛于后，然臣弗敢畏也。大王信行臣之言，死不足以为臣患，亡不足以为臣忧，漆身而为厉[⑧]，被发而为狂，不足以为臣耻。五帝之圣而死，三王之仁而死，五伯之贤而死，乌获之力而死，奔、育之勇焉而死。死者，人之所必不免也。处必然之势，可以少有补于秦，此臣之所大愿也，臣何患乎？伍子胥橐载而出昭关，夜行而昼伏，至于凌水，无以饵其口，坐行蒲服，乞食于吴市，卒兴吴国，阖庐为霸。使臣得进谋如伍子胥，加之以幽囚，终身不复见，是臣说之行也，臣何忧乎？箕子、接舆，漆身而为厉，被发而为狂，无益于殷、楚。使臣得同行于箕子、接舆，漆身可以补所贤之主，是臣之大荣也，臣又何耻乎？臣之所恐者，独恐臣死之后，天下见臣尽忠而身蹶也[9]，是以杜口裹足，莫肯即秦耳。足下上畏太后之严，下惑奸臣之态；居深宫之中，不离保傅之手；终身暗惑，无与照奸；大者宗庙灭覆，小者身以孤危。此臣之所恐耳！若夫穷辱之事，死亡之患，臣弗敢畏也。臣死而秦治，贤于生也。"

秦王跽曰："先生是何言也！夫秦国僻远，寡人愚不肖，先生乃幸至此，此天以寡人慁先生[10]，而存先王之庙也。寡人得受命于先生，此天所以幸先王而不弃其孤也。先生奈何而言若此！事无大小，上及太后，下至大臣，愿先生悉以教寡人，无疑寡人也。"范雎再拜，秦王亦再拜。

范雎曰："大王之国，北有甘泉、谷口，南带泾、渭，右陇、蜀，左关、阪；战车千乘，奋击百万。以秦卒之勇，车骑之多，以当诸侯，譬若驰韩卢而逐蹇兔也[11]，霸王之业可致。今反闭而不敢窥兵于山东者，是穰侯为国谋不忠，而大王之计有所失也。"

王曰："愿闻所失计。"

雎曰："大王越韩、魏而攻强齐，非计也。少出师，则不足以伤齐；多之则害于秦。臣意王之计欲少出师，而悉韩、魏之兵则不义矣。今见与国之不可亲[12]，越人之国而攻，可乎？疏于计矣！昔者，齐人伐楚，战胜，破军杀将，再辟千里，肤寸之地无得者，岂齐不欲地哉，形弗能有也。诸侯见齐之罢露[13]，君臣之不亲，举兵而伐之，主辱军破，为天下笑。所以然者，以其伐楚而肥韩、魏也。此所谓藉贼兵而赍盗食者也。王不如远交而近攻，得寸则王之寸，得尺亦王之尺也。今舍此而远攻，不亦缪乎？且昔者，中山之地，方五百里，赵独擅之，功成、名立、利附，则天下莫能害。今韩、魏，中国之处，而天下之枢也。王若欲霸，必亲中国而以为天下枢，以威楚、赵。赵强则楚附，楚强则赵附。楚、赵附则齐必惧，惧必卑辞重币以事秦，齐附而韩、魏可虚也[14]。"

王曰："寡人欲亲魏，魏多变之国也，寡人不能亲。请问亲魏奈何？"范睢曰："卑辞重币以事之。不可，削地而赂之。不可，举兵而伐之。"于是举兵而攻邢丘，邢丘拔而魏请附。

曰："秦、韩之地形，相错如绣。秦之有韩，若木之有蠹，人之病心腹。天下有变，为秦害者莫大于韩。王不如收韩。"王曰："寡人欲收韩，不听，为之奈何？"

范睢曰："举兵而攻荥阳，则成皋之路不通；北斩太行之道，则上党之兵不下；一举而攻荥阳，则其国断而为三[15]。（魏）[夫]韩见必亡[16]，焉得不听？韩听而霸事可成也。"王曰："善。"

范睢曰："臣居山东，闻齐之内有田单，不闻其王。闻秦之有太后、穰侯、泾阳、华阳，不闻其有王。夫擅国之谓王，能专利害之谓王，制杀生之威之谓王。今太后擅行不顾，穰侯出使不报，泾阳、华阳击断无讳[17]，四贵备而国不危者，未之有也。为此四者，下乃所谓无王已。然则权焉得不倾，而令焉得从王出乎？臣闻：'善为国者，内固其威，而外重其权。'穰侯使者操王之重，决裂诸侯[18]，剖符于天下[19]，征敌伐国，莫敢不听。战胜攻取，则利归于陶；国弊，御于诸侯；战败，则怨结于百姓，而祸归社稷。《诗》曰：'木实繁者披其枝，披其枝者伤其心[20]。大其都者危其国[21]，尊其臣者卑其主。'淖齿管齐之权，缩闵王之筋，县之庙梁，宿昔而死。李兑用赵，减食主父[22]，百日而饿死。今秦，太后、穰侯用事，高陵、泾阳佐之，卒无秦王，此亦淖齿、李兑之类已。臣今见王独立于庙朝矣，且臣将恐后世之有秦国者，非王之子孙也。”

秦王惧，于是乃废太后，逐穰侯，出高陵，走泾阳于关外。昭王谓范睢曰：“昔者，齐公得管仲，时以为仲父。今吾得子，亦以为父。”

【注释】

①范睢：字叔，魏人，后任秦相。秦王：指秦昭王。此处标点参清王念孙《读书杂志·战国策杂志》。②屏：同“摒”，遣退。③唯唯：应诺的声音，犹如“嗯嗯”。④跽：长跪，双膝着地，上身挺直。⑤吕尚：即姜太公，也称太公望。封于吕，故又称吕望。⑥臣：原作“之”，据姚宏、诸祖耿等说改。⑦处人骨肉之间：指当时秦太后与昭王为母子关系，太后与擅政专权的穰侯是姐弟关系。在这样的骨肉亲近关系中，范睢意欲劝昭王罢退穰侯，收回王权，无疑充满了危险。⑧厉：通“癞”，疮肿。⑨蹶：摔倒。比喻失败或挫折。⑩慁：搅扰。这里是烦扰的意思。⑪韩卢：良犬名。⑫与国：盟国，指韩、魏。⑬罢：同“疲”。露：败。⑭可虚：可使成为丘墟。指占据。虚，同“墟”。⑮国断而为三：指新郑以南、上党以北、荥阳以西三块地方。⑯夫：原作“魏”，旧注疑误，诸祖耿据《史记》作“夫”，可从。⑰击断：施刑。无讳：无畏。⑱决裂诸侯：指分割诸侯土地。⑲剖符：指加官封爵。符，符信。⑳披：折掉。㉑都：大夫封邑的都城。国：天子、诸侯的国都。㉒减食主父：主父即赵武灵王。公子成与李兑作乱，围困赵武灵王三个多月，致赵武灵王饿死，本文称“减食”，是委婉的说法。

【译文】

范睢来到秦国，秦昭王亲自在朝廷上迎接。秦王对范睢说：“我早就该亲自来领受您的教导，正碰上要急于处理义渠的事务，而我每天还要亲自给太后请安。现在义渠的事已经办完，我这才有机会领受您的教导。我深深感到自己愚蠢糊涂，请让我恭行宾主之礼。”范雎表示谦让。

这天，凡是见到范雎的人，无不肃然起敬，另眼相看的。秦王把左右的人支使出去，宫中只剩下他们两人，秦王直起腰腿，跪着请求说：“先生怎么来教导我呢？”范雎只是“是是”了两声。过了一会儿，秦王再次请求，范雎还是“是是”了两声。就这样一连三次。

秦王又跪着请求说：“先生不肯教导我吗？”范雎便恭敬地解释说：“我并不敢这样。我听说，当初吕尚与文王相遇的时候，他只是一个渔夫在渭河钓鱼而已，那时，他们交情疏远。此后，吕尚一进言，就被尊为太师，和文王同车回去，这是因为他谈得很深入的缘故。所以文王果然依靠吕尚而建立了功业，最后统一了天下，自己立为帝王。如果周文王当时疏远吕尚，不与他深谈，这就是周天子没有天子的圣德，而文王、武王也无法成就王业。现在，我只是个旅居在秦国的宾客，与大王交情疏远，但想陈述的又是纠正君臣政务的大事，而且还会关涉君王的骨肉之亲。我本想尽我的愚忠，可又不知大王的心意如何，所以大王三次问我，我都没有回答。我并不是有什么畏惧而不敢进言。我知道，今天在大王面前说了，明天可能就会被杀。但是，我并不害怕。大王如真能按照我的主张去做，死亡不足以成为我忧患的事情，流亡也不足以让我忧伤；即使不得已漆身生癞，披发而发狂，也不足以成为我的耻辱。五帝如此圣明，终究要死；三王如此仁爱，终究要死；五霸如此贤能，终究要死；乌获力大无穷，终究要死；孟贲、夏育如此勇猛，终究要死。死亡，是人人不可避免的。死亡是自然界的必然规律，如果我的死能够稍补益于秦国，这就是我最大的愿望，我还有什么可忧虑的呢？伍子胥躲藏在口袋里逃出昭关，他晚上出行，白天躲藏，到了凌水，没有可以糊口的东西，就跪地爬行，在吴市讨饭，但终于复兴吴国，辅佐吴王阖庐成就霸业。如果让我像伍子胥一样呈献谋略，即使遭到囚禁，终身不被接见，实现了我的谋略，我还有什么可忧虑的呢？当初箕子、接舆，漆身成癞，披发而发狂，却终究无益于殷、楚。如果使我与箕子、接舆有同样的遭遇，也漆身成癞，只要有益于我所认为的圣明的君王，这就是我最大的光荣，我又有什么可感到耻辱的呢？我所担心的是，唯恐我死了以后，人们见到臣下尽忠于大王，而身死人亡，因此都闭口不言、裹足不前，无人肯到秦国来。大王对上畏惧太后的威严，对下迷惑于大臣的虚伪，居住在深宫之中，不离宫中侍奉之人的手，终身迷惑不清，不能了解坏人坏事。这样的话，大而言之，会使国家覆灭，小而言之，则身处孤立危境。这是我所担心害怕的。至于贫穷受辱之事，身死人亡的祸患，我是不怕的。如果我死了，而秦国治理好了，这比我活着还要好。”

秦王跪着说：“先生这是说什么话！秦国是个偏僻边远的国家，我又无能，所幸先生来到这里，这是上天让我来烦扰先生，而保存先王的宗庙。我能受教于先生，这是上天宠爱先王而不抛弃我啊。先生怎么说出这样的话呢！今后事无大小，上至太后，下及大臣，所有一切，都希望先生一一教导我，不要怀疑我。”范雎拜了两拜，秦王也回拜了两次。

范雎说：“大王的国家，北有甘泉、谷口，南有泾水和渭水环绕，右面有陇山、蜀地，左面有函谷关、陇阪；战车有千辆，精兵有百万。凭秦兵的勇敢，车马的众多，以此实力对付诸侯，就如猛犬追赶跛兔一般，霸王之业可以手到擒来。现在反而闭锁关门，不敢向东方诸侯用兵，这是秦国穰侯魏冉为秦国谋划不忠实，而大王的决策也有所失误啊！”

秦王说：“我很想知道错在哪里！”

范雎说：“大王越过韩、魏的国土去进攻强齐，这不是好办法。出兵少了，并不能够损伤齐国；出兵多了，则对秦国有损害。我揣摩大王的计谋，是想本国少出兵，而让韩、魏全部出兵，这是不恰当的。如今明知盟国不可以信任，却越过他们的国土去作战，这可以吗？显然是谋划不周！从前，齐国攻打楚国，打了胜仗，攻败了楚军，擒杀将帅，两次拓地千里，但到最后齐国连寸土都没得到，这难道是齐国不想得到土地吗？是疆界形势不允许它占有啊！诸侯见齐国士卒疲弊，君臣又不和睦，于是起兵来攻打齐国，齐缗王蒙羞，军队瓦解，遭到天下人的耻笑。之所以会这样，是因为齐伐楚而使韩、魏获得土地壮大起来。这就是所说的借给强盗兵器而资助小偷粮食啊！大王不如采取与远国结盟而攻击近国的策略，得到寸土是王的寸土，得到尺地是王的尺地。如今舍近而攻远，这不是个错误吗？从前，中山国的土地，方圆有五百里，赵国单独占有它，功业成就了，声名树立了，财利也获得了，天下也没能把赵国怎么样。如今韩、魏的形势，居各国的中央，是天下的枢纽。大王如果想要成就霸业，一定先要亲近居中的国家以便控制天下的枢纽，来威逼楚国和赵国。赵国强盛，那么楚就要附秦；楚国强盛，那么赵就要附秦。楚、赵都附秦，齐国一定恐慌，齐国恐慌肯定会言辞卑下、加重财礼来服侍秦国。如果齐国归附，那么韩、魏就可以占有了。”

秦王说：“寡人想亲睦魏国，但魏国是变幻莫测的国家，寡人无法亲善它。请问怎么办才能亲魏呢？”范雎说：“用卑下的言辞、厚重的财礼来服侍它；这样不行，就割地贿赂它；这样还不行，就起兵攻打它。”于是起兵攻打魏国邢丘，邢丘被攻陷，而魏国果然来请求归附。

范雎说：“秦、韩两国的地形，相交错如绣饰。秦旁有韩存在，就像树木有蠹虫，人有心腹之疾一样。天下一旦有变，危害秦国的没有比韩国再大的。王不如收复韩国。”秦王说：“寡人想收复韩国，韩不听从，可怎么办呢？”

范雎说：“起兵攻打荥阳，那么成皋的道路就不通了；北部截断太行的道路，那么上党的兵就不能南下了；一举而拿下荥阳，那么韩国将分成孤立的三块。韩国看到自身将要覆亡，怎么能够不听从呢？韩国一顺从，那么霸业就可成了。”秦王说：“好啊！”

范雎说：“臣在山东时，只知道齐有相国田单，不曾听说过有齐王；只听说秦国有太后、穰侯、泾阳君、华阳君，而未听说有秦王。能专擅国政的称王，能独断利害的称王，能操生杀大权的称王。但如今宣太后专行无忌，穰侯遣使臣不必上报，泾阳君、华阳君杀人行事无所顾忌。国家有这样四个显贵操纵朝政而不出危险，是从来没有的。因为有此四人，文武大臣心中哪里还有大王！如此下去，则大权哪能不旁落，政令又怎能出自大王？臣听说：‘善于治国的君主，对内加强权威，对外重视权谋。’穰侯派出的使者操持大王的权力，任意分割诸侯的土地，擅自封爵，征伐敌国，朝野上下，没人敢不从。于是，打了胜仗，战果全归穰侯他们所有，战争的损失致国家困弱，受制于诸侯；一旦战败，则令百姓怨声载道，祸害由国家承受。《诗经》上说：‘果子多了折掉一些枝条，折掉枝条会伤及根本；扩大封君城邑会危及到国家安全，过分尊宠大臣会削弱君王权威。’淖齿控制齐政，到头来抽闵王的筋，并吊在庙堂大梁上面，使闵王一夜之间横遭惨死。李兑执掌赵国，围困赵武灵王，只一百天工夫，便将他活活饿死。当今秦国，太后、穰侯掌权，高陵君、泾阳君辅助，最终会没有秦王。这都是淖齿、李兑一类的人。臣有幸今日尚能看见大王独自站在朝堂上，真担心后世拥有秦国的人，不再是大王的子孙啊！”

听了这番话，秦昭王不寒而栗，于是废太后，逐穰侯，将高陵君、泾阳君赶出函谷关。昭王对范雎说：“从前齐桓公得到管仲，当时称他为‘仲父’。如今寡人得到先生，也称你为‘叔父’！”

应侯曰：郑人谓玉未理者璞

应侯曰：“郑人谓玉未理者璞①，周人谓鼠未腊者朴②。周人怀（璞）［朴］过郑贾曰③：‘欲买朴乎？’郑贾曰：‘欲之。’出其朴，视之，乃鼠也。因谢不取。今平原君自以贤，显名于天下，然降其主父沙丘而臣之④。天下之王尚犹尊之，是天下之王不如郑贾之智也。眩于名，不知其实也。”

【注释】

①玉未理者璞：玉石未加工的称璞。理，加工玉石。②腊：把肉晒干。③朴：原作“璞”，据鲍本改。下同。④降：贬损其位。主父即赵武灵王。指赵惠文王四年，公子成与李兑作乱，围困赵武灵王三个多月，致赵武灵王饿死。作为赵武灵王之子的赵惠文王竟然用平原君为大臣，本文认为是不辨贤与不贤。

【译文】

应侯说：“郑国人把没有经过加工的玉叫‘璞’，周人把没有经过加工腌制的老鼠叫‘朴’。有一天周人袋里装着‘朴’去见一个郑国的商人，问他：‘您要买‘朴’吗？’郑国的商人说：‘想买。’周人从袋里拿出‘朴’给他看，原来是没有经过加工腌制的老鼠。周人便辞去郑人没要‘朴’。现在平原君自认为贤能，在天下享有盛名，可是当公子成和李兑在沙丘宫饿死了赵武灵王，作为人子的赵惠文王竟然用平原君为大臣。天下的君王还尊敬他，这是天下的君王不如郑国的商人聪明。这都是由于被虚名所迷惑，不了解实情啊！”

天下之士，合从相聚于赵

天下之士，合从相聚于赵，而欲攻秦。秦相应侯曰：“王勿忧也，请令废之。秦于天下之士非有怨也，相聚而攻秦者，以己欲富贵耳。王见大王之狗，卧者卧，起者起，行者行，止者止，毋相与斗者；投之一骨，轻起相牙者[①]，何则？有争意也。”于是唐雎载音乐，予之五（十）［千］金[②]，居武安，高会相与饮，谓：“邯郸人谁来取者？”于是其谋者固未可得予也，其可得与者，与之昆弟矣。“公与秦计功者[③]，不问金之所之，金尽者功多矣。今令人复载五（十）［千］金随公。”唐雎行，行至武安，散不能三千金[④]，天下之士，大相与斗矣。

【注释】

①轻：忽，立刻。相牙：以牙相示，指要争斗。②千：原作“十”，据鲍本改。下同。③与：为。④能：及，达到。

【译文】

天下的策士都聚集在赵国讨论合纵盟约，而想联合抗拒秦国。这时秦相应侯范雎对秦王说："大王不必忧心，请允许我使他们的合纵盟约废止。因为秦对于天下的策士没有怨仇，他们之所以相聚谋划攻打秦国，是因为自己想借此升官发财。请大王看看大王的狗，现在睡的睡，站的站，走的走，停的停，彼此之间没有任何争斗；可是只要扔下一块骨头，所有的狗就会立刻起身，相互龇牙咧嘴，这是为什么呢？因为所有的狗都想争夺。"于是派秦臣唐雎用车载着美女乐队，并且给他五千金，让他在赵国的武安大摆宴席，宣称："邯郸人谁愿意来拿黄金呢？"因此谋划攻秦的人本不能得到赠金，而那些得到黄金的人，与他们结好如兄弟般亲密。应侯又告诉唐雎说："您此番为秦国建功，可以不管黄金究竟给了哪些人，只要你把黄金都送给人就算功劳大。现在派人再送五千金跟随您。"于是唐雎带着黄金出发，前往武安，结果还没分完三千金，参加合纵之约的天下策士就激烈争夺起来。

秦攻邯郸

秦攻邯郸，十七月不下。庄谓王稽曰："君何不赐军吏乎？"王稽曰："吾与王也，不用人言。"庄曰："不然。父之于子也，令有必行者，必不行者。曰'去贵妻，卖爱妾'，此令必行者也；因曰'毋敢思也'，此令必不行者也。守闾妪曰，'其夕，某(懦)［孺］子内某士[①]'。贵妻已去，爱妾已卖，而心不有。欲教之者，人心固有。今君虽幸于王，不过父子之亲；军吏虽贱，不卑于守闾妪。且君擅主轻下之日久矣。闻'三人成虎，十夫楺椎。众口所移，毋翼而飞'。故曰，不如赐军吏而礼之。"王稽不听。军吏穷，果恶王稽、杜挚以反。

秦王大怒，而欲兼诛范雎。范雎曰："臣，东鄙之贱人也，开罪于楚、魏，遁逃来奔。臣无诸侯之援，亲习之故，王举臣于羁旅之中，使职事[②]，天下皆闻臣之身与王之举也。今遇惑或与罪人同心[③]，而王明诛之，是王过举显于天下[④]，而为诸侯所议也。臣愿请药赐死，而恩以相葬臣[⑤]，王必不失臣之罪，而无过举之名。”王曰：“有之。”遂弗杀而善遇之。

【注释】

①孺：原作“懦”，误。孺子，妇女的美称。②职事：主持国事。③遇惑：愚惑。罪人：指王稽。④过举：举荐失误。这里指误用大臣。⑤恩：施恩。相：宰相。

【译文】

秦兵攻打邯郸，经过十七个月也没攻下，秦国人佚庄对秦将王稽说：“您为什么不赏赐下级军官呢？”王稽说：“我和君王之间的关系，别人的进言起不了作用。”佚庄说：“不是这样。即使是父亲对儿子，也有令在必行和不必执行之分。假如说‘丢掉娇妻，卖掉爱妾’，这命令是必须执行的；假如说‘想也不想自己的妻妾’，这命令是必然不能实行的。守门的老太太说：‘那天晚上，某个年轻媳妇召进某男人。’娇妻已经走了，爱妾也已经卖了，而心中不许想，则此令难行。希望老妇告知年轻媳妇通奸，是人心中本来所希望的，则不令而行。现在阁下虽然得君王的宠信，但是君臣关系不可能超过父子的骨肉至亲；而下级军官虽然身份微贱，总不低于守门的老太太。况且阁下仰仗君王的宠信轻视属下已有很久了。常言道：‘三个人说有虎，大家就会相信有虎；十个人说大力士可以折弯铁椎，大家也会相信是事实。众口一词，就可使事物迁移变化，无翅的鸟也能被说成会飞。’所以说，不如赏赐诸将并加以优遇！”王稽不采纳建议。诸将处在困境，果然控告王稽和杜挚谋反。

结果秦昭王大怒，要想将范睢一并处死。范睢说：“臣不过是东方乡间一草民，由于在楚、魏犯了法，才逃到秦国来。臣并没有诸侯的支援，也没有亲朋故友在秦国朝中。可是大王能在臣流浪时加以重用，让我主持国事，天下的人都知道我的经历与大王的行为。如今臣愚蠢，甚至于与罪人同心，而大王要公开杀臣，这就让大王误用重臣之事暴露于天下，必然会招致天下诸侯的议论。所以臣愿意服毒自尽，并恳请大王施恩以宰相之礼葬臣。这样，大王又办了臣的罪，也不会落下一个误用重臣之名。”秦昭王说：“有此可能!”于是秦王没有杀范睢，而且仍然厚待他。

蔡泽见逐于赵

蔡泽见逐于赵[①]，而入韩、魏，遇夺釜鬲于涂[②]。闻应侯任郑安平、王稽皆负重罪[③]，应侯内惭，乃西入秦。将见昭王，使人宣言以感怒应侯曰：“燕客蔡泽，天下骏雄弘辩之士也。彼一见秦王，秦王必相之而夺君位。”

应侯闻之，使人召蔡泽。蔡泽入，则揖应侯。应侯固不快，及见之，又倨。应侯因让之曰：“子常宣言代我相秦[④]，岂有此乎?”对曰：“然。”应侯曰：“请闻其说。”蔡泽曰：“吁！何君见之晚也。夫四时之序[⑤]，成功者去。夫人生手足坚强，耳目聪明圣知，岂非士之所愿与?”应侯曰：“然。”蔡泽曰：“质仁秉义[⑥]，行道施德于天下，天下怀乐敬爱，愿以为君王，岂不辩智之期与[⑦]?”应侯曰：“然。”蔡泽复曰：“富贵显荣，成理万物[⑧]，万物各得其所；生命寿长，终其年而不夭伤；天下继其统[⑨]，守其业，传之无穷，名实纯粹[⑩]，泽流千世，称之而毋绝，与天下终。岂非道之符，而圣人所谓吉祥善事与?”应侯曰：“然。”泽曰：“若秦之商君，楚之吴起[⑪]，越之大夫种[⑫]，其卒亦可愿矣。”应侯知蔡泽之欲困己以说，复曰：“何为不可？夫公孙鞅事孝公[13]，极身毋二[14]，尽公不还私，信赏罚以致治，竭智能，示情素[15]，蒙怨咎，欺旧交，虏魏公子卬[16]，卒为秦禽将，破敌军，攘地千里。吴起事悼王，使私不害公，谗不蔽忠，言不取苟合，行不取苟容，行义不固毁誉[17]，必有伯主强国[18]，不辞祸凶。大夫种事越王，主离困辱[19]，悉忠而不解[20]，主虽亡绝[21]，尽能而不离，多功而不矜，贵富不骄怠。若此三子者，义之至，忠之节也。故君子杀身以成名，义之所在，身虽死，无憾悔，何为不可哉？”

蔡泽曰：“主圣臣贤，天下之福也；君明臣忠，国之福也；父慈子孝，夫信妇贞，家之福也。故比干忠[22]，不能存殷；子胥知，不能存吴；申生孝[23]，而晋惑乱。是有忠臣孝子，国家灭乱，何也？无明君贤父以听之。故天下以其君父为戮辱，怜其臣子。夫待死而后可以立忠成名，是微子不足仁[24]，孔子不足圣，管仲不足大也。”于是应侯称善。

蔡泽得少间，因曰：“商君、吴起、大夫种，其为人臣，尽忠致功，则可愿矣。闳夭事文王，周公辅成王也，岂不亦忠乎？以君臣论之，商君、吴起、大夫种，其可愿孰与闳夭、周公哉？”应侯曰：“商君、吴起、大夫种不若也。”蔡泽曰：“然则君之主，慈仁任忠，不欺旧故，孰与秦孝公、楚悼王、越王乎？”应侯曰：“未知何如也。”蔡泽曰：“主固亲忠臣，不过秦孝、越王、楚悼。君之为主，正乱、批患、折难，广地、殖谷，富国、足家、强主，威盖海内，功章万里之外，不过商君、吴起、大夫种。而君之禄位贵盛，私家之富过于三子，而身不退，窃为君危之。语曰：‘日中则移，月满则亏。’物盛则衰，天之常数也；进退、盈缩、变化，圣人之常道也。昔者，齐桓公九合诸侯，一匡天下，至葵丘之会，有骄矜之色，畔者九国。吴王夫差无适于天下[25]，轻诸侯，凌齐、晋，遂以杀身亡国。夏育、太史启叱呼骇三军，然而身死于庸夫。此皆乘至盛不及道理也[26]。夫商君为孝公平权衡、正度量、调轻重，决裂阡陌，教民耕战，是以兵动而地广，兵休而国富，故秦无敌于天下，立威诸侯。功已成，遂以车裂。楚地持戟百万，白起率数万之师，以与楚战，一战举鄢、郢，再战烧夷陵，南并蜀、汉，又越韩、魏攻强赵，北坑马服，诛屠四十余万之众，流血成川，沸声若雷，使秦业帝。自是之后，赵、楚慑服，不敢攻秦者，白起之势也。身所服者，七十余城。功已成矣，赐死于杜邮。吴起为楚悼罢无能，废无用，损不急之官，塞私门之请，壹楚国之俗，南攻杨越，北并陈、蔡，破横散从，使驰说之士无所开其口。功已成矣，卒支解[27]。大夫种为越王垦草创邑，辟地殖谷，率四方士，上下之力，以禽劲吴[28]，成霸功，勾践终棓而杀之[29]。此四子者，成功而不去，祸至于此。此所谓信而不能诎[30]，往而不能反者也。范蠡知之，超然避世，长为陶朱。君独不观博者乎？或欲大投[31]，或欲分功[32]，此皆君之所明知也。今君相秦，计不下席，谋不出廊庙，坐制诸侯，利施三川，以实宜阳，决羊肠之险，塞太行之口，又斩范、中行之途[33]，栈道千里于蜀、汉，使天下皆畏秦。秦之欲得矣，君之功极矣。此亦秦之分功之时也。如是不退，则商君、白公、吴起、大夫种是也。君何不以此时归相印，让贤者授之，必有伯夷之廉；长为应侯，世世称孤，而有乔、松之寿[34]。孰与以祸终哉！此则君何居焉？”应侯曰：“善。”乃延入坐为上客。

后数日，入朝，言于秦昭王曰：“客新有从山东来者蔡泽，其人辩士。臣之见人甚众，莫有及者，臣不如也。”秦昭王召见，与语，大说之，拜为客卿。应侯因谢病，请归相印。昭王强起应侯，应侯遂称笃，因免相。昭王新说蔡泽计画[35]，遂拜为秦相，东收周室。

蔡泽相秦王数月，人或恶之，惧诛，乃谢病归相印，号为刚成君。秦十余年，［事］昭王、孝文王、庄襄王[36]，卒事始皇帝。为秦使于燕，三年而燕使太子丹入质于秦。

【注释】

①蔡泽：燕人，多智善辩，曾游说诸侯，不被任用。后入秦，为秦所用。②釜鬲：蒸锅和曲足鼎，泛指炊具。③郑安平：魏人，与范雎同时入秦，曾率兵攻赵，兵败降赵。王稽：秦人，为河东守，因通诸侯罪被杀。郑、王二人皆范雎所任，蔡泽入秦，正乘范雎难以自处的时机。④常：通“尝”，曾。⑤四时之序，成功者去：一年四季的次序，春生、夏长、秋收、冬藏，各尽其功，功成则前者让位于后者。这里比喻人应当功成而身退。⑥质仁秉义：犹言依仗仁义。质，犹主。秉，操持。⑦辩智之期：能言辩有智慧的人所期望的。⑧成：使成长，长养。理：治理。⑨统：犹传统。⑩名实纯粹：名与实两者完美无亏。⑪吴起：卫国人，初仕于鲁、魏，后入秦为相，辅佐悼王变法；悼王死，宗室大臣作乱，吴起被杀害。⑫大夫种：春秋时越国大夫文种，字少禽，辅佐越王勾践灭吴雪耻，有大功，后被勾践赐剑自杀。⑬公孙鞅：即商鞅。⑭极身毋二：竭尽自己的才智，没有二心。⑮情素：真情实意。素，亦作“愫”，真情。⑯公子卬：魏将，与公孙鞅为旧友，被公孙鞅设计诱捕，故上句说“欺旧交”。⑰固：通“顾”。⑱必有：若为。必，如果。有，义通“为”。⑲离：通“罹”，遭受。⑳解：通“懈”，懈怠。㉑主虽亡绝：越王即使处于危亡的绝境。“主”指勾践。㉒比干：殷末大臣，纣王叔父。纣王荒淫误国，传说比干屡次强谏，最后被剖心而死。㉓申生：春秋时晋献公太子，受到骊姬的诬谄，他为了全孝，既不申辩，也不出亡，自缢而死。其后晋国内乱持续二十年。㉔微子：名启，商纣王的同母兄，一说为纣王的叔父。他谏纣王不听，即亡命于外，后被周武王封于宋，以奉殷祀。孔子曾称微子、箕子和比干是殷商的三位仁人。㉕适：同“敌”。㉖及：《史记》作“返”。㉗支解：即“肢解”。㉘禽：通“擒”。㉙棓：同“背”。㉚信：音申，伸展。诎：音屈，委曲。㉛大

投：大下赌注而求全胜。㉜分功：分胜者之所获。㉝斩范、中行之途：言断绝三晋之路。范氏、中行氏，是春秋时晋国六卿中的二卿，这里代指三晋。㉞乔、松之寿：仙人王子乔、赤松子那样的长生不老。㉟说：通“悦”。㊱事：据鲍本补。

【译文】

蔡泽被赵国驱逐，逃亡到韩、魏，途中又被人抢走炊具。听说秦相应侯范雎任用郑安平、王稽而两人都犯下重罪，致使范雎内心惭愧。蔡泽便决定西行入秦，去拜见秦昭王，派人扬言以激怒范雎说：“燕国人蔡泽，是天下雄辩豪杰之士。他一旦见到秦王，秦王必定任命他为相国而夺去您的位置。”

应侯范雎听说之后，就派人召见蔡泽。蔡泽进来时，只是拱了拱手。范雎本来已不高兴，等到见了面，蔡泽又倨傲无礼。范雎责怪他说：“你曾扬言，要取代我担任秦相，有没有这回事呢?”蔡泽回答说：“有。”范雎说：“愿听其详。”蔡泽说：“唉，阁下怎么预见这么差呢！四季的变化，是本着‘功成身退’的自然法则。一个人活在世界上，手脚都很健康，耳聪目明，像圣人一样贤智，这难道不是每个人所期望的吗?”范雎说：“是的。”蔡泽说：“依仗仁义，遵循自然规律，施行恩德于天下，天下人都会由于感恩而敬爱他，并且都希望他为君王，这不是能言辩、有智慧的人所期望的吗?”范雎说：“是的。”蔡泽又说：“富贵荣耀，善治万事，使万物各得其所；性命和寿命，每个人都享尽天年而不致夭折；天下人民都能继承他们的传统，守住他们的基业，传给无穷的后代，名与实两全其美，恩泽流传万年，受人赞美而不断，与天地相始终。这难道不是符合道义，而圣人所称赞的吉祥善事吗?”范雎说：“是的。”蔡泽说：“例如秦国的商鞅、楚国的吴起、越国的文种，他们最后也都完成了他们的愿望了吗?”范雎知道蔡泽要用辩辞使自己陷于窘境，于是就回答说：“为什么不可以？商鞅臣事秦孝公，竭尽自己的才智，绝无二心，公而忘私，赏罚分明，而秦国大治，竭尽智能，表露真情实意，却蒙受怨恨和责难，他为秦国而欺骗老朋友，俘虏魏公子卬，最后终于为秦国擒获魏将而大破魏军，侵夺土地达千里之广。吴起臣事楚悼王，绝不以私损公，更不用谗言来隐蔽忠节，说话不苟且求同，做事不苟且相容，遇到应行的大义，就不顾毁誉，一心想要使君王成就霸业，国家富强，而不避祸福吉凶。大夫文种臣事越王勾践，当君主遭遇困辱惨境时他忠心爱主而不懈怠，君王虽然被敌人俘虏，仍然竭诚尽智而不背弃，功劳大而不夸耀，富贵也不骄傲。像上述三位忠臣，可以说是义行极致，是忠君的最高典范。所以君子牺牲性命来成就名节，只要是大义所在，虽死而无悔，为什么不可以呢？”

蔡泽说：“君主圣德，大臣贤能，这是天下之福；君主贤明，大臣忠诚，这是国家之福；父亲慈爱，儿子孝顺，丈夫讲信义，妻子有贞节，这是家庭之福。所以比干忠君爱国却不能保存殷朝，伍子胥有智慧却不能保存吴国，申生孝顺而晋国发生内乱。有忠臣孝子，国家仍然灭亡骚乱，这是为什么呢？是因为没有明君、贤父来采纳。所以天下人为君父不圣明而杀戮与侮辱忠臣孝子，而哀怜做臣子的。假如一定等到死才能尽忠成名，恐怕微子不足以成为仁人，孔子不足以成为圣人，管仲也不足以成为伟人了。”这时范雎认为蔡泽的话很对。

蔡泽得到一个机会，就问道：“商鞅、吴起、大夫文种，他们为人臣能够尽忠立功，算得如愿了。闳夭臣事周文王，周公辅佐周成王，难道不也是尽忠吗？然而就君臣而论，商鞅、吴起、大夫文种，他们所希望的与闳夭、周公比，又怎么样呢？”应侯范雎说：“商鞅、吴起、大夫文种当然不如闳夭、周公。”蔡泽说：“然而阁下的君主慈爱仁义而信任忠臣、不欺凌故旧，与秦孝公、楚悼王、越王勾践相比，又怎么样呢？”范雎说：“不知道怎么样。”蔡泽说：“阁下的君主并不像秦孝公、越王勾践、楚悼王那样亲信忠臣。而阁下为君主，在平定内乱、消除祸患、排除患难、扩充疆土、发展农业、振兴国家、强化君主，威权压倒全国，功业扬名万里之外等方面，并没有超过商鞅、吴起、文种。但是阁下的地位和俸禄，家中的财富都已经超过他们三人，然而阁下还是不隐退，我深为阁下担忧。古谚说得好：‘太阳升到正午后就开始落，月亮圆满后就开始亏。’万物都是盛极而衰，这是大自然的规律。进退、伸缩、变化，这是圣人所认定的常理。古时齐桓公九次会合诸侯，匡正天下，到葵丘之会时桓公显出了骄纵之色，因此就有九个国家背叛他。吴王夫差，无敌于天下，因此轻视诸侯，欺凌齐、晋两国，到后来国破人亡。夏育、太史启一声叱咤能使三军震撼，然而他们本人却死于普通人之手。这都符合至盛不返的规律。商鞅为秦孝公制定度量衡、改革货币、废除井田、重划土地，教民耕种和作战，因此大军一出动就拓展疆土，军队休整而国家富强，所以秦无敌于天下，在诸侯间建立了威权。功业建成以后，就遭五马分尸之刑。楚国拥有雄兵百万，然而白起仅率几万秦兵，与楚交战，一战便攻陷楚都鄢和郢，再战而焚烧夷陵，往南吞并蜀、汉，又越过韩、魏攻打强大的赵国，在北方坑杀和屠戮了马服君及四十多万兵卒，血流成河，凄惨哀嚎之声像打雷，使秦成就帝王之业。从此以后，赵、楚两国折服而不敢攻打秦国，这都是白起之力。亲自攻下的城池有七十多座，他功业已建成了，却赐死于杜邮。吴起为楚悼王罢免无能的朝臣，撤销无用的机构，废除多余的官吏，杜绝请客说情的风气，改良楚国的风俗，往南攻打杨越，往北兼并陈、蔡，摧毁连横政策，解散合纵之约，使游说之士没有开口余地。功业已建成了，最后却遭肢解分尸。大夫文种为越王勾践除草建城，开荒种粮，率领四方军队和全国上下的人民，打败强劲的吴王夫差，成就了霸王功业。越王勾践却背信弃义把他杀了。这四位贤臣，都是功成而不退，才遭如此大祸。这就是所谓‘伸而不能屈，往而不能返’的人。只有范蠡深知此理，以超然的姿态功成身退，长期做巨富陶朱公。阁下难道没有看过赌博的人吗？有时想孤注一掷，有时想分胜者所获。这是阁下最清楚的。如今阁下当了秦国相国，为了谋划国家大事而终日不离席，为了制定策略而不走出朝廷，坐在朝中控制诸侯，威仪施行于三川，借以充实宜阳，打开羊肠之险，封闭太行要塞，切断三晋的道路，修栈道千里通往蜀汉之地，使天下诸侯都畏惧秦国。秦王的欲望得到了满足，您的功勋已到顶峰，这也是秦分胜者所获之时。如果此时不知隐退，商鞅、白起、吴起、文种之祸不远了！您为何不在此时归还相印，让位给贤能之人，这样必定有伯夷让国一样的廉名，又可长期为应侯，世代称孤，更能和仙人王子乔、赤松子一般长寿。这与最后以祸结束相比，又怎么样呢？”范雎说：“说得好。”于是延请蔡泽入座，待以上宾之礼。

过了几天，范雎入朝，对秦昭王说：“有位新从东方来的客人蔡泽，其人雄辩，臣阅人无数，无人能与之相比，臣自愧不如。”于是秦昭王召见蔡泽，与之谈论，十分赏识，于是拜为客卿。范雎借机称病，请求归还相印。昭王勉强范雎出来视事，范雎便推言病重。昭王只得免了范雎的相位。昭王新近欣赏蔡泽的计谋，于是任命他为相。蔡泽助秦昭王吞并了东周国。

蔡泽出任相国没几个月，有人便恶意诽谤他，恐招杀身之祸，便称病辞官归还相印，得封为刚成君。他在秦十多年，历事昭王、孝文王、庄襄王，最后任职于秦始皇朝。曾为秦出使燕国，三年之后令太子丹到秦国做人质。

卷六　秦四

秦昭王谓左右

秦昭王谓左右曰："今日韩、魏，孰与始强?"对曰："弗如也。"王曰："今之如耳、魏齐，孰与孟尝、芒卯之贤?"对曰："弗如也。"王曰："以孟尝、芒卯之贤，帅强韩、魏之兵以伐秦，犹无奈寡人何也！今以无能之如耳、魏齐，帅弱韩、魏以攻秦，其无奈寡人何，亦明矣！"左右皆曰："甚然。"

中期推琴对曰："（三）［王］之料天下过矣①。昔者六晋之时②，智氏最强，灭破范、中行，帅韩、魏以围赵襄子于晋阳。决晋水以灌晋阳，城不沉者三板耳③。智伯出行水④，韩康子御，魏桓子骖乘。智伯曰：'始吾不知水之可亡人之国也，乃今知之。汾水利以灌安邑，绛水利以灌平阳。'魏桓子肘韩康子，康子履魏桓子，蹑其踵。肘足接于车上，而智氏分矣。身死国亡，为天下笑。今秦之强，不能过智伯；韩、魏虽弱，尚贤在晋阳之下也⑤。此乃方其用肘足时也，愿王之勿易也⑥。"

【注释】

①王：原作"三"，据鲍本改。料：估计。过：谬，错误。②六晋：指春秋时晋国六卿韩氏、赵氏、魏氏、范氏、中行氏、智氏。当时晋代六卿执政。③沉：被水淹没。板：广二尺为板。④行：巡视。⑤贤：胜

过。⑥易：轻视。

【译文】

秦昭王问左右近臣："诸位看如今韩、魏两国与当初相比，何时强大?"左右侍臣答道："今非昔比。"昭王又问："如今的韩臣如耳、魏臣魏齐，与当年孟尝、芒卯相比，谁更贤能呢?"左右说："不如孟尝、芒卯。"昭王又说："孟尝与芒卯率领强大的韩、魏联军前来攻打秦国，尚且对寡人无可奈何。如今凭无能的如耳、魏齐，率领疲弱的韩、魏之兵前来攻秦，不能把我怎么样，也是明摆着的!"左右附和说："确实如此!"

这时大臣中期推开琴说："君王估计诸侯的事情错了。过去晋国六个卿相执政时代，以智氏最强大，智氏灭了范氏、中行氏，并且率领韩、魏联军把赵襄子围困在晋阳，决开晋水来淹晋阳，仅仅差六尺就把全城淹没。当智伯坐战车巡视水势时，由韩康子给他拉马，由魏桓子陪他坐车。这时智伯说：'当初我不知道水可以灭亡人家的国家，现在我才知道。汾水便于淹魏都安邑，而绛水便于淹韩都平阳。'于是，魏桓子用肘触韩康子，韩康子则用脚踩魏桓子，踩他的脚后跟。魏与韩的肘脚在车上碰撞之间，决定了智氏被韩、赵、魏三家瓜分。智伯身死国亡，被天下人所耻笑。现在秦国的强盛，还没有超过智伯；韩、魏即使衰弱，仍然胜过赵襄子被围困在晋阳之时。这正是手足相碰撞的时候，但愿君王不要轻忽大意。"

秦王欲见顿弱

秦王欲见顿弱，顿弱曰："臣之义不参拜，王能使臣无拜，即可矣。不，即不见也。"秦王许之。于是顿子曰："天下有［有］其实而无其名者①，有无其实而有其名者，有无其名又无其实者，王知之乎？”王曰：“弗知。”顿子曰：“有其实而无其名者，商人是也。无把铫推耨之（势）［劳］②，而有积粟之实，此有其实而无其名者也。无其实而有其名者，农夫是也。解冻而耕，暴背而耨③，无积粟之实，此无其实而有其名者也。无其名又无其实者，王乃是也已。立为万乘，无孝之名；以千里养，无孝之实。”秦王悖然而怒。

顿弱曰：“山东战国有六，威不掩于山东，而掩于母④，臣窃为大王不取也。”秦王曰：“山东之战国可兼与？”顿子曰：“韩，天下之咽喉；魏，天下之胸腹。王资臣万金而游，听之韩、魏，入其社稷之臣于秦，即韩、魏从。韩、魏从，而天下可图也。”秦王曰：“寡人之国贫，恐不能给也。”顿子曰：“天下未尝无事也，非从即横也。横成，则秦帝；从成，则楚王。秦帝，即以天下恭养⑤；楚王，即王虽有万金，弗得私也。”秦王曰：“善。”乃资万金，使东游韩、魏，入其将相。北游于燕、赵，而杀李牧。齐王入朝，四国必从⑥，顿子之说也。

【注释】

①有：据鲍本重“有”字。②把铫推耨：指持田器耕地除草，代指从事农业劳动。铫，古时一种大锄。劳：原作“势”，据鲍本改。③暴背而耨：意即农民露背顶着烈日暴晒在田地锄草。耨，锄草。④掩于母：指迁太后于雍而禁闭之。掩，遮掩。⑤恭：同“共”，供奉。⑥必：通“毕”，都，全。

【译文】

秦始皇嬴政想召见顿弱，顿弱说：“臣习惯对君王不行参拜之礼。假如大王能特许免我参拜之礼，就可见大王。否则，臣就不见大王。”秦王答应了他的条件。于是顿弱对秦王说：“天下有有实而无名的，有无实而有名的，还有无名又无实的，大王知道吗？”秦王说：“不知道。”顿弱说：“有实而无名指的是商人，没有耕田除草之劳，却有积粟满仓之实，这就是有其实而无其名。无实而有名指的是农夫，刚解冻就开耕，顶着烈日耘田，却户无积粟，这是无其实而有其名。而无名又无实则是指大王您。身为万乘之尊，却无孝亲之名；坐拥千里，却无孝亲之实。”秦王听了，勃然大怒。

顿弱继续说：“崤山以东征战之国有六个，大王的威权不能控制山东六国，却将威权施加于母后囚禁她，臣私下认为，大王这样做不妥。”秦王问：“你看寡人能吞并六国吗？”顿弱说：“韩国扼天下之咽喉，魏国处天下之胸腹。大王若肯给臣万金，听任我到韩、魏，说服两国执政之臣到秦国，那么两国就会臣服。两国臣服，则天下可图取。”秦王推托道：“寡人国贫，恐怕不能给万金之财。”顿弱说：“如今天下未尝无事，诸侯不是合纵，就是连横。连横成了，秦王称帝。合纵成了，那楚国称王。秦王称帝，即可以天下奉养。如果楚国称王，即使大王拥有万金，也不能私有。”秦王说：“说得对。”于是给万金使顿弱往东游说韩、魏，游说两国将相使入秦。又往北游说燕、赵，行反间计，除掉赵将李牧。后来齐王建入朝于秦。燕、赵、魏、韩四国都归附于秦国，这都是顿弱游说的结果。

顷襄王二十年

顷襄王二十年，秦白起拔楚西陵，或拔鄢、郢、夷陵，烧先王之墓。王徙东北，保于陈城。楚遂削弱，为秦所轻。于是白起又将兵来伐。

楚人有黄歇者，游学博闻，襄王以为辩，故使于秦。说昭王曰：“天下莫强于秦、楚，今闻大王欲伐楚，此犹两虎相斗而驽犬受其弊，不如善楚。臣请言其说。臣闻之：‘物至而反，冬夏是也[①]。致至而危[②]，累棋是也。’今大国之地半天下，有二垂[③]，此从生民以来，万乘之地未尝有也。先帝文王、庄王、王之身，三世而不接地于齐，以绝从亲之要。今王三使盛桥守事于韩[④]，盛桥以北入燕。是王不用甲，不申威，而出百里之地，王可谓能矣。王又举甲兵而攻魏，杜大梁之门，举河内，拔燕、酸枣、虚、桃人，楚、燕之兵云翔而不敢校[⑤]，王之功亦多矣。王申息众二年[⑥]，然后复之，又取蒲、衍、首垣，以临仁、平兵，小黄、济阳婴城，而魏氏服矣。王又割濮、磨之北属之燕，断齐、秦之要，绝楚、魏之脊。天下五合、六聚而不敢救也，王之威亦惮矣。王若能持功守威，省攻伐之心而肥仁义之诫[⑦]，使无复后患，三王不足四，五伯不足六也。王若负人徒之众，杖兵甲之强，壹毁魏氏之威，而欲以力臣天下之主，臣恐有后患。《诗》云：'靡不有初，鲜克有终。[⑧]'《易》曰：'狐濡其尾。[⑨]'此言始之易，终之难也。何以知其然也？智氏见伐赵之利，而不知榆次之祸也；吴见伐齐之便，而不知干隧之败也。此二国者，非无大功也，(设)［没］利于前[⑩]，而易患于后也。吴之信越也，从而伐齐，既胜齐人于艾陵，还为越王禽于三江之浦。智氏信韩、魏，从而伐赵，攻晋阳之城，胜有日矣，韩、魏反之，杀智伯瑶于凿台之上。今王妒楚之不毁也，而忘毁楚之强魏也。臣为大王虑而不取。《诗》云：'大武远宅不涉。[⑪]'从此观之，楚国，援也；邻国，敌也。《诗》云：'他人有心，予忖度之。跃跃毚兔，遇犬获之。[⑫]'今王中道而信韩、魏之善王也，此正吴信越也。臣闻，敌不可易，时不可失。臣恐韩、魏之卑辞虑患，而实欺大国也。此何也？王既无重世之德于韩、魏，而有累世之怨矣。韩、魏父子兄弟接踵而死于秦者，百世矣。本国残，社稷坏，宗庙隳，刳腹折颐，首身分离，暴骨草泽，头颅僵仆相望于境，父子老弱系虏相随于路，鬼神狐祥无所食[⑬]，百姓不聊生，族类离散，流亡为臣妾，满海内矣。韩、魏之不亡，秦社稷之忧也。今王之攻楚，不亦失乎！是王攻楚之日，则恶出兵？王将藉路于仇雠之韩、魏乎！兵出之日而王忧其不反也，是王以兵资于仇雠之韩、魏。王若不藉路于仇雠之韩、魏，必攻［随］阳[14]、右壤，随阳、右壤，此皆广川大水，山林溪谷不食之地，王虽有之，不为得地。是王有毁楚之名，无得地之实也。且王攻楚之日，四国必（应）悉起应王[15]。秦、楚之构而不离，魏氏将出兵而攻留、方与、铚、胡陵、砀、萧、相，故宋必尽。齐人南面，泗北必举。此皆平原四达、膏腴之地也，而王使之独攻。王破楚于以肥韩、魏于中国而劲齐，韩、魏之强足以校于秦矣。齐南以泗为境，东负海，北倚河，而无后患，天下之国，莫强于齐。齐、魏得地葆利，而详事下吏[16]，一年之后，为帝若未能，于以禁王之为帝有余。夫以王壤土之博，人徒之众，兵革之强，一举众而注地于楚[17]，诎令韩、魏归帝重于齐，是王失计也。臣为王虑，莫若善楚。秦、楚合而为一，临以韩，韩必授首。王襟以山东之险，带以河曲之利，韩必为关中之候。若是，王以十（成）［万戍］郑[18]，梁氏寒心，许、鄢陵婴城，上蔡、召陵不往来也。如此，而魏亦关内候矣。王一善楚，而关内二万乘之主注（地）［怨］于齐，齐之右壤可拱手而取也。是王之地一任两海，要绝天下也。是燕、赵无齐、楚，［齐、楚］无燕[19]、赵也。然后危动燕、赵，持齐、楚，此四国者，不待痛而服矣。”

【注释】

①至：极也。物极则反。冬至为阴之极，夏至为阳之极。②致：取物放在物上，累东西。③二垂：指东西二陲。垂，通“陲”，边陲。④盛桥：人名。守：犹待，待事于韩。⑤云翔：回旋反顾。校：较量。⑥申息：舒缓休息。⑦省：减少。肥：增厚。诚：或作“地”，据高诱注作

"道"解。⑧《诗》句见《大雅·荡》篇。靡：无。鲜：少。克：能。⑨此为《易·未济》卦的爻辞。讲狐爱惜尾巴，过河时举起尾巴不让水弄潮了，后来举不动，尾巴就让水弄潮了。⑩没：沉溺。原作"设"，据鲍本等改。⑪此为佚诗。大武远宅不涉：本指即使有大脚，远的居所也不去。这里比喻即使有利益，大军也不长途跋涉攻取。⑫《诗》句见《大雅·巧言》。忖：揣度。跃跃：往来走的样子。毚：狡猾。⑬祥：怪。⑭随阳：据鲍本等补"随"字。⑮应：据鲍本等删。⑯详：通"佯"，假装。下吏：指秦国。⑰怨：原作"地"，据金正炜等说改。下同。⑱万戍：原作"成"，据鲍本等改。⑲齐、楚：据鲍本等补。

【译文】

楚襄王二十年，秦将白起攻陷楚国的西陵，另一支秦军攻陷鄢、郢、夷陵，放火焚烧楚国先王的陵墓。顷襄王被逼迁移，依靠东北的陈城。楚国自此日渐削弱，为秦所轻视。不久，白起又率军伐楚。

楚国有个名叫黄歇的人，游学各地，博学多闻，楚襄王认为他是大辩之才，于是派他出使秦国。黄歇游说秦昭王："天下诸侯没有谁比秦、楚强，如今听说大王要伐楚，这好比是两虎相争，而让呆滞的猎犬占了便宜，大王不如与楚修好。臣请求谈谈其中的道理。臣听说：'物极必反，冬夏交替就是；累物到顶就危险，堆积棋子就是。'如今秦国据有天下一半的土地，东西两方都到了极远之边境，这从有史以来，就没有哪个大国做到这样。从先帝孝文王、庄襄王到大王本身，三代以来从来没有与齐国接壤，从而切断诸侯合纵的交通要道。如今大王多次派盛桥到韩国任职，盛桥并北燕之地入秦国。这是大王不用劳师动众，不用施展威力，而割地百里，大王可称高手啊。大王又发兵攻魏，封锁大梁城，占领河内，攻取南燕、酸枣、虚、桃人等地，楚、燕两国军队，回旋反顾而不敢与秦军较量，大王之功也不小了。大王休兵，两年后再出兵，又攻取蒲、衍、首垣，驻兵临仁、平兵，那么小黄、济阳将列兵自守，魏国就会俯首臣服。大王再割濮、磨以北之地与燕，切断齐、秦间的通道，斩断楚、魏之间的联系，这样一来，山东诸国即使结聚联盟，也不能相救了，大王的威风着实让人害怕啊。大王如能保住功业，保持威风，减少攻伐之心而厚施仁义之道，不仅免除后患，而且‘三王’不愁变成‘四王’，而五霸也不难变成‘六霸’了。反之，如果大王倚仗人员众多、兵强马壮，执着于击败魏国的余威，而想凭武力臣服天下的诸侯，臣担心秦国自此后患无穷。《诗经》上说：‘初始无不有诚意，却少有能结局圆满。’《易经》上说：‘爱尾的狐狸过河，也会弄湿尾巴。’这些都说明了开始容易坚持到底困难。凭什么知道必然如此呢？过去智伯只看到攻打赵国有利，而没有想到榆次之祸；吴王只看到攻打齐国有利可图，而料不到干遂之败。这两个国家都曾战功赫赫，只是贪图眼前利益，而忽视了祸患在后。吴王相信越国，舍越而全力攻齐，在艾陵取胜齐人以后，归途中却被越王擒杀于三江水滨。智伯轻信韩、魏，舍韩、魏而攻赵，围攻晋阳城，胜利在望了，韩、魏阵前倒戈，杀智伯于凿台之上。如今大王念念不忘灭掉楚国，却没有注意到楚国的覆灭会增强魏国的实力。臣替大王考虑，认为不可取。《诗经》中说：‘即使有利益，大军也不长途跋涉攻取。’由此来看，楚国应是秦国的盟友，邻近之国方是敌人。《诗经》中又说：‘别人有害我之心，我应时刻提防，不断移动的狡兔，躲不过猎犬的追捕。’如今大王在前后间相信韩、魏亲近大王，这无异于吴王轻信越国。臣听说：‘敌人不可轻视，时机不容错过。’臣认为韩、魏用卑微的言辞解除患难，而实际上是欺骗大国。为什么这样说呢？大王对韩、魏没有积世之德，而有多代的积怨，韩、魏两国的父子兄弟接连不断死于秦人手中的已有多代。国家残破，祭坛坏了，宗庙坍塌，百姓被剖腹毁容，身首异处，白骨盈荒，人头死尸触目可见，而父子老弱被掳掠押送的一路相伴，鬼神狐怪无人供奉，而百姓无法生存，妻离子散，流亡做别人奴仆臣妾的，遍布各国。韩、魏不亡，秦国则永难安枕无忧。如今大王却攻楚，难道不是大大的失策吗？何况大王出兵伐楚，则从哪里出兵呢？大王不会向仇敌韩、魏借道吗？出兵之日，大王就要担忧能否再回秦国了，这是大王把大批兵马借给仇敌韩、魏。大王如果不向仇敌韩、魏借道，那只能攻打楚国随阳、右壤。而随阳、右壤，都是高山大河、森林溪谷，不能开垦的荒地，大王即使占有这些地方，也算不上得了土地。而这样大王徒有攻楚之名，而无得地之实。况且大王攻打楚国之时，齐、赵、韩、魏四国势必全力乘虚而入。秦兵陷于楚战，无暇他顾，魏国将出兵攻取留、方与、铚、胡陵、砀、萧、相等地，宋国故地必尽属于魏。齐国向南出兵，则泗北之地必然被占。这都是平原四通八达、肥沃的地方，而大王让魏、齐独自攻占。大王出兵击溃楚国，却让韩、魏在中原地带得到厚利，又增强了齐国实力。韩、魏两国强大起来，足以与秦较量。而齐国以泗水为西境，东临大海，北靠黄河，再无后顾之忧，天下各国，没有谁比齐强。齐、魏获得土地保有利益而假装服侍秦国，一年之后虽然尚无能力称帝，但阻拦大王称帝的力量还是有余的。以大王疆土之广，民众之多，兵马之强，一出兵与楚国结怨，反倒让韩、魏支持齐王称帝，这是大王失策之处。臣为大王考虑，不如与楚国友好。秦、楚合而为一，兵临韩境，韩必俯首称臣。大王据山东之险为屏障，拥有河曲之利，韩国必成为秦的侦察官。这时大王以十万大兵进逼郑地，魏国必然恐惧，许和鄢陵两城就要闭城自守，上蔡、召陵都不与魏国往来。这样，魏国也就成为秦在东方的侦察官。大王一旦与楚修好，而关内韩、魏两个大国自会戮力攻齐，齐国右方的土地，大王就能拱手可得。这样大王的土地，就能自西海至东海，横绝天下。这是燕、赵没有了齐、楚，齐、楚也没有了燕、赵。然后以危亡使燕、赵恐慌，胁迫齐、楚，这样的话，四国不待急攻危困便会臣服于秦。”

或为六国说秦王

或为六国说秦王曰：“土广不足以为安，人众不足以为强。若土广者安，人众者强，则桀、纣之后将存。昔者，赵氏亦尝强矣。曰赵强何若？举左案齐，举右案魏，厌案万乘之国二[①]，(国)［困］千乘之宋也[②]。筑刚平，卫无东野，刍牧薪采莫敢窥东门。当是时，卫危于累卵，天下之士相从谋曰：‘吾将还其委质，而朝于邯郸之君乎！’于是天下有称伐邯郸者，莫（不）令朝行[③]。魏伐邯郸，因退为逢泽之遇，乘夏车，称夏王，朝为天子，天下皆从。齐太公闻之，举兵伐魏，壤地两分[④]，国家大危。梁王身抱质执璧，请为陈侯臣[⑤]，天下乃释梁。郢威王闻之[⑥]，寝不寐，食不饱，帅天下百姓，以与申缚遇于泗水之上，而大败申缚。赵人闻之，至枝桑，燕人闻之，至格道。格道不通，平际绝。齐战（败）［则］不胜[⑦]，谋则不得，使陈毛释剑掫委南听罪，西说赵，北说燕，内喻其百姓，而天下乃齐释。于是夫积薄而为厚，聚少而为多，以同言郢威王于侧纣之间。臣岂以郢威王为政衰谋乱以至于此哉？郢为强，临天下诸侯，故天下乐伐之也！”

【注释】

①厌案：抑制。厌，与“压”同。②困：困住。原作“国”，据郭人民说改。③莫：即“暮”字。不：据黄丕烈说删。④壤地两分：指魏国东败于齐，西失地于秦。⑤陈侯：即齐侯。⑥郢威王：即楚威王。郢为楚国都，故称。⑦则：原作“败”，义不顺，据王念孙说改。

【译文】

有个人为六国的利益游说秦王说：“国土广阔不足以永保安定，人民众多不足以逞强恃能。如果土地广阔可永享太平，人民众多可逞强恃能，那么夏桀、商纣的后代便能世袭下来。过去赵国也盛极一时，赵国强盛是怎样情形呢？向东可以震慑齐国，往西可以压制魏国，除抑制这两个万乘大国，还困住千乘之国宋国。赵人筑起刚平城，使得卫都东门几乎没有郊野，卫人连放牧打柴都不敢迈出东门。在这个时候，卫国危如累卵，天下游说之士相与谋划说：‘我们将归还委贽，而向邯郸的赵君朝拜吗？’于是有人倡议攻打赵国，诸侯无不响应，晚上才发出命令，次早就行动起来。魏惠王出兵攻破邯郸，后在逢泽主持诸侯会盟，他乘坐夏车，自称中原之主夏王。率领诸侯朝见周天子，诸侯们不敢不从。齐太公听说这回事后，出兵讨伐魏国。魏国东败于齐，西失地于秦，国家濒于危亡。魏惠王亲自带上重礼，向齐侯表示愿意俯首称臣。诸侯们这才停止攻打魏国。可是楚威王听说了这件事，又寝食不安，便统率各路诸侯与齐将申缚大战于泗水之上，大败齐将申缚。赵人乘势占领枝桑，燕人则出兵攻占格道。格道不通，齐国平际之途被隔断。齐国欲战不胜，欲谋不得，只好以陈毛为使，放下武器不设防，南下请罪于楚王，同时对赵、燕两国好言相求，在国内安抚人民，这样天下诸侯才放弃对齐的攻打。于是积薄渐厚，积少成多，楚威王渐渐得势，各诸侯国又相聚议论而合谋攻打楚。我难道认为楚威王政治腐败、谋略失误而遭此情况吗？这是因为楚王好勇逞强、欺凌天下诸侯，所以天下诸侯乐于攻打楚国啊！”

卷七　秦五

濮阳人吕不韦贾于邯郸

濮阳人吕不韦贾于邯郸[①]，见秦质子异人[②]，归而谓父曰："耕田之利几倍？"曰："十倍。""珠玉之赢几倍？"曰："百倍。""立国家之主赢几倍？"曰："无数。"曰："今力田疾作，不得暖衣余食；今建国立君，泽可以遗世。愿往事之。"

秦之异人质于赵，处于扇城[③]。故往说之曰："子傒有承国之业[④]，又有母在中。今子无母于中，外托于不可知之国，一日倍约，身为粪土。今子听吾计事，求归，可以有秦国。吾为子使秦，必来请子。"

乃说秦王后弟阳泉君曰[⑤]："君之罪至死，君知之乎？君之门下无不居高尊位，太子门下无贵者。君之府藏珍珠宝玉，君之骏马盈外厩，美女充后庭。王之春秋高[⑥]，一日山陵崩，太子用事，君危于累卵，而不寿于朝生[⑦]。说有可以一切而使君富贵千万岁[⑧]，其宁于太山四维[⑨]，必无危亡之患矣。"阳泉君避席，请闻其说。不韦曰："王年高矣，王后无子，子傒有承国之业，士仓又辅之。王一日山陵崩，子傒立，士仓用事，王后之门，必生蓬蒿。子异人贤材也，弃在于赵，无母于内，引领西望，而愿一得归。王后诚请而立之，是子异人无国而有国，王后无子而有子也。”阳泉君曰：“然。”入说王后，王后乃请赵而归之。

赵未之遣，不韦说赵曰：“子异人，秦之宠子也，无母于中，王后欲取而子之。使秦而欲屠赵，不顾一子以留计，是抱空质也。若使子异人归而得立，赵厚送遣之，是不敢倍德畔施，是自为德讲[10]。秦王老矣，一日晏驾，虽有子异人，不足以结秦。”赵乃遣之。

异人至，不韦使楚服而见。王后悦其状，高其知，曰：“吾楚人也。”而自子之，乃变其名曰楚，王使子诵，子曰：“少弃捐在外，尝无师傅所教学，不习于诵。”王罢之，乃留止。间曰：“陛下尝轫车于赵矣，赵之豪桀，得知名者不少。今大王反国，皆西面而望。大王无一介之使以存之，臣恐其皆有怨心。使边境早闭晚开。”王以为然，奇其计。王后劝立之。王乃召相，令之曰：“寡人子莫若楚。”立以为太子。

子楚立，以不韦为相，号曰文信侯，食蓝田十二县。王后为华阳太后，诸侯皆致秦邑。

【注释】

①濮阳：在今河南濮阳县西南部。吕不韦：阳翟大商人。②异人：子楚的初名，秦始皇的父亲。③扇（liáo）城：赵地，在今山东聊城。④子傒：秦太子。异人的异母兄弟。⑤秦王后：指孝文王之后华阳夫人。⑥春秋：指年纪。⑦朝生：木槿，早上开花晚上落，比喻寿命短。⑧可以一切：权宜。⑨太山四维：以太山维系四隅，比喻安全稳固。⑩自为德讲：施恩德于异人，可以恩德与秦人讲友好。

【译文】

濮阳商人吕不韦到邯郸去做买卖，见到秦国入赵为质的公子异人，回家便问父亲：“农耕获利几倍？”父亲回答说：“十倍吧。”又问：“珠宝买卖赢利几倍？”回答说：“一百倍吧。”他又问：“如果拥立一位君主获利多少倍？”他父亲说：“这可无法计量了。”吕不韦说：“如今即便我艰苦劳作，仍然不能衣食无忧；假如拥君立国，则可泽被后世。我决定去做这笔买卖。”

秦公子异人这时正在赵国为质，住在鄗城这个地方，吕不韦前往拜谒说：“公子傒有继承王位的资格，其母又在宫中。如今公子您既没有母亲在宫内照应，在外自身又处于祸福难测的国家，一旦秦、赵背约，公子您的性命将难以保全。如果公子听信我，我倒有办法让您回国，且能继承王位。我先替公子到秦国跑一趟，必定接您回国。”

于是，吕不韦前去游说秦孝文王王后的弟弟阳泉君说：“阁下罪已至死，阁下可知？您门下的宾客无不位高势尊，相反太子门下无一显贵。而且阁下府中藏有许多珍宝，您的骏马充满了马厩，佳丽多得不可数。如今大王年事已高，一旦驾崩，太子执政，阁下则危如累卵，生死在旦夕之间。小人倒有条权宜之计，可令阁下富贵万年且稳如泰山，绝无后顾之忧。”阳泉君赶忙离席施礼，恭敬地请教。吕不韦献策说：“大王年事已高，王后却无子嗣，子傒有资格继承王位，士仓又辅佐他。大王一旦驾崩，子傒继位，一定重用士仓，到那时王后的门庭必定长满蓬草野蒿，萧条冷落。公子异人才德兼备，可弃在赵国为人质，又没有母亲在宫中庇护，每每翘首西望家邦，极想回到秦国来。王后诚心请求立异人为太子，这样一来，异人本来不能继位的也能继位为王，而无子的王后也因此有了儿子。”阳泉君说：“有道理！”便进宫说服王后，王后便请求赵国将公子异人送回秦国。

赵国不肯放行，吕不韦就去游说赵王：“公子异人是秦王宠爱的儿子，只是没有母亲在内照顾，现在王后想让他作儿子。假如秦国真的要攻打赵国，也不会因为一个王子的缘故而耽误灭赵大计，赵国不是空有人质了吗？但如果让其回国继位为王，赵国以厚礼好生相送，公子不会背弃大王的恩义，这是以恩德相交的做法。如今孝文王已经老迈，一旦驾崩，赵国虽仍有异人为质，也不足以与秦国亲近。”于是，赵王就将异人送回秦国。

公子异人回国后，吕不韦让他身着楚服晋见原是楚国人的王后。王后对他的打扮十分高兴，认为他很有头脑，并特地亲近说：“我是楚国人。”于是把公子异人认作儿子，并替他更名为“楚”。秦王令异人试诵诗书。异人推辞说：“孩儿自小生长于赵国，没有师傅教导传习，不长于背诵。”秦王也就罢了，让他留宿宫中。一次，异人乘秦王空闲时，进言道：“陛下也曾羁留赵国，赵国豪杰之士知道陛下大名的不在少数。如今陛下返秦为君，他们都惦念着您，可是陛下却连一个使臣都没有遣派去抚慰他们，我担心他们会心生怨恨。希望大王将边境城门迟开而早闭，防患于未然。”秦王觉得他的话极有道理，为他的奇谋感到惊讶。王后乘机劝秦王立之为太子。秦王召来丞相，下诏说：“寡人的儿子数楚最能干。”于是立异人为太子。

公子楚做了秦王以后，任吕不韦为相，封他为文信侯，将蓝田十二县作为他的食邑。而王后称华阳太后，诸侯们闻讯都向太后奉送了养邑。

文信侯欲攻赵以广河间

文信侯欲攻赵以广河间，使刚成君蔡泽事燕，三年而燕太子质于秦。文信侯因请张唐相燕，欲与燕共伐赵，以广河间之地。张唐辞曰：“燕者必径于赵，赵人得唐者，受百里之地。”文信侯去而不快。少庶子甘罗曰：“君侯何不快甚也？”文信侯曰：“吾令刚成君蔡泽事燕三年，而燕太子已入质矣。今吾自请张卿相燕，而不肯行。”甘罗曰：“臣行之。”文信君叱去曰：“我自行之而不肯，汝安能行之也？”甘罗曰：“夫项橐生七岁而为孔子师，今臣生十二岁于兹矣，君其试臣，奚以遽言叱也[①]？”

甘罗见张唐曰：“卿之功，孰与武安君？”唐曰：“武安君战胜攻取，不知其数；攻城堕邑，不知其数。臣之功不如武安君也。”甘罗曰：“卿明知功之不如武安君欤？”曰：“知之。”“应侯之用秦也，孰与文信侯专[②]？”曰：“应侯不如文信侯专。”曰：“卿明知为不如文信侯专欤？”曰：“知之。”甘罗曰：“应侯欲伐赵，武安君难之，去咸阳七里，绞而杀之。今文信侯自请卿相燕，而卿不肯行，臣不知卿所死之处矣！”唐曰：“请因孺子而行！”令库具车，厩具马，府具币，行有日矣。甘罗谓文信侯曰：“借臣车五乘，请为张唐先报赵。”

见赵王，赵王郊迎。谓赵王曰：“闻燕太子丹之入秦与？”曰：“闻之。”“闻张唐之相燕与？”曰：“闻之。”“燕太子入秦者，燕不欺秦也。张唐相燕者，秦不欺燕也。秦、燕不相欺，则伐赵，危矣。燕、秦所以不相欺者，无异故，欲攻赵而广河间也。今王赍臣五城以广河间③，请归燕太子，与强赵攻弱燕。”赵王立割五城以广河间，归燕太子。赵攻燕，得上谷三十六县，与秦什一。

【注释】

①遽：急迫，急忙。②专：权重。③赍：持送。

【译文】

文信侯吕不韦想攻打赵国以扩张他在河间的封地，他派刚成君蔡泽在燕国作大臣，经过三年的努力，燕太子丹入秦为质。文信侯又请秦人张唐到燕国作相国，以联合燕国攻伐赵国、扩大他在河间的封地。张唐推辞说：“到燕国去必须取道于赵国，由于过去伐赵结下仇怨，赵国正悬赏百里之地抓我。”文信侯令他退下而心中不高兴。少庶子甘罗问：“君侯为什么这般不高兴呢？”文信侯说：“我让刚成君蔡泽到燕国做了三年努力，使太子丹入朝为质。现在我亲自请张唐到燕国为相，他竟推辞不去！”甘罗说：“我有办法让他去。”文信侯厉声赶他走，说：“我亲自出马他尚且无动于衷，你还能有什么办法！”甘罗辩解说：“古时项橐七岁时即为孔子师，我今年已十二岁了，君侯为何不让我去试一试，为何匆忙呵斥我呢！”

甘罗拜谒张唐，问他：“您的功勋与武安君相比，哪个大？”张唐说：“武安君战功赫赫，攻城略地，不可胜数。我张唐的功劳不如他。”甘罗问：“阁下果真明知功劳不及武安君吗？”张唐答道：“是的。”甘罗又问：“当年执掌秦政的应侯范睢与今日文信侯相比，哪一个权势更大？”张唐说：“应侯不如文信侯权大。”甘罗问：“阁下明知文信侯权大吗?”张唐说：“是的。”甘罗说：“当年应侯想攻打赵国，可武安君阻拦他，结果应侯在离咸阳七里处绞死武安君。现在文信侯亲自请您去燕国任相，阁下却不肯去，我不知道阁下身死何处啊!”张唐说道：“那就麻烦您跟文信侯说我愿意去。”于是让仓库准备车，马房准备马，王府准备钱，择好起程日期。甘罗又去跟文信侯说：“请君侯替我备五辆车子，让我先去赵国替张唐打通关节。”

于是甘罗去见赵王，赵王亲自到郊外迎接他。甘罗对赵王说：“大王听说太子丹入秦为质的事吗?”赵王说：“听说了。”甘罗分析道：“太子丹到秦国，燕国就不敢背叛秦；张唐在燕为相，秦国也不会欺辱燕国。秦、燕不相欺骗就会伐赵，赵国危险了。秦、燕之所以不相欺骗，别无他故，想攻伐赵国而扩张河间地盘而已。现在大王送给我五座城邑去拓展河间之地，我就能使秦国遣还太子丹，并且联合强大的赵国一道攻打弱小的燕国。”赵王当即割让五座城邑，秦国也打发太子丹归燕。赵国攻打燕国，得上谷三十六县，分给秦国十分之一的土地。

四国为一，将以攻秦

四国为一[①]，将以攻秦。秦王召群臣宾客六十人而问焉，曰：“四国为一，将以图秦，寡人屈于内，而百姓靡于外，为之奈何?”群臣莫对。姚贾对曰[②]：“贾愿出使四国，必绝其谋而安其兵。”乃资车百乘，金千斤，衣以其衣冠，舞以其剑。姚贾辞行，绝其谋，止其兵，与之为交以报秦。秦王大悦，贾封千户，以为上卿。

韩非（知）［短］之[③]，曰：“贾以珍珠重宝，南使荆、吴，北使燕、代之间，三年，四国之交未必合也，而珍珠重宝尽于内。是贾以王之权，国之宝，外自交于诸侯，愿王察之。且梁监门子④，尝盗于梁，臣于赵而逐。取世监门子，梁之大盗，赵之逐臣，与同知社稷之计，非所以厉群臣也⑤。”

王召姚贾而问曰：“吾闻子以寡人财交于诸侯，有诸？”对曰：“有。”王曰：“有何面目复见寡人？”对曰：“曾参孝其亲，天下愿以为子；子胥忠于君，天下愿以为臣；贞女工巧⑥，天下愿以为妃。今贾忠王而王不知也。贾不归四国，尚焉之？使贾不忠于君，四国之王尚焉用贾之身？桀听谗而诛其良将，纣闻谗而杀其忠臣，至身死国亡。今王听谗，则无忠臣矣。”

王曰：“子监门子，梁之大盗，赵之逐臣。”姚贾曰：“太公望，齐之逐夫，朝歌之废屠⑦，子良之逐臣，棘津之雠不庸⑧，文王用之而王。管仲，其鄙人之贾人也，南阳之弊幽⑨，鲁之免囚，桓公用之而伯。百里奚，虞之乞人，传卖以五羊之皮，穆公相之而朝西戎。文公用中山盗，而胜于城濮。此四士者，皆有诟丑，大诽天下，明主用之，知其可与立功。使若卞随、务光、申屠狄，人主岂得其用哉！故明主不取其汙，不听其非，察其为己用。故可以存社稷者，虽有外诽者不听；虽有高世之名，无咫尺之功者不赏。是以群臣莫敢以虚愿望于上。”

秦王曰：“然。”乃可复使姚贾而诛韩非。

【注释】

①四国：旧注指燕、赵、吴、楚。②姚贾：魏人，曾仕于赵而被驱逐，此时仕于秦。③韩非：韩公子，喜刑名法术之学，后有《韩非子》。短：原作“知”，据姚宏、金正炜等说改，指责，谮毁。④梁监门子：魏国守门人之子。⑤厉：通“励”，劝勉，勉励。⑥贞女：指善于女工之女子。⑦朝歌：殷都，在今河南淇县东北。⑧棘津之雠不庸：在棘津卖佣

作而不成。雠，同“售”。棘津，在今山东日照市西部。⑨弊幽：指穷困潦倒。弊，困。幽，隐。

【译文】

四国结成联盟，准备攻打秦国，秦王召集大臣和宾客共六十多人商议对策。秦王问道：“当下四国联合攻秦，而我国正当财力衰竭于内、百姓靡费于外之时，应该如何对敌？”大臣们不知怎样回答。这时姚贾自告奋勇说：“臣愿意为大王出使四国，一定破坏他们的计谋，阻止战事的发生。”秦王很赞赏他的胆识和勇敢，便给他战车百辆，黄金千斤，并让他穿戴起自己的衣冠，佩上自己的宝剑。于是姚贾辞别秦王，遍访四国。姚贾此行，不但制止四国攻秦的战略，使其停兵，而且还与四国建立了友好关系。秦王十分高兴，马上封给他千户城邑，并任命他为上卿。

秦臣韩非指责姚贾说：“姚贾拿着珍珠重宝，向南出使荆、吴，向北出使燕、代等地，长达三年，这些地方的国家未必真心实意与秦国结盟，而本国国库中的珍宝却已散尽。这实际上是姚贾借大王的权势，用秦国的珍宝，私自结交诸侯，希望大王明察。更何况姚贾不过是魏都大梁一个守门人的儿子，曾在魏国作过盗贼，在赵国作官而被驱逐，这样一个看门人的儿子、魏国的盗贼、赵国的逐臣，让他一同商议国家大计，不是勉励群臣的办法！”

于是秦王召来姚贾问道：“寡人听说你用秦国的珍宝结交诸侯，可有此事？”姚贾说：“有。”秦王说道：“那么你还有什么面目再与寡人相见？”姚贾回答说：“昔日曾参孝顺父母，天下人都希望有这样的儿子；伍胥尽忠报主，天下诸侯都愿以之为臣；贞女擅长女工，天下男人都愿以之为妻。如今我效忠于大王，大王却不知道。臣不把财宝送给那四个国家，还能让他们归服谁呢？大王再想，假如臣不忠于王，四国之君凭什么信任臣呢？夏桀听信谗言杀了良将关龙逢，纣王听信谗言杀了忠臣比干，以至于身死国亡。如今大王听信谗言，就不再有忠臣为国效力了。”

秦王又说道：“寡人听说你是看门人的儿子、魏国的盗贼、赵国的逐臣。”姚贾说：“姜太公是一个被老婆赶出家门的齐人，在朝歌时连肉都卖不出去的无用的屠户，也是被子良驱逐的家臣，他在棘津时卖劳力都无人雇用，但文王任用他而最终建立王业。管仲不过是齐国边邑的商贩，在南阳时穷困潦倒，在鲁国时曾被囚禁后释放，齐桓公任用他而建立霸业。百里奚当初不过是虞国一个乞丐，身价只有五张羊皮，可是秦穆公任用他为相后称霸西戎。晋文公任用中山国的盗贼，却能在城濮之战中获胜。这四个人，都身负恶名，甚至为人所不齿，而明主加以重用，是因为知道他们可以一起建立不朽的功业。假如人人都像卞随、务光、申屠狄那样做隐士，又有谁能为国效命呢？所以英明的君主不会计较臣子的过失，不听信别人的谗言，只考察他们能否为己所用。所以能够安邦定国的明君，即使外面有毁谤也不听信；即使有高才之名，但没有尺寸之功，也不封赏。这样一来，所有做臣下的就不能用虚名希求于国君了。”

秦王说：“说得在理。”于是仍让姚贾出使各国而责罚韩非。

卷八　齐一

靖郭君将城薛

靖郭君将城薛①，客多以谏。靖郭君谓谒者无为客通②。齐人有请者曰："臣请三言而已矣③！益一言④，臣请烹。"靖郭君因见之。客趋而进曰⑤："海大鱼。"因反走⑥。君曰："客有于此⑦。"客曰："鄙臣不敢以死为戏。"君曰："亡，更言之⑧。"对曰："君不闻大鱼乎？网不能止，钩不能牵，荡而失水，则蝼蚁得意焉⑨。今夫齐，亦君之水也，君长有齐阴⑩，奚以薛为？(夫)［失］齐⑪，虽隆薛之城到于天，犹之无益也。"君曰："善。"乃辍城薛。

【注释】

①将城薛：将要修筑薛地的城墙。②谒者：主管传达通报的官员。无为客通：不要给纳谏的门客通报。③三言：三个字。④益：增添，多。⑤趋：小步快走，古时臣下面见君主的一种礼节。⑥反走：即还走。犹言撒腿往回跑。⑦有于此：留于此，犹言留在这里继续说。⑧亡：通"无"，不。更：再。⑨得意：满意。⑩阴：庇护，荫庇。⑪失：原作"夫"，据王念孙等说改。

【译文】

靖郭君田婴准备在封地薛邑筑城墙，门客多来劝阻。靖郭君叫通报的官员不要给谏阻的门客通报。有一个齐国门客要求接见，说：“我只要说三个字就行了，多说一个字就请把我烹死。”靖郭君就召见了他。门客急步前来禀告说：“海大鱼。”说完转身就走。靖郭君说：“你不要走，留下把话说完吧。”门客说：“我不敢拿死来开玩笑。”靖郭君说：“别这么说，您继续说下去。”门客说：“您没听说过海大鱼吗？用鱼网捕不到它，用鱼钩牵不上它；可是，当干得连一滴水都没有时，小小的蚂蚁、蝼蛄也能制服它。如今齐国也是您的水呀。如果您永远有齐国庇护，要薛邑又有什么用呢？如失掉了齐国，即使把薛邑的城墙筑得天一样高，又有什么用呢？”靖郭君说：“好。”于是放弃了修筑薛邑城墙的打算。

靖郭君善齐貌辨

靖郭君善齐貌辨[①]。齐貌辨之为人也多疵，门人弗说。士尉以证靖郭君[②]，靖郭君不听，士尉辞而去。孟尝君又窃以谏，靖郭君大怒曰：“刬而类[③]，破吾家，苟可慊齐貌辨者[④]，吾无辞为之。”于是舍之上舍，令长子御，旦暮进食。

数年，威王薨，宣王立。靖郭君之交，大不善于宣王，辞而之薛，与齐貌辨俱留。无几何，齐貌辨辞而行，请见宣王。靖郭君曰：“王之不说婴甚，公往，必得死焉。”齐貌辨曰：“固不求生也，请必行。”靖郭君不能止。

齐貌辨行至齐，宣王闻之，藏怒以待之。齐貌辨见宣王，王曰：“子，靖郭君之所听爱夫！”齐貌辨曰：“爱则有之，听则无有。王之方为太子之时，辨谓靖郭君曰：‘太子相不仁，过颐豕视[⑤]，若是者信反。不若废太子，更立卫姬婴儿郊师[⑥]’。靖郭君泣而曰：‘不可，吾不忍也。’若听辨而为之，必无今日之患也。此为一。至于薛，昭阳请以数倍之地易薛[7]，辨又曰：‘必听之。’靖郭君曰：‘受薛于先王，虽恶于后王，吾独谓先王何乎！且先王之庙在薛，吾岂可以先王之庙与楚乎！’又不肯听辨。此为二。”宣王大息，动于颜色，曰：“靖郭君之于寡人一至此乎！寡人少，殊不知此。客肯为寡人来靖郭君乎？”齐貌辨对曰：“敬诺。”

靖郭君衣威王之衣冠，舞其剑，宣王自迎靖郭君于郊，望之而泣。靖郭君至，因请相之。靖郭君辞，不得已而受。七日，谢病强辞。靖郭君辞不得，三日而听。

当是时，靖郭君可谓能自知人矣[8]！能自知人，故人非之不为沮[9]。此齐貌辨之所以外生乐患趣难者也[10]。

【注释】

①齐貌辨：齐人。②士尉：齐人。证：劝谏。③划：翦灭。而：你。类：族类。④慊：善。⑤过颐：指面颊丰满。⑥郊师：卫姬之子，齐宣王的庶弟。⑦昭阳：楚怀王之将。⑧自知人：自己能了解别人。⑨沮：终止、停止。⑩外生：外生死，即将生死置之度外。乐患：乐于解患。趣难：奔走解人之难。

【译文】

靖郭君对待门客齐貌辨非常友好。可是齐貌辨为人不拘小节，因此门客们都不喜欢他。有个叫士尉的人曾劝靖郭君赶走齐貌辨，靖郭君没有接受，士尉拂袖而去。这时孟尝君田文也在暗中劝说驱逐齐貌辨，不料靖郭君却大发脾气说：“即使有人铲除我们家族，捣毁我们这片家业，只要能对齐貌辨有益，我也在所不惜！”于是靖郭君就让齐貌辨住上等的客舍，并且派长子为他赶车，朝夕侍候不懈。

几年以后，齐威王驾崩，由靖郭君的异母兄宣王即位。靖郭君跟宣王很合不来，于是就到自己的封地薛地来住，齐貌辨也跟他一同留在薛城。没多久，齐貌辨决定辞别靖郭君回齐国去晋见宣王。靖郭君说：“君王讨厌我田婴，那你此去岂不是找死！”齐貌辨说：“臣本来就不想活，所以臣一定要去。”靖郭君也无法阻止。

齐貌辨到了齐国首都临淄，宣王知道他来，满心怒气地等着齐貌辨。齐貌辨拜见宣王后，宣王问道：“你是靖郭君手下的宠臣，靖郭君是不是一切都听你的呢?”齐貌辨回答说：“臣是靖郭君的宠臣并不错，但要说靖郭君什么都听臣的那倒未必。比如当君王还是太子时，臣对靖郭君说：‘太子长一副不仁相貌，下巴太大，看起来好像一只猪。这种人会违背正道，不如把太子废掉，改立卫姬之子郊师为太子。’可是靖郭君竟然哭着对臣说：‘不可以这样做，我不忍这样做。’假如靖郭君是一切都听臣的话，那么靖郭君也不会遭受今天这样的迫害，这是第一件事。当靖郭君到了薛城，楚相昭阳要用几倍的土地来换薛地，我又向靖郭君说：‘一定要接受这个请求。’靖郭君说：‘从先王那里接受薛地，即使与后王关系不好，如把薛地换出去，将来死后我向先王如何交代呢！况且先王的宗庙就在薛地，我怎么能把先王的宗庙交给楚国呢！’他又不肯听从我的。这是第二件事。”齐宣王听了不禁长声叹息，脸色都变了，说：“靖郭君对寡人，竟然好到这种程度啊！我太年轻了，从不了解这些事情。您愿意替我把靖郭君请回来吗?”齐貌辨回答说：“好吧。”

靖郭君穿戴上齐威王赐给的衣服帽子，佩带赐给的宝剑，齐宣王亲自到郊外迎接靖郭君，望着他哭泣。靖郭君到了朝廷，齐宣王就请他做相国。靖郭君表示辞谢，不得已才接受了。七天以后，又称病坚决要求辞职。靖郭君辞职不肯干，三天以后齐宣王才答应了他的请求。

在那个时候，靖郭君可称有知人之明啊！自己能够了解别人，所以即使有人非议那个人，他也不怀疑。这是齐貌辨置生死于度外、乐于解其忧患、奔走救其危难的原因吧。

邹忌事宣王

邹忌事宣王，仕人众，宣王不悦。晏首贵而仕人寡，王悦之。邹忌谓宣王曰："忌闻以为有一子之孝，不如有五子之孝。今首之所进仕者，以几何人？"宣王因以晏首壅塞之。

【译文】

邹忌做齐宣王的臣子，他推荐了很多人任职，宣王不高兴。晏首身份尊贵推荐的人却不多，宣王很高兴。邹忌便对宣王说："我听说家里有一个孝子，不如有五个孝子。现在晏首推荐做官的人有几个呢？"宣王因此认为晏首堵塞了荐贤之路。

邹忌修八尺有余

邹忌修八尺有余，身体昳丽[①]。朝服衣冠窥镜，谓其妻曰："我孰与城北徐公美？"其妻曰："君美甚，徐公何能及公也！"城北徐公，齐国之美丽者也。忌不自信，而复问其妾曰："吾孰与徐公美？"妾曰："徐公何能及君也！"旦日，客从外来，与坐谈，问之客曰："吾与徐公孰美？"客曰："徐公不若君之美也！"

明日，徐公来。孰视之，自以为不如；窥镜而自视，又弗如远甚。暮，寝而思之曰：“吾妻之美我者[②]，私我也[③]；妾之美我者，畏我也；客之美我者，欲有求于我也。”

于是入朝见威王曰：“臣诚知不如徐公美，臣之妻私臣，臣之妾畏臣，臣之客欲有求于臣，皆以美于徐公。今齐地方千里，百二十城，宫妇左右，莫不私王；朝廷之臣，莫不畏王；四境之内，莫不有求于王。由此观之，王之蔽甚矣！”王曰：“善。”乃下令：“群臣吏民，能面刺寡人之过者[④]，受上赏；上书谏寡人者，受中赏；能谤议于市朝，闻寡人之耳者，受下赏。”

令初下，群臣进谏，门庭若市。数月之后，时时而间进。期年之后，虽欲言，无可进者。燕、赵、韩、魏闻之，皆朝于齐。此所谓战胜于朝廷[⑤]。

【注释】

①昳丽：美丽。②美我：以我为美。美，形容词意动用法，以……为美。③私我：对我偏私。④刺：举出，指出。⑤战胜于朝廷：指修明政治于朝廷，不用出兵就能战胜敌国。

【译文】

邹忌身高八尺有余，仪表俊美。有一天早晨，他穿好衣服，戴好帽子，对着镜子端详，对他的妻子说：“我跟城北徐公比，谁美？”妻子说：“您美多了，徐公怎么能比得上您呢！”城北徐公是齐国的美男子。邹忌不相信自己，又问他的妾说：“我跟徐公比，谁美？”妾说：“徐公怎么能比得上您呀！”第二天，有客人从外面来，与客人坐下交谈时，他就问客人说：“我和徐公比，谁美？”客人回答说：“徐公不如您美啊！”

第二天，徐公来了，邹忌仔细端详一番，自认为不如徐公，又对着镜子照了照，觉得相差很远。晚上，睡在床上，心里琢磨着，认识到：“妻子说我美，是因为她偏爱我；妾说我美，是因为害怕我；客人说我美，是因为有求于我。”

于是，他上朝拜见齐威王，说：“我明知道自己不如徐公美，但我的妻偏爱我，我的妾害怕我，我的客人有求于我，他们都说我比徐公美。现在齐国土地方圆千里，有一百二十个城邑，嫔妃、近臣，没一个不偏爱大王；朝廷大臣，没一个不害怕大王；举凡你国内的人，没一个不想有事情有求于大王。由此看来，大王受蒙蔽太深了。”威王说：“好。”于是下令：“文武大臣，官吏百姓，能当面指出我的错误的，给上赏；书面提出劝谏的，给中赏；在大庭广众之中议论批评我，传到我耳朵里的，给下赏。”

命令刚刚宣布，文武百官纷纷进谏，门庭若市。几个月以后，偶尔有人来提意见。过了一年，虽然想提意见，但是也提不出什么了。燕、赵、韩、魏四国听到这种情况，都来朝拜齐国。这就是所谓：坐在朝廷之上战胜他人。

秦伐魏

秦伐魏，陈轸合三晋而东谓齐王曰：“古之王者之伐也，欲以正天下而立功名，以为后世也。今齐、楚、燕、赵、韩、梁六国之递甚也[①]，不足以立功名，适足以强秦而自弱也，非山东之上计也。能危山东者，强秦也。不忧强秦，而递相罢弱[②]，而两归其国于秦，此臣之所以为山东之患。天下为秦相割，秦曾不出力；天下为秦相烹，秦曾不出薪。何秦之智而山东之愚耶？愿大王之察也。古之五帝、三王、五伯之伐也，伐不道者。今秦之伐天下不然，必欲反之，主必死辱，民必死虏。今韩、梁之目未尝干，而齐民独不也，非齐亲而韩、梁疏也，齐远秦而韩、梁近。今齐将近矣！今秦欲攻梁绛、安邑，秦得绛、安邑以东下河，必表里河而东攻齐，举齐属之海[③]，南面而孤楚、韩、梁，北向而孤燕、赵，齐无所出其计矣。愿王熟虑之！今三晋已合矣，复为兄弟约，而出锐师以戍梁绛、安邑，此万世之计也。齐非急以锐师合三晋，必有后忧。三晋合，秦必不敢攻梁，必南攻楚。楚、秦构难，三晋怒齐不与己也，必东攻齐。此臣之所谓齐必有大忧，不如急以兵合于三晋。”

齐王敬诺，果以兵合于三晋。

【注释】

①递：更迭，迭相。②罢：通“疲”，劳困。③举：得地。属：到达。

【译文】

秦国攻打魏国，陈轸联合韩、赵、魏之后东去齐国对齐王说：“古代圣王兴兵征伐，都是为了匡正天下而建立功名，以便能够造福后世。如今齐、楚、燕、赵、韩、魏等六国，彼此互相侵略，不但不足以建立功名，反倒使秦国强大而使本国衰弱下去，这绝对不是山东诸侯的上策。能够灭亡山东诸侯的只有强秦。如今六国不但不担忧强秦，反而互相削弱，到最后必然两败俱伤被秦国吞并，这是臣为山东诸侯担忧的主要原因。天下诸侯竞相割地给秦国，秦国毫不费力；天下诸侯自动替秦国烹煮自己，秦国连柴火都不必出。秦国何其聪明，而山东诸侯又何其愚鲁啊？但愿大王能多多注意！古代的三皇、五帝、五霸兴兵征伐，都是为了征讨无道的暴君。现在秦国征伐天下不是这样，恰好与古代相反，其结果只能是亡国之君死于屈辱，亡国之民死于掳掠。现在韩、魏人民的眼泪还没有干，只有齐国人民侥幸还没有惨遭蹂躏。这并不是由于齐国和秦国亲善而韩、魏与秦国交恶，只是由于齐国离秦国远而韩、魏离秦国近的缘故。现在齐国离秦国已经近了。如今秦国想要攻打魏国的绛县和安邑，秦国有了绛县和安邑之后，再继续往东沿黄河进兵，如此必然能顺着黄河往东攻打齐国，占领齐国土地一直达到东海之滨，再向南进兵使楚、韩、魏陷于孤立，向北进兵使燕、赵陷于孤立。如此齐国就无计可施了。希望大王慎重考虑。现在赵、韩、魏三国已经又联合在一起，再度相约为兄弟，共同出精兵以保卫魏国的绛县和安邑，这是长治久安的计策。齐国如果不赶紧出精兵联合赵、韩、魏三国，那齐国必将后患无穷。赵、韩、魏三国联合以后，秦国必然不敢攻打魏国，而是转过头往南攻打楚国，楚、秦既然兵连祸结，那时赵、韩、魏三国由于愤恨齐国不帮助自己，必然向东攻打齐国。这就是臣说的齐国必有的大后患，因此齐国不如赶紧出兵联合赵、韩、魏三国。”

齐宣王欣然采纳了陈轸的策略，果然出兵联合赵、韩、魏三国。

苏秦为赵合从说齐宣王

苏秦为赵合从，说齐宣王曰：“齐南有太山，东有琅邪，西有清河，北有渤海，此所谓四塞之国也。齐地方二千里，带甲数十万[①]，粟如丘山。齐车之良，五家之兵，疾如锥矢，战如雷电，解如风雨，即有军役，未尝倍太山[②]、绝清河、涉渤海也。临淄之中七万户，臣窃度之，下户三男子，三七二十一万，不待发于远县，而临淄之卒，固以二十一万矣。临淄甚富而实，其民无不吹竽、鼓瑟、击筑、弹琴、斗鸡、走犬、六博、蹹踘者；临淄之途，车毂击，人肩摩，连衽成帷[③]，举袂成幕[④]，挥汗成雨；家敦而富，志高而扬。夫以大王之贤与齐之强，天下不能当。今乃西面事秦，窃为大王羞之。且夫韩、魏之所以畏秦者，以与秦接界也。兵出而相当，不至十日，而战胜存亡之机决矣。韩、魏战而胜秦，则兵半折，四境不守；战而不胜，以亡随其后。是故韩、魏之所以重与秦战而轻为之臣也。今秦攻齐则不然，倍韩、魏之地，至（闱）［卫］阳晋之道[⑤]，径亢父之险，车不得方轨，马不得并行，百人守险，千人不能过也。秦虽欲深入，则狼顾，恐韩、魏之议其后也。是故恫疑虚猲[⑥]，高跃而不敢进，则秦不能害齐，亦已明矣。夫不深料秦之不奈我何也，而欲西面事秦，是群臣之计过也。今无臣事秦之名，而有强国之实，臣固愿大王之少留计。”

齐王曰：“寡人不敏，今主君以赵王之教诏之，敬奉社稷以从。”

【注释】

①带甲：军队。②倍：超出。③衽：衣襟。④袂：衣袖。⑤卫：原作“闱”，据鲍本改。⑥恫疑虚猲（hè）：虚张声势，使人害怕。猲，通“喝”，吓唬。

【译文】

苏秦为赵国组织合纵联盟，游说齐宣王说：“齐国南有太山，东有琅邪山，西有清河，北有渤海，这是人们所说的有四面要塞的固若金汤之国啊。齐国土地方圆两千里，战士有数十万，粮食堆积如山。齐国战车精良，又有联合五家之兵，调动迅速，快如飞箭，作战声威如雷电，分散变化如风雨。即使发生战事，敌人也从未越过太山，横跨清河，渡过渤海。齐都临淄有七万户，依我猜测，根据最低标准估计，每户有三个男子，三七就二十一万人，不必调遣远地的兵力，就凭临淄的士兵就有二十一万。临淄的百姓十分富裕殷实，人们无不吹竽鼓瑟，击筑弹琴，斗鸡赛狗，下棋赛球，盛况空前；临淄的街道上，车辆络绎不绝，互相碰撞，行人拥挤，挨肩擦背，连起衣襟可成帷幔，接起衣袖可成幕帐，挥洒汗水可成大雨，家庭生活殷富，人人意志高昂，像大王这样贤能，齐国这样强大，天下无可匹敌，现在却要向西去臣服秦国，我私下为大王感到惭愧。况且韩、魏之所以害怕秦国，是因为与秦国接壤。出兵相抗，不到十天，胜败存亡的结局就可以决定。韩、魏如果战胜了秦国，兵力将损失过半，四面国境也不能固守；如果不能战胜秦国，灭亡之祸就要临头。这就是韩、魏之所以不敢轻易与秦国作战，而轻易向秦国臣服的原因。现在秦国进攻齐国情形就有所不同，韩、魏两国在秦国的背后，而秦国通过卫国的阳晋，经过亢父地方的关险，那里车子不能并进，马匹不能并行，百人把守天险，千人也休想通过。秦国虽想深入齐境，可是总有后顾之忧，生怕韩、魏从后面袭击。所以才虚张声势，借以威胁，装腔作势，又不敢前进。如此看来，秦国不能损伤齐国，也已十分清楚。大王不仔细估量秦国对齐国无可奈何，却只想西向臣服秦国，这是群臣的谋划有错误。现在既能避免向秦国臣服的丑名，又能显示强国的实效，我希望大王稍加留意，再仔细考虑。”

齐王说：“我办事无能。现在您把赵王的旨意告诉我，我愿意举国听从您的命令。”

卷九　齐二

昭阳为楚伐魏

昭阳为楚伐魏，覆军杀将得八城，移兵而攻齐[①]。陈轸为齐王使，见昭阳，再拜贺战胜，起而问："楚之法，覆军杀将，其官爵何也？"昭阳曰："官为上柱国[②]，爵为上执珪[③]。"陈轸曰："异贵于此者何也？"曰："唯令尹耳[④]。"陈轸曰："令尹贵矣！王非置两令尹也。臣窃为公譬可也？楚有祠者，赐其舍人卮酒[⑤]。舍人相谓曰：'数人饮之不足，一人饮之有余。请画地为蛇，先成者饮酒。'一人蛇先成，引酒且饮之，乃左手持卮，右手画蛇，曰：'吾能为之足[⑥]。'未成，一人之蛇成，夺其卮曰：'蛇固无足，子安能为之足。'遂饮其酒。为蛇足者，终亡其酒。今君相楚而攻魏，破军杀将得八城，不弱兵[⑦]，欲攻齐，齐畏公甚，公以是为名居足矣[⑧]，官之上非可重也。战无不胜而不知止者，身且死，爵且后归[⑨]，犹为蛇足也。"昭阳以为然，解军而去。

【注释】

①移兵：调动军队。②上柱国：楚国最高武官，又称柱国，职位仅次于令尹。③上执珪：楚最高爵位。珪，一种长条形玉器。④令尹：楚国执掌军政大权的最高官职。⑤卮酒：一杯酒。卮，酒器。⑥为之足：给蛇画脚。足，用于动词。⑦不弱兵：没有使军队的实力受到削弱。

⑧为名居足：为了名声已经足够了。⑨后归：归于后来为将的人。

【译文】

楚将昭阳为楚国攻打魏国，打败了魏军，杀了魏将，夺得八城，又调兵去进攻齐国。齐王派陈轸为使臣，去见昭阳，祝贺他取得胜利，起身问他："按照楚国的法律，打败敌军，斩杀敌将，应该赏赐什么官爵？"昭阳说："赏赐上柱国的官职，封给上执珪的爵位。"陈轸说："还有比这更尊贵的官职和爵位吗？"昭阳说："那只有令尹了。"陈轸说："令尹最尊贵啊！可是，楚王决不会设置两个令尹吧。我给您打个比方好吗？楚国有个人，祭祀祖先以后，把一壶酒给了他的左右亲近。这些人商量说：'给我们几个人喝，不够；给一个人喝，却有多余。不如我们各人在地上画一条蛇，谁先画成，谁就喝酒。'有一个人最先画成，他拿起酒壶准备喝，就左手拿着酒壶，右手又继续画蛇，说：'我能给蛇添上脚。'还没有添完，另一个人画成了，夺过他的酒壶，说：'蛇本来没有脚，你怎能给它添上脚呢？'就喝了酒。那个给蛇添脚的人，结果丢掉了一壶酒。您现在帮楚国进攻魏国，打败魏军，斩杀魏将，夺得八城，没有使军队的实力受到削弱，又要调兵进攻齐国。齐国非常害怕您。您有这样的威名已足够了。官至最高，无以复加。您战无不胜，却不懂得适可而止，将会有杀身之祸，爵位将会归给后来的人，就好像画蛇添足一样。"昭阳听了以后，认为说得很对，于是撤军而去。

秦攻赵长平

秦攻赵长平，齐、(楚)［燕］救之[①]。秦计曰："齐、(楚)［燕］救赵，亲，则将退兵；不亲，则且遂攻之。"赵无以食，请粟于齐，而齐不听。(苏秦)［周子］谓齐王曰[②]："不如听之以却秦兵，不听则秦兵不却，是秦之计中[3]，而齐、燕之计过矣。且赵之于燕、齐，隐蔽也[4]，齿之有唇也，唇亡则齿寒。今日亡赵，则明日及齐、楚矣。且夫救赵之务，宜若奉漏瓮[5]，沃焦釜[6]。夫救赵，高义也；却秦兵，显名也。义救亡赵，威却强秦兵，不务为此，而务爱粟，则为国计者过矣。”

【注释】

①燕：原作“楚”，据姚宏等改。下同。②周子：齐国谋臣，其名不详。原作“苏秦”，据《史记》及诸家考校改。③中：得，适合。④隐蔽：屏藩，屏障。⑤奉：两手平托，捧着。⑥沃：犹言浇。

【译文】

秦国攻打赵国长平，齐国、燕国援救赵国。秦王谋划说：“齐国、燕国援救赵国，如果三国关系亲近，那么我们就退兵；如果他们不亲近，那么我们就继续攻打长平。”这时赵国粮食不够，向齐国请求援助粮食，可是齐国不答应。谋臣周子对齐王说：“您不如答应赵国的请求，以此使秦国撤兵；如果不答应赵国的请求，那秦兵就不会退却。这样，正中了秦国的计，而齐、燕两国就失策了。况且赵国对燕国和齐国而言，就等于燕、齐的屏障，这就好比牙齿有嘴唇保护一样，没有了嘴唇，牙齿就要受冻。今天秦国灭了赵国，明天就要轮到齐、燕。而且救赵一事，就该像捧着漏瓮、浇烧干的锅那样急迫。援救赵国，这是大义之举；使秦兵退却，又具有美名。坚持正义，救援将亡的赵国，发扬威力，迫使强大的秦兵退却，齐国不致力于这样的大事，却只想爱惜粮食，这是为国家出谋划策的人有过失啊。”

卷十　齐三

楚王死

楚王死，太子在齐质。苏秦谓薛公曰："君何不留楚太子，以市其下东国[①]。"薛公曰："不可。我留太子，郢中立王，然则是我抱空质而行不义于天下也。"苏秦曰："不然，郢中立王，君因谓其新王曰：'与我下东国，吾为王杀太子。不然，吾将与三国共立之。'然则下东国必可得也。"

苏秦之事，可以请行[②]；可以令楚王亟入下东国；可以益割于楚；可以忠太子而使楚益入地；可以为楚王走太子；可以忠太子使之亟去；可以恶苏秦于薛公；可以为苏秦请封于楚；可以使人说薛公以善苏子；可以使苏子自解于薛公。

苏秦谓薛公曰："臣闻谋泄者事无功，计不决者名不成。今君留太子者，以市下东国也。非亟得下东国者，则楚之计变，变则是君抱空质而负名于天下也。"薛公曰："善。为之奈何？"对曰："臣请为君之楚，使亟入下东国之地。楚得成，则君无败矣。"薛公曰："善。"因遣之。故曰"可以请行也"[③]。

谓楚王曰："齐欲奉太子而立之。臣观薛公之留太子者，以市下东国也。今王不亟入下东国，则太子且倍王之割而使齐奉己。"楚王曰："谨受命。"因献下东国。故曰"可以使楚亟入地也”。

谓薛公曰：“楚之势可多割也。”薛公曰：“奈何？”“请告太子其故，使太子谒之君，以忠太子，使楚王闻之，可以益入地。”故曰可以益割于楚。

谓太子曰：“齐奉太子而立之，楚王请割地以留太子，齐少其地。太子何不倍楚之割地而资齐，齐必奉太子。”太子曰：“善。”倍楚之割而延齐。楚王闻之，恐，益割地而献之，尚恐事不成。故曰“可以使楚益入地也”。

谓楚王曰：“齐之所以敢多割地者，挟太子也。今已得地而求不止者，以太子权王也[④]。故臣能去太子。太子去，齐无辞，必不倍于王也。王因驰强齐而为交，齐辞，必听王。然则是王去雠而得齐交也。”楚王大悦，曰：“请以国因。”故曰“可以为楚王使太子亟去也”。

谓太子曰：“夫剬楚者王也[⑤]，以空名市者太子也，齐未必信太子之言也，而楚功见矣。楚交成，太子必危矣。太子其图之。”太子曰：“谨受命。”乃约车而暮去。故曰“可以使太子急去也”。

苏秦使人请薛公曰：“夫劝留太子者苏秦也。苏秦非诚以为君也，且以便楚也。苏秦恐君之知之，故多割楚以灭迹也。今劝太子者又苏秦也，而君弗知，臣窃为君疑之。”薛公大怒于苏秦。故曰“可使人恶苏秦于薛公也”。

又使人谓楚王曰：“夫使薛公留太子者苏秦也，奉王而代立楚太子者又苏秦也，割地固约者又苏秦也，忠王而走太子者又苏秦也。今人恶苏秦于薛公，以其为齐薄而为楚厚也。愿王之知之。”楚王曰：“谨受命。”因封苏秦为武贞君。故曰“可以为苏秦请封于楚也”。

又使景鲤请薛公曰：“君之所以重于天下者，以能得天下之士而有齐权也。今苏秦天下之辩士也，世与少有。君因不善苏秦，则是围塞天下士而不利说途也。夫不善君者且奉苏秦，而于君之事殆矣。今苏秦善于楚王，而君不蚤亲，则是身与楚为雠也。故君不如因而亲之，贵而重之，是君有楚也。”薛公因善苏秦。故曰“可以为苏秦说薛公以善苏秦”。

【注释】

①市：求。②苏秦之事，可以请行：指苏秦留楚太子之策可以施行。③故曰可以请行也：此七字，姚本、鲍本皆作注文，姚注：曾本作正文，不作注文。据姚注及郭人民说作正文。④权：重，胁迫之意。⑤剬(zhì)：同“制”，控制。

【译文】

楚怀王死在秦国，楚太子在齐国做人质。苏秦对齐相薛公田文说：“您为何不扣留楚太子，以便要楚国的下东国之地呢？”薛公说：“不行，我如果扣留太子，楚国另立新君，那样我岂不是扣留了一个无用的人质，而且诸侯还会非议我做了不义之事。”苏秦说：“不是那样。如果楚国另立新君，您就对楚国的新君说：‘给我下东国之地，我为大王杀掉楚太子；否则，我会与秦、韩、魏三国共立楚太子为君。’这样下东国就一定可以得到了。”

苏秦留楚太子之策可以施行；可以要楚王马上献出下东国之地；可以从楚国更多地割得土地；可以借忠于楚太子而使楚国更多地献出土地；可以为楚王赶跑太子；可以借忠于太子让楚太子马上离去；可以在薛公面前说苏秦的坏话；可以为苏秦在楚王那里请得加封；可以派人游说薛公让他善待苏秦；可以让苏秦在薛公面前自我解说。

苏秦对薛公说：“我听说，计谋如果泄露，事情就没功效，定了计如果不执行，就不会建立美名。现在，您扣留楚太子在齐国，是为了要求楚国割让下东国之地。如果您不赶紧得到下东国，楚国计划可能会变，一旦变了您就只是守着一个没用的人质了，而且会背负不义之名于天下。”薛公说：“是啊，该怎么办呢？”苏秦说：“我愿为您到楚国去，让楚国马上献出下东国之地。楚国同意了，那么您就不会有什么损失。”薛公说：“好。”于是派苏秦去楚国。所以说“苏秦留楚太子之策可以施行”。

苏秦对楚王说：“齐国准备拥戴太子而立他为君。我看薛公要扣留太子，为了让楚国割让下东国之地。大王如果不赶紧献出下东国，那么太子将会答应给齐国加倍割地，而让齐国立自己为楚君。”楚王说：“我完全接受您的指教。”于是就献出了下东国。所以说“可以要楚王马上献出下东国之地”。

苏秦对薛公说：“楚国的情形是可以多割让土地的。”薛公说：“那怎么办呢?”苏秦说：“请将齐要求多割地作为立太子为楚君的条件这件事告诉太子，让太子正式向您提出，以此表示齐国忠于太子。再让楚王知道这事，这样就可以更多地得到楚地。”所以说“可以从楚国更多地割得土地”。

苏秦对太子说：“齐国要奉立太子为楚君，而楚王请求割地，让齐国扣留太子，齐国嫌楚国割地太少了，太子为何不答应加倍割地给齐国，这样齐国一定会奉立太子为楚君。”太子说：“好。”便答应加倍割地给齐国以延缓齐国扣太子。楚王听说后，很害怕。于是也加倍献出楚地，还生怕事情办不成。所以说“可以使楚国更多地献出土地”。

苏秦对楚王说：“齐国之所以敢于向楚国要求多割土地，是因为他用太子扣留在齐国做要挟。现在齐国已经割得楚地，却要求没完没了，就因为用太子衡量楚王的轻重。所以我能让太子离开齐国。太子离开齐国后，齐国就没有了立太子的借口，这样，他就不会加倍要求大王割地了。大王就赶快与强齐建立友好关系。齐国一定会同意您的要求。这样，大王就去除对手太子，而得以与齐国结交。”楚王听了大为高兴，说：“那就借助你来做这一国家大事吧!”所以说“可以为楚王让太子马上离开”。

苏秦对太子说：“能在楚国专权的人是楚王，以空名许诺的人是太子，齐国未必相信太子的话，那么楚王的功效就会显现了。当齐、楚的关系一建立，太子的处境就一定危险了。太子得想办法。”太子说：“谨遵命。”于是准备好车辆，晚上离开了齐国。所以说“可以让太子马上离去”。

苏秦派人告诉薛公说：“劝您扣留太子的是苏秦，苏秦并不是诚心为您打算，他完全是为了楚国的利益。苏秦怕您识破，所以要楚国多割土地，使他不致露出马脚。现在，劝太子的又是苏秦，可是您对此并不知道。我真为您疑惑不解。”薛公对苏秦大为恼火。所以说“可以派人在薛公面前说苏秦的坏话”。

苏秦又派人对楚王说：“让薛公扣留太子的是苏秦，尊奉大王去取代太子而立为楚王的也是苏秦，割地给齐国以巩固齐、楚之交的是苏秦，忠于大王而赶跑太子的还是苏秦。现在有人在薛公面前说苏秦的坏话，认为他为齐国的利小，而为楚国的利大。希望大王了解这些情况。”楚王说：“谨遵命。”于是封赏苏秦为武贞君。所以说“可以为苏秦在楚王那里请得封赏”。

苏秦又让楚相景鲤告诉薛公说：“您之所以名重于天下，是因为能得到天下的能人而在齐国掌握了实权。现在苏秦是天下能言善辩的人，举世少有。您若不与苏秦搞好关系，这就堵塞了天下能人的口而不利于游说活动。那些与您关系不好的人士，都会顺从苏秦，这样，您的事就危险了！现在苏秦与楚王关系友好，如果您不及早与苏秦亲善，那将会使自己成为楚王的对头。所以，您不如与苏秦友好，尊重并抬举他。这样，您就会得到楚国的土地。”薛公因此与苏秦友好。所以说“可以派人游说薛公让他善待苏秦”。

孟尝君将入秦

孟尝君将入秦，止者千数而弗听。苏秦欲止之，孟尝曰：“人事者，吾已尽知之矣；吾所未闻者，独鬼事耳。”苏秦曰：“臣之来也，固不敢言人事也，固且以鬼事见君。”

孟尝君见之。谓孟尝君曰：“今者臣来，过于淄上[①]，有土偶人与桃梗相与语[②]。桃梗谓土偶人曰：‘子，西岸之土也，挺子以为人[③]，至岁八月，降雨下，淄水至，则汝残矣。’土偶曰：‘不然。吾西岸之土也，土则复西岸耳。今子，东国之桃梗也，刻削子以为人，降雨下，淄水至，流子而去，则子漂漂者将何如耳[④]。’今秦四塞之国，譬若虎口，而君入之，则臣不知君所出矣。”孟尝君乃止。

【注释】

①淄上：淄水之上。淄，水名，源出山东莱芜东北原山之阴，入小清河，由淄河口入海。②土偶人：用泥土捏的人。桃梗：用桃木枝刻的人。③挻（shān）：揉合，此指揉制。④何如：何往。

【译文】

孟尝君田文准备前往秦国，劝阻他的人成百上千，但他都一概不听。苏秦也想劝阻他，孟尝君说：“人间的事我已经都懂了，我所没听说过的，只有鬼神的事了。”苏秦说：“臣这次来，确实也不敢谈人间的事，实是专门为讨论鬼的事求您接见。”

孟尝君就接见他。苏秦对他说：“臣这次来齐国，路经淄水之上，听见一个土偶和桃人交谈。桃人对土偶说：‘你原是西岸之土，被捏制成人，到八月季节，天降大雨，淄水冲来，你就残而不全了。’土偶说：‘你的话不对。我是西岸之土，即使为大水所毁还是西岸之土。而你是东面的桃木雕刻而成，天降大雨，淄水横流，你随波而去，还不知漂泊到何地呢！’现在那秦国是四面有关山之固的国家，状如虎口，而您入秦，我不知您能否安然而出。”孟尝君听了之后就取消了行程。

孟尝君舍人有与君之夫人相爱者

孟尝君舍人有与君之夫人相爱者[①]。或以问孟尝君曰[②]：“为君舍人而内与夫人相爱，亦甚不义矣，君其杀之[③]。”君曰：“睹貌而相悦者，人之情也，其错之[④]，勿言也。”

居期年，君召爱夫人者而谓之曰：“子与文游久矣，大官未可得，小官公又弗欲。卫君与文布衣交[5]，请具车马皮币，愿君以此从卫君游。”于卫甚重。

齐、卫之交恶，卫君甚欲约天下之兵以攻齐。是人谓卫君曰：“孟尝君不知臣不肖，以臣欺君[6]。且臣闻齐、卫先君，刑马压羊[7]，盟曰：‘齐、卫后世无相攻伐，有相攻伐者，令其命如此[8]。’今君约天下之兵以攻齐，是足下倍先君盟约而欺孟尝君也。愿君勿以齐为心。君听臣则可；不听臣，若臣不肖也，臣辄以颈血湔足下衿。”卫君乃止。

齐人闻之曰：“孟尝君可语善为事矣，转祸为功。”

【注释】

①爱：犹言私通。②以问：以之告。问，告诉。③其：表示委婉的语气词，可译为“还是”。④错之：把这事放置一边。错，同“措”，放置。⑤布衣交：普通百姓时就有交情，犹言老交情。⑥以臣欺君：用臣下欺骗了君王。犹言臣下不才，孟尝君当贤人推荐，欺骗了您。⑦刑马压羊：杀马宰羊。压，宰杀。⑧令其命如此：使他的命像马羊一样。

【译文】

孟尝君门客之中，有个人与孟尝君的夫人私通。有人把这事告诉了孟尝君，并说：“领受您的俸禄，在内却与您的夫人私通，此人也太不够义气了。阁下还是杀了他。”孟尝君说：“看人的容貌而渐生爱心，此亦人之常情。你把这事放置一边，不要说了。”

过了一年，孟尝君召来那个与夫人私通的门客，对他说：“你在我这里时日也不算短了，一直未能为先生觅到大的官位，小官职先生又会不屑一顾。如今的卫君与田文是老交情，田文愿替先生准备车马钱币，希望你从此跟随卫君。”这个门客去到卫国以后，很受卫君的看重。

后来齐、卫两国关系紧张，卫君很想约集天下之兵进攻齐国。这时那个门客对卫君说：“孟尝君不知道臣无德无能，欺骗您把臣推荐给您。但臣曾听说齐、卫先王之事，他们杀马宰羊，立下盟约说：‘齐、卫子孙，不得相互攻击，若违背誓言出兵攻击，使其命有如此马此羊！’如今大王约集天下之兵准备进攻齐国，这是您违背先君盟约，同时也欺骗了孟尝君。希望大王不要再计划伐齐的事了！大王听从臣的劝告也就罢了，如若不听，像臣这样不肖的，就会将自己颈项之血溅在您的衣襟之上！”卫君于是打消了伐齐的念头。

齐人听到这件事，赞叹说：“孟尝君可谓善于待人处事，因此能够转危为安。”

孟尝君有舍人而弗悦

孟尝君有舍人而弗悦，欲逐之。鲁连谓孟尝君曰：“猿猕猴错木据水①，则不若鱼鳖；历险乘危，则骐骥不如狐狸。曹沫之奋三尺之剑，一军不能当；使曹沫释其三尺之剑②，而操铫鎒与农夫居陇亩之中，则不若农夫。故物舍其所长，之其所短③，尧亦有所不及矣。今使人而不能，则谓之不肖；教人而不能，则谓之拙。拙则罢之，不肖则弃之，使人有弃逐，不相与处，而来害相报者，岂非世之立教首也哉④！”孟尝君曰：“善。”乃弗逐。

【注释】

①错：放置。②曹沫：春秋时期鲁庄公的武士。③之：用。④首：当务之急。

【译文】

孟尝君田文瞧不起他食客中的某人，想把他赶走，鲁仲连对他说：“猿猴如果离开树木浮游水面，那还不如鱼鳖灵敏；要说经历险阻攀登危岩，那良马比不上狐狸。曹沫手提三尺长剑，万夫难挡；假如叫曹沫丢下他的三尺长剑，让他改拿耕田的农具与农夫一样在田里工作，那他连一个农夫都不如。由此可见，万事万物，如果舍弃他的所长，改用他的所短，即使是尧也有做不到的事。现在让他干他不会干的，而认为他无才；教他做他做不了的，就认为他笨拙。认为笨拙就斥退他，认为无才就遗弃他。假使有人被驱逐而别人不屑与之相处，被驱逐的人必然来施害以报怨，这难道不是当务之急吗？”孟尝君说：“说得好。”于是不驱逐这个食客。

孟尝君出行国，至楚

孟尝君出行国，至楚，献象床。郢之登徒，直使送之[1]，不欲行。见孟尝君门人公孙戍曰：“臣，郢之登徒也，直送象床。象床之直千金，伤此若发漂，卖妻子不足偿之。足下能使仆无行，先人有宝剑，愿得献之。”公孙曰：“诺。”

入见孟尝君曰：“君岂受楚象床哉？”孟尝君曰：“然。”公孙戍曰：“臣愿君勿受。”孟尝君曰：“何哉？”公孙戍曰：“小国所以皆致相印于君者，闻君于齐能振达贫穷，有存亡继绝之义。小国英桀之士，皆以国事累君，诚说君之义[2]，慕君之廉也。今君到楚而受象床，所未至之国，将何以待君？臣戍愿君勿受。”孟尝君曰：“诺。”

公孙戍趋而去。未出，至中闺，君召而返之，曰：“子教文无受象床，甚善。今何举足之高，志之扬也？”公孙戍曰：“臣有大喜三，重之宝剑一。”孟尝君曰：“何谓也？”公孙戍曰：“门下百数，莫敢入谏，臣独入谏，臣一喜；谏而得听，臣二喜；谏而止君之过，臣三喜。输象床，郢之登徒不欲行，许戍以先人之宝剑。”孟尝君曰：“善。受之乎？”公孙戍曰：“未敢。”曰：“急受之。”因书门版曰：“有能扬文之名，止文之过，私得宝于外者，疾入谏。”

【注释】

①直：当值，值班。②说：通“悦”，喜爱。

【译文】

孟尝君出巡他国，到达楚国时，楚王要送给他一张象牙床。郢都的登徒氏正好当班，让他护送象牙床，可是他不愿意去。于是找到孟尝君的门客公孙戍，说：“我是郢人登徒，如今我当班护送象牙床，以献给薛公。可是那象牙床价值千金，稍有细如发丝的损坏，即使卖掉了妻室儿女也赔不起。先生如果让我免掉这个差使，先人有宝剑，愿意献给您作为回报。”公孙戍说：“好的。”

于是公孙戍往见孟尝君，说：“您准备接受楚人馈送的象牙床吗？”孟尝君说：“是的。”公孙戍说：“我希望您不接受。”孟尝君问：“为什么？”公孙戍说：“小国之所以以相印授公，只是因为听说您在齐地有怜恤孤贫的美德，有存亡继绝的高义。小国君主都是英杰之士，都以国事委托您，实在是喜爱您的高义，仰慕您的廉洁。现在您到楚国就接受了象牙床这样的重礼，巡行至其他国家，他们又拿什么样的礼物馈赠给您呢？所以臣希望您不要接受。”孟尝君说：“遵命。”

公孙戍快步离去。还没有出去，走到中门，孟尝君把他叫了回来：“先生叫田文勿受象牙床之礼，很好。但为何先生脚抬得那么高，扬扬得意呢？”公孙戍说道：“臣有三大喜，外加得一柄宝剑。”孟尝君问：“此话怎讲？”公孙戍说：“您门下食客何止百人，却只有臣敢于进谏，这是一喜；劝谏而您能接受，这是二喜；劝谏而能让君不犯错，这是三喜。而为楚送象牙床的登徒，不愿意送床，他曾答应事成之后送臣一柄先人宝剑。”孟尝君说：“真好。接受宝剑了吗？”公孙戍说：“还不敢。”孟尝君说：“赶快收下！”因为这件事，孟尝君在门扇上写道：“凡能传扬田文名声，谏止田文犯错，即使私自在外获得珍宝，均可赶快来进谏!”

淳于髡一日而见七人于宣王

淳于髡一日而见七人于宣王①。王曰：“子来，寡人闻之，千里而一士，是比肩而立②；百世而一圣，若随踵而至也③。今子一朝而见七士，则士不亦众乎?”淳于髡曰：“不然。夫鸟同翼者而聚居，兽同足者而俱行。今求柴葫、桔梗于沮泽④，则累世不得一焉。及之睾黍、梁父之阴⑤，则郄车而载耳⑥。夫物各有畴，今髡，贤者之畴也。王求士于髡，譬若挹水于河，而取火于燧也⑦。髡将复见之，岂特七士也。”

【注释】

①见：使之见，此有引荐义。②比肩：并肩。③随踵：接踵。④柴葫、桔梗：都是中药名，生长在山上。沮泽：低湿的地方。⑤睾黍、梁父：都是山名。阴：山的北坡。⑥郄车而载：犹言敞开车装载。⑦燧：古代取火的工具，有金燧、木燧两种。

【译文】

淳于髡一天之内就向齐宣王引荐七个人。齐宣王说：“您过来，我听说千里之内有一位贤士，这就是并肩而立了；百代之中如果出一个圣人，那就像接踵而至了。如今您一个早晨就引荐七位贤士，那贤士不也太多了吗?”淳于髡说：“不对。那翅膀相同的鸟聚居在一起，足爪相同的兽一起行走。如今若是到低湿的地方去采集柴葫、桔梗，那世世代代采下去也不能得到一两。到睾黍山、梁父山的北坡去采集，那就可以敞开车装载。世上万物各有其同类，如今我淳于髡，是贤士一类的人。君王向我寻求贤士，就譬如到黄河里去取水，在燧中取火。我将要再向君王引荐贤士，哪里只是七位贤士啊。”

齐欲伐魏

齐欲伐魏。淳于髡谓齐王曰：“韩子卢者，天下之疾犬也。东郭逡者，海内之狡兔也。韩子卢逐东郭逡，环山者三，腾山者五，兔极于前①，犬废于后②，犬兔俱罢③，各死其处。田父见之，无劳倦之苦，而擅其功。今齐、魏久相持，以顿其兵④，弊其众，臣恐强秦大楚承其后，有田父之功。”齐王惧，谢将休士也⑤。

【注释】

①极：疲劳。②废：跌坐，疲劳。③罢：通“疲”，疲劳。④顿：劳弊，困顿。⑤谢：辞去，言不用。

【译文】

齐王想发兵攻打魏国。淳于髡对他说：“韩子卢，是天下跑得最快的狗。东郭逡则是世上可数的狡兔。韩子卢追逐东郭逡，环山追了三圈，翻山跑了五趟，前面的兔子筋疲力尽，后面的狗也筋疲力尽，狗与兔都跑不动了，各自累死在地上。有个老农看到了，没有劳苦，而独得其功劳。如今齐、魏两国相持不下，让双方士兵百姓都疲惫不堪，臣担忧秦、楚两个强敌会在我们的后面，获取农夫那样的功劳。”齐王听后害怕了，就辞去将军，让兵士休养。

卷十一　齐四

齐人有冯谖者

齐人有冯谖者，贫乏不能自存，使人属孟尝君[①]，愿寄食门下。孟尝君曰："客何好？"曰："客无好也。"曰："客何能？"曰："客无能也。"孟尝君笑而受之曰："诺。"左右以君贱之也，食以草具[②]。

居有顷，倚柱弹其剑，歌曰："长铗归来乎[③]！食无鱼。"左右以告。孟尝君曰："食之，比门下之客[④]。"居有顷，复弹其铗，歌曰："长铗归来乎！出无车。"左右皆笑之，以告。孟尝君曰："为之驾，比门下之车客。"于是乘其车，揭其剑，过其友[⑤]，曰："孟尝君客我。"后有顷，复弹其剑铗，歌曰："长铗归来乎！无以为家。"左右皆恶之，以为贪而不知足。孟尝君问："冯公有亲乎？"对曰："有老母。"孟尝君使人给其食用，无使乏。于是冯谖不复歌。

后孟尝君出记[⑥]，问门下诸客："谁习计会[⑦]，能为文收责于薛者乎[⑧]？"冯谖署曰："能。"孟尝君怪之，曰："此谁也？"左右曰："乃歌夫长铗归来者也。"孟尝君笑曰："客果有能也，吾负之，未尝见也。"请而见之，谢曰："文倦于事，愦于忧，而性（忓）［懦］愚[⑨]，沉于国家之事，开罪于先生。先生不羞，乃有意欲为收责于薛乎？”冯谖曰：“愿之。”于是约车治装[10]，载券契而行，辞曰：“责毕收，以何市而反？”孟尝君曰：“视吾家所寡有者。”

驱而之薛，使吏召诸民当偿者，悉来合券[11]。券遍合，起矫命以责赐诸民，因烧其券，民称万岁。

长驱到齐，晨而求见。孟尝君怪其疾也，衣冠而见之，曰：“责毕收乎？来何疾也？”曰：“收毕矣。”“以何市而反？”冯谖曰：“君云‘视吾家所寡有者’。臣窃计，君宫中积珍宝，狗马实外厩，美人充下陈[12]。君家所寡有者以义耳！窃以为君市义。”孟尝君曰：“市义奈何？”曰：“今君有区区之薛，不拊爱子其民，因而贾利之。臣窃矫君命，以责赐诸民，因烧其券，民称万岁。乃臣所以为君市义也。”孟尝君不说，曰：“诺，先生休矣！”

后期年，齐王谓孟尝君曰：“寡人不敢以先王之臣为臣[13]。”孟尝君就国于薛，未至百里[14]，民扶老携幼，迎君道中。孟尝君顾谓冯谖：“先生所为文市义者，乃今日见之。”冯谖曰：“狡兔有三窟，仅得免其死耳。今君有一窟，未得高枕而卧也。请为君复凿二窟。”孟尝君予车五十乘，金五百斤，西游于梁，谓惠王曰：“齐放其大臣孟尝君于诸侯，诸侯先迎之者，富而兵强。”于是，梁王虚上位，以故相为上将军，遣使者，黄金千斤，车百乘，往聘孟尝君。冯谖先驱诫孟尝君曰：“千金，重币也；百乘，显使也。齐其闻之矣。”梁使三反，孟尝君固辞不往也。齐王闻之，君臣恐惧，遣太傅赍黄金千斤，文车二驷，服剑一，封书谢孟尝君曰：“寡人不祥[15]，被于宗庙之祟，沉于谄谀之臣，开罪于君，寡人不足为也。愿君顾先王之宗庙，姑反国统万人乎？”冯谖诫孟尝君曰：“愿请先王之祭器，立宗庙于薛。”庙成，还报孟尝君曰：“三窟已就，君姑高枕为乐矣。”

孟尝君为相数十年，无纤介之祸者，冯谖之计也。

【注释】

①属：同“嘱”，嘱托。②草具：粗劣的食物。③长铗：长剑。铗，剑把。④比门下之客：照门下之客的待遇对待他。比，比照。其门客分为数等：吃菜，吃鱼，吃肉兼坐车。本处宜据他本补“鱼”。⑤揭：高举。过：拜访。⑥出记：出文告。记，通告，文告。⑦习：熟习。计会：算账，即会计。⑧文：指田文。责：通“债”，债务。薛：孟尝君的封地，故城在今山东滕县东南。⑨懦：原作“忄宁”，据鲍本改。懦弱义。⑩约车治装：预备车子，置办行李。⑪合券：古代契约债券，双方各执一半，作为凭信。偿还时，双方将两者合而为一加以验对，称为合券。⑫下陈：堂下，台阶之下。⑬寡人不敢以先王之臣为臣：我不敢用先王的臣子作为自己的臣子来使用，这是罢免孟尝君职务的一种托词。⑭未至百里：距离薛地还有一百里。⑮祥：审慎。

【译文】

齐国有个名叫冯谖的人，家境贫困得难以养活自己，请人将自己托付给孟尝君，愿意寄食门下。孟尝君问：“先生有什么爱好吗？”冯谖说：“我没有喜好。”孟尝君又问：“先生有什么才能吗？”他说：“我也没有才能。”孟尝君笑着接纳他说：“好的。”孟尝君身边的人认为主人轻视冯谖，就拿粗茶淡饭给他吃。

住了不久，冯谖就背靠柱子，弹剑而歌：“长剑呀，咱们回去吧，吃饭没有鱼。”身边的人把这件事告诉孟尝君。孟尝君吩咐说：“给他一般门客待遇，让他吃鱼吧。”住了不久，冯谖又弹着他的剑，唱道：“长剑呀，我们还是回去吧，出门没有车坐。”身边的人都笑他，把这件事告诉孟尝君。孟尝君说：“替他配上车，按照车客的待遇。”于是冯谖驾车带剑，看望他的朋友，夸耀说：“孟尝君尊我为上客。”这样过了一段日子，冯谖又弹着剑，唱道：“长剑呀，咱们回去吧，无法养家。”身边的人都厌恶他，认为他贪心而不知足。孟尝君问道：“冯先生有父母吗？”左右答道：“有个老母。”孟尝君让人资助其吃用，不使他缺衣少食，而冯谖从此不再唱牢骚歌了。

后来，孟尝君出了一通告示，问门下食客："请问哪一位通晓账务会计，能替我到薛地收债呢？"冯谖签上名字说："我能。"孟尝君看了很诧异，问左右随从："这是谁呀？"人们答道："就是那个唱'长剑呀，我们回去吧'的人。"孟尝君笑道："他果然有才能，我真对不起他，还未曾见过面呢。"于是请他来相见，道歉说："我为琐事弄昏了头，搞得非常疲劳，而又生性懦弱笨拙，只因政务缠身，而怠慢了先生。好在先生不怪我，先生愿意替我到薛地收债吗？"冯谖说："愿意效劳。"于是孟尝君替他备好车马行装，让他载着债券契约出发。辞行时，冯谖问："债收完后，买些什么回来？"孟尝君回答："先生看我家缺少的东西买吧。"

冯谖赶着马车到薛地，派官吏叫该还债的百姓都来核对债券。债券全部核对之后，冯谖站了起来，假托孟尝君的名义将债款赏给这些百姓，并烧掉了券契文书，百姓感激得欢呼万岁。

冯谖又马不停蹄地返回都城临淄，一大早就求见孟尝君。孟尝君很奇怪他回来得这么快，穿戴整齐接见他说："债收完了吗？何以回来得这般快？"冯谖答道："都收完了。""先生替我买了些什么回来？"冯谖说："您曾说'看我家缺少的东西买'。臣暗想，您宫中珠宝堆积，犬马充满马厩，美女成行。您家中所缺少的，只有仁义了。因此臣自作主张为您买了仁义回来。"孟尝君说："你怎么买仁义的？"冯谖答道："您封地只有小小薛地，不但不好好体恤薛地子民，反而像商人一样在他们身上获取利益。我私自假传您的命令，将所有的债款都赐给他们，并焚毁债券，百姓无不欢呼万岁。这就是臣替您买的仁义呀！"孟尝君不高兴，说："我知道了，先生休息吧。"

一年以后，齐王对孟尝君说："寡人不敢用先王的旧臣为臣。"孟尝君回封地薛，还差百里未到，当地百姓扶老携幼，在道旁迎接孟尝君。孟尝君回头对冯谖说："先生为我买的'义'，到今天看到了。"冯谖说："狡兔有三窟，才能得以免死。如今您只有一穴，还未能高枕无忧，臣愿替您再凿两穴。"孟尝君便给他五十乘车，五百斤金，冯谖西入大梁游说，对惠王说："齐国放逐了大臣孟尝君，诸侯谁先得到他，谁就能富国强兵。"于是魏王空出相位，让原来的相国做上将军，派出使节，以千斤黄金、百乘马车前去聘孟尝君。冯谖先赶回薛地对孟尝君说："千斤黄金是极贵重的聘礼，百乘马车是极隆重的礼节。齐国应该听说这件事了。”魏国使者跑了三趟，孟尝君坚决推辞不去。齐王听到这个消息，君臣恐惧，连忙派遣太傅带着一千斤黄金，两乘四马花车及宝剑一把，外附一封书信向孟尝君陪罪说：“都是寡人不审慎，遭受祖宗降下的神祸，沉溺于谄谀之臣，得罪了先生，寡人是不足以帮助的。但请先生顾念先王宗庙，暂且回国执掌政务。”冯谖劝孟尝君说：“希望您索取先王的祭器，在薛地建立宗庙。”宗庙落成，冯谖回报说：“三窟已成，您暂且可以高枕无忧享乐了。”

孟尝君为相几十年，没有细微的祸患，都是冯谖的谋划啊！

齐宣王见颜斶

齐宣王见颜斶，曰：“斶前！”斶亦曰：“王前！”宣王不悦。左右曰：“王，人君也。斶，人臣也。王曰‘斶前’，亦曰‘王前’，可乎？”斶对曰：“夫斶前为慕势，王前为趋士。与使斶为趋势，不如使王为趋士[①]。”王忿然作色曰：“王者贵乎？士贵乎？”对曰：“士贵耳，王者不贵。”王曰：“有说乎？”斶曰：“有。昔者秦攻齐，令曰：‘有敢去柳下季垄五十步而樵采者，死不赦。’令曰：‘有能得齐王头者，封万户侯，赐金千镒。’由是观之，生王之头，曾不若死士之垄也。”宣王默然不悦。

左右皆曰：“斶来，斶来！大王据千乘之地，而建千石钟，万石簴。天下之士仁义皆来役处；辩知并进，莫不来语；东西南北，莫敢不服。求万物［无］不备具[②]，而百［姓］无不亲附[③]。今夫士之高者，乃称匹夫，徒步而处农亩，下则鄙野、监门闾里。士之贱也，亦甚矣！”

斶对曰："不然。斶闻古大禹之时，诸侯万国。何则？德厚之道，得贵士之力也。故舜起农亩，出于野鄙，而为天子。及汤之时，诸侯三千。当今之世，南面称寡者，乃二十四。由此观之，非得失之策与？稍稍诛灭，灭亡无族之时，欲为监门闾里，安可得而有乎哉？是故《易传》不云乎：'居上位，未得其实，以喜其为名者，必以骄奢为行。据慢骄奢[④]，则凶从之。是故无其实而喜其名者削，无德而望其福者约，无功而受其禄者辱，祸必握[⑤]。'故曰：'矜功不立，虚愿不至。'此皆幸乐其名，华而无其实德者也。是以尧有九佐，舜有七友，禹有五丞，汤有三辅，自古及今而能虚成名于天下者，无有。是以君王无羞亟问，不愧下学；是故成其道德而扬功名于后世者，尧、舜、禹、汤、周文王是也。故曰：'无形者，形之君也。无端者，事之本也。'夫上见其原，下通其流，至圣人明学，何不吉之有哉！《老子》曰：'虽贵，必以贱为本；虽高，必以下为基。是以侯王称孤寡不谷。'是其贱之本非与？夫孤寡者，人之困贱下位也，而侯王以自谓，岂非下人而尊贵士与？夫尧传舜，舜传禹，周成王任周公旦，而世世称曰明主，是以明乎士之贵也。"

宣王曰："嗟乎！君子焉可侮哉，寡人自取病耳！及今闻君子之言，乃今闻细人之行，愿请受为弟子。且颜先生与寡人游，食必太牢，出必乘车，妻子衣服丽都[⑥]。"

颜斶辞去曰："夫玉生于山，制则破焉，非弗宝贵矣，然夫璞不完。士生乎鄙野，推选则禄焉，非不得尊遂也，然而形神不全。斶愿得归，晚食以当肉[⑦]，安步以当车，无罪以当贵，清静贞正以自虞[⑧]。制言者王也，尽忠直言者斶也。言要道已备矣，愿得赐归，安行而反臣之邑屋。"则再拜而辞去也。

斶知足矣，归反朴，则终身不辱也。

【注释】

①趋：亲近。②无：原无，据鲍本及郭人民说补。③姓：原无，据鲍本及郭人民说补。④据：通“倨”，傲慢。⑤握：《高士传》作“渥”，厚，重。⑥都：美。⑦晚食以当肉：晚吃肚饥而感到味美似吃肉。⑧虞：通“娱”，快乐。

【译文】

齐宣王召见齐人颜斶，说：“颜斶，上前来！”颜斶也说：“大王，上前来！”宣王很不高兴。宣王身边的人说：“大王是人君，颜斶你是人臣；大王说：‘颜斶，上前来！’你也说‘大王，上前来！’可以吗？”颜斶回答说：“我上前是趋炎附势，大王上前是礼贤下士；与其让我趋炎附势，不如让大王礼贤下士。”宣王怒容满面，说：“是王者尊贵，还是士人尊贵？”颜斶回答说：“士人尊贵，王者并不尊贵。”宣王说：“有这个说法吗？”颜斶说：“有。从前秦国进攻齐国，秦王下令说：‘有人敢在柳下季墓地五十步内砍柴的，处以死罪，绝不赦免。’又下令说：‘有人能砍下齐王的头的，受封万户侯，赐金二万两。’由此看来，活着的王者的头，还不如死去的士人的墓。”宣王听了，一声不吭，很不高兴。

宣王身边的人都说：“颜斶过来！过来！大王拥有万乘大国的土地，立有千石重的大钟，万石重的钟架；天下知仁行义的士人都来到齐国，为齐王服务；有口才有智谋的人都来了，莫不来到齐王前献言；四方诸侯，莫敢不服；齐王所要的东西，无不齐备；全国百姓，无不拥护。可现在，一般所谓高尚之士，不过称作匹夫，徒步而身处农村；等而下之，则在乡野，担任里巷的看门人。士人低贱呀，多么严重啊。”

颜斶回答说：“不对。我听说，古代大禹的时代，诸侯有万国。为什么会这样呢？是由于他们掌握了厚德的办法，得到了尊重士人的助力。所以舜帝出身于农民，发迹于穷乡僻壤，终成为天子。到了商汤时代，诸侯也有三千。当今之世，称孤道寡的才二十四家。由此看来，这难道不是由于‘得士’或‘失士’的策略造成的吗？如果诸侯渐渐被诛灭，到被诛灭的时候，才想要做个里巷的看门人，又怎么可能呢？所以，《易经》上不是这样说吗：‘高居上位的人，如果不重视上位的本质，只是喜欢标榜虚名，他们必然走入骄傲奢侈的歧途；傲慢奢侈，那么灾祸随之而来。所以没有其本质却只喜欢空名的，将日益削弱；没有好的德行却希望幸福的，必然处境困窘；没有建立功勋却享受俸禄的，会遭耻辱，祸患必然大。’所以说‘好大喜功的，必定不能建立功业；空说而不做的，终究不能实现愿望’。这都是爱虚名、好浮夸，华而不实的必然结果。所以尧有九佐，舜有七友，禹有五丞，汤有三辅。自古至今，仅凭虚空而修成功名于天下的，从未有过。所以国君不以多请教为耻辱，不应以向属下学习而感到惭愧。因此，修成很好的道德修养，而能传扬功名于后世的，尧、舜、禹、汤、周文王他们可以称得上。所以说：‘没有形象，是有形象的君主。没有起源，是事物的根本。’那些在上能窥见事物的本源，在下能通晓事物的流变，了解事物很透彻的最圣明的人，怎么会遭到不吉呢？《老子》说：‘即使贵，必以贱为根本；即使高，必以下为基础。所以，侯王自称孤、寡、不谷。’这不正是贵以贱为根本吗？所谓孤、寡，就是人们处于困窘、卑贱的地位。可是侯、王以此自称，难道不是侯、王谦居人下而尊重士人的证明吗？尧传位于舜，舜传位于禹，周成王任用周公旦，世世代代都赞扬他们为英明的君主。这正是因为他们深知士人的可贵。”

宣王说：“唉！君子怎么能侮辱呢？我实在是自讨没趣啊。至今我才了解到君子的话，现在我明白了不懂得尊重士人乃是小人的行为。希望您接受我作为学生吧。而且希望颜先生能与我交往，吃时必有美味，外出必可坐车，妻子儿女都会衣着华丽。”

颜斶辞谢而去，说：“那玉石生在深山中，经过加工破坏了它，其价值并非不宝贵，然而璞石却不完整了。士人生于偏僻乡野之地，经过推举选拔而享有禄位，他并非不尊贵显赫，可是他的形体、精神已不完备。我情愿回乡，晚吃肚饥而感到味美似吃肉，悠闲散步权当乘车，不犯王法，抵得上富贵，清静纯正，自得其乐。如今发号施令的，是大王您；而尽忠直言的是颜斶我。我的主要意见已经说了，希望您允许我回去，平平安安地回到我的家乡。”于是，他拜了两拜告辞而去。

颜斶可以说是知足的了，他保持自己的自然本色，就能终身不受侮辱。

先生王斗造门而欲见齐宣王

先生王斗造门而欲见齐宣主，宣王使谒者延入[①]。王斗曰："斗趋见王为好势，王趋见斗为好士，于王何如？"使者复还报。王曰："先生徐之，寡人请从。"宣王因趋而迎之于门，与入，曰："寡人奉先君之宗庙，守社稷，闻先生直言正谏不讳。"王斗对曰："王闻之过。斗生于乱世，事乱君，焉敢直言正谏。"宣王忿然作色，不说。

有间，王斗曰："昔先君桓公所好者，九合诸侯，一匡天下，天子受籍[②]，立为大伯。今王有四焉。"宣王说，曰："寡人愚陋，守齐国，唯恐失抎之[③]，焉能有四焉？"王斗曰："否。先君好马，王亦好马。先君好狗，王亦好狗。先君好酒，王亦好酒。先君好色，王亦好色。先君好士，是王不好士。"宣王曰："当今之世无士，寡人何好？"王斗曰："世无骐驎、騄耳，王驷已备矣。世无东郭俊、卢氏之狗，王之走狗已具矣。世无毛嫱、西施，王宫已充矣。王亦不好士也，何患无士？"王曰："寡人忧国爱民，固愿得士以治之。"王斗曰："王之忧国爱民，不若王爱尺縠也[④]。"王曰："何谓也？"王斗曰："王使人为冠，不使左右便辟而使工者，何也？为能之也。今王治齐，非左右便辟无使也，臣故曰不如爱尺縠也。"

宣王谢曰："寡人有罪国家。"于是举士五人任官，齐国大治。

【注释】

①延入：请进来。②受籍：即受胙，即赐爵位。③失抎（yǔn）：丧失，颠损，同义复词。④縠（hú）：有皱纹的纱。

【译文】

王斗先生登门造访，求见齐宣王。宣王吩咐侍者接进来。王斗说："我赶上前去见大王是趋炎附势，而大王主动来见我则是求贤礼士，不知大王怎样想？"侍者回报。宣王赶紧说："先生慢行，寡人亲自来迎接！"于是快步前去门口迎接，一起进来。宣王说："寡人不才，有幸得以事奉先王宗庙，守护社稷，听说先生能直言进谏，无所讳言。"王斗回答说："大王听错了。我生于乱世，事奉昏君，怎么能直言进谏。"宣王不禁忿然作色，心中不快。

过了一会儿，王斗说："先王桓公，有五样爱好，后来九合诸侯，匡扶周室，周天子赐给爵位，立他为诸侯之长。现在大王有四种爱好与先王相同。"宣王高兴了，谦称："寡人才识疏浅，守护国家，还担心有所闪失，又怎能有先王的四样爱好？"王斗说："当然有。先王好马，王也好马；先王好狗，王也好狗；先王好酒，王也好酒；先王好色，王也好色；先王好士，王却不是那样。"宣王勉强说："当今世上没有优秀的人才，寡人如何喜爱他们？"王斗说："当世没有骐驎、騄耳这样的骏马，是因为大王的马匹已经够多的了；当世没有东郭俊、卢氏那样的良犬，是因为大王的猎狗已经够多的了；当世没有毛嫱、西施一类的美女，是因为大王的后宫已经满了。大王只是不喜欢贤士而已，哪里是因为当世无贤士。"宣王说："寡人忧国忧民，本就盼望得到贤士治理齐国。"王斗进一步说："臣以为大王忧国忧民远不如爱惜一尺绉纱。"宣王问道："此话怎讲？"回答说："大王做帽子，不用身边的人而请能工巧匠，原因何在？是因为他们会做帽子。可是现在大王治理齐国，不问才德，非亲不用。所以我私下以为大王爱国家社稷还不如爱一尺绉纱。"

宣王顿悟，谢罪道："寡人于国有罪。"于是，选拔五位贤士任职，齐国因而大治。

齐王使使者问赵威后

齐王使使者问赵威后[①]。书未发[②]，威后问使者曰："岁亦无恙耶[③]？民亦无恙耶？王亦无恙耶？"使者不说[④]，曰："臣奉使使威后，今不问王，而先问岁与民，岂先贱而后尊贵者乎？"威后曰："不然。苟无岁，何以有民？苟无民，何以有君？故有问舍本而问末者耶[⑤]？"乃进而问之曰："齐有处士曰钟离子[⑥]，无恙耶？是其为人也，有粮者亦食，无粮者亦食；有衣者亦衣，无衣者亦衣[⑦]。是助王养其民也，何以至今不业也[⑧]？叶阳子无恙乎[⑨]？是其为人，哀鳏寡[⑩]，恤孤独[⑪]，振困穷[⑫]，补不足。是助王息其民者也[⑬]，何以至今不业也？北宫之女婴儿子无恙耶[⑭]？徹其环瑱[⑮]，至老不嫁，以养父母。是皆率民而出于孝情者也，胡为至今不朝也？此二士弗业，一女不朝，何以王齐国、子万民乎？於陵子仲尚存乎[⑯]？是其为人也，上不臣于王，下不治其家，中不索交诸侯。此率民而出于无用者，何为至今不杀乎？"

【注释】

①赵威后：赵惠文王后。惠文王卒，其子孝成王立，因年尚幼，暂且由威后执政。②书未发：书信还没有打开。发，启封，打开。③岁：指一年的农事收成。恙：忧，病。④说：同"悦"。⑤故：通"胡"，哪有。⑥处士：古称有才德而隐居不仕的人。钟离子：人名。钟离，复姓。⑦有衣者亦衣（yì），无衣者亦衣：有衣穿的人钟离子给他衣穿，没有衣穿的人，钟离子也给他衣穿。前一个衣，名词；后一个衣，读去声，作

动词用，给与衣服。⑧业：用作动词，成就功业。⑨叶阳子：齐国的处士。叶阳，复姓。⑩鳏：年老无妻的男子。寡：寡妇。⑪恤：体恤，救助。孤：年少无父。独：年老无子。⑫振：同“赈”，救济。⑬息：繁殖，养活。⑭北宫：复姓。婴儿子：姓北宫的女子名。⑮徹：撤除。瑱：美玉，玉饰。⑯於陵：齐邑名。在今山东。

【译文】

齐王派使臣去访问赵威后，威后还没有拆开齐王送来的信，便问使者说：“年成可好吗？百姓可好吗？大王可好吗？”使者不高兴，说：“我奉齐王的派遣，来拜见威后，现在您先不问大王，却先问年成和百姓，难道是先卑贱而后尊贵吗？”威后说：“不对，如果年成不好，怎么还会有百姓？如果没有百姓，怎么还会有国君？怎么有舍本而问末的道理呢？”于是她进一步问使臣说：“齐国有个处士叫钟离子，他可好吗？他为人，有粮食吃时他给别人粮食吃；没有粮食吃时，他也给别人粮食吃。有衣服穿时，他给别人衣服；没有衣服穿时，他也给别人衣服穿。这是帮助国君养活百姓啊！为什么至今还不重用他呢？叶阳子可好吗？他为人，疼爱鳏寡的人，供养孤独无依的人，救济穷困的人，补给不足的人。这是帮助国君让百姓活下去啊！为什么至今还不重用他呢？北宫的女儿婴儿子可好吗？她不修饰打扮自己，已经老了，也不出嫁，而在家奉养父母。她是为民表率，教大家都行孝道的人啊！为什么至今还不封婴儿子为命妇让她入朝呢？这两位贤士没受重用，一位孝女不给加封，齐王怎能统治齐国、做万民的父母啊？於陵仲子还活着吗？这个人为人，对上，不为国君服务；在下，也不治理其家庭；又不结交诸侯。这是带头要人们做一个对国家不负责任的人，齐王为什么至今还不杀掉他呢？”

齐人见田骈

齐人见田骈，曰："闻先生高议[①]，设为不宦[②]，而愿为役[③]。"田骈曰："子何闻之？"对曰："臣闻之邻人之女。"田骈曰："何谓也？"对曰："臣邻人之女，设为不嫁，行年三十而有七子，不嫁则不嫁，然嫁过毕矣。今先生设为不宦，訾养千钟[④]，徒百人，不宦则然矣，而富过毕也。"田子辞。

【注释】

①议：通"义"。②设为：立意为此。③役：为人差遣。④訾（zī）：同"资"，钱财。

【译文】

齐国有个人去拜见田骈，说："听说先生尊崇大义，立意不想做官，而愿为人差遣。"田骈说："您是从哪儿知道的？"回答说："我是从邻居的女儿那儿知道的。"田骈说："有什么说法？"回答说："我邻居的女儿，立意不想出嫁，三十岁却有七个儿子。不嫁固然是不嫁，可是比起出嫁的女子来，有过之而无不及。现在先生说不想做官，而俸禄千钟，门徒百人。不做官固然是不做官，可是富裕比起做官的人来，有过之而无不及。"田骈辞谢了齐人。

管燕得罪齐王

管燕得罪齐王，谓其左右曰："子孰而与我赴诸侯乎？"左右嘿然莫对。管燕连然流涕曰[①]："悲夫！士何其易得而难用也！"田需对曰："士三食不得餍[②]，而君鹅鹜有余食；下宫糅罗纨，曳绮縠，而士不得以为缘[③]。且财者君之所轻，死者士之所重。君不肯以所轻与士，而责士以所重事君，非士易得而难用也！"

【注释】

①连：同"涟"，流泪。②餍：饱。③缘：衣边。

【译文】

管燕得罪了齐王，便对他的左右亲近说："你们有谁同我往他国去吗？"左右亲近没有一个人回答。管燕难过得流下泪，说道："可悲啊！为什么士人容易得到却难以使用啊！"田需回答说："士人几天难得有一次吃饱，而您鹅鸭等美食还吃不完；您的后宫仆妾穿的都是绫罗绸缎，而士人想用它们做个衣饰的边儿都不行。而且财货是您所看轻的，死是士人所看重的。您不肯把您所看轻的财货给士人，却要求士人以他们所看重的死报答您，这不能说'士人容易得到却难以使用'啊！"

苏秦自燕之齐

苏秦自燕之齐，见于华章南门。齐王曰："嘻！子之来也。秦使魏冉致帝，子以为何如？"对曰："王之问臣也卒[①]，而患之所从生者微。今不听，是恨秦也[②]；听之，是恨天下也。不如听之以卒秦[③]，勿庸称也以为天下。秦称之，天下听之，王亦称之，先后之事帝名，为无伤也。秦称之，而天下不听，王因勿称，其于以收天下，此大资也。"

【注释】

①卒：通"猝"，突然。②恨：不听从。③卒秦：终成秦称帝之事。卒，终。

【译文】

苏秦从燕国来到齐国，齐王在华章宫南门迎接他。齐王说："啊！你来得正好。秦国派魏冉来，要我称东帝，您以为怎样？"苏秦说："您提出这个问题太突然了。不过，大凡祸患总是从小处产生的，不能不慎重考虑。如今不同意秦国的要求，将会与秦国发生矛盾；如果答应了秦国，将会与诸侯发生矛盾。您不如答应秦国以终成秦称帝之事，而又不马上对诸侯宣称帝号。秦国称帝，诸侯都同意，那么大王也称帝，立帝号虽有先后，这无伤大雅。如果秦国称帝，诸侯不同意，大王就不称帝，以此取信于诸侯，这样大有好处。"

苏秦谓齐王

苏秦谓齐王曰："齐、秦立为两帝，王以天下为尊秦乎？且尊齐乎？"王曰："尊秦。""释帝则天下爱齐乎？且爱秦乎？"王曰："爱齐而憎秦。""两帝立，约伐赵，孰与伐宋之利也？"［王曰："不如伐宋。"①］对曰："夫约然与秦为帝，而天下独尊秦而轻齐；齐释帝，则天下爱齐而憎秦；伐赵不如伐宋之利。故臣愿王明释帝，以就天下；倍约傧秦②，勿使争重；而王以其间举宋。夫有宋则卫之阳城危；有淮北则楚之东国危；有济西则赵之河东危；有（阴）［陶］、平陆则梁门不启③。故释帝而贰之以伐宋之事，则国重而名尊，燕、楚以形服④，天下不敢不听，此汤、武之举也。敬秦以为名，而后使天下憎之，此所谓以卑易尊者也！愿王之熟虑之也！"

【注释】

①王曰不如伐宋：原无，据姚宏、何建章等说补。②倍：同"背"，违背。傧：同"摈"，抛弃。③陶：原作"阴"，据吴师道、诸祖耿等说改。④以形服：因畏惧威力而臣服。形，犹"威"。

【译文】

苏秦对齐王说："齐国和秦国都建立了帝号，大王认为诸侯将尊重秦国还是尊重齐国呢？"齐王说："尊重秦国。"苏秦说："放弃帝号，那么诸侯是亲近齐国还是亲近秦国呢？"齐王说："亲近齐国而痛恨秦国。""齐、秦都建立帝号，结盟共同进攻赵国，这与进攻宋国，哪个更有利呢？"齐王说："不如进攻宋国有利。"苏秦说："相约与秦国都建立帝号，可是诸侯只尊重秦国而看轻齐国；齐国如果放弃帝号，那么诸侯将亲近齐国而痛恨秦国；进攻赵国不如进攻宋国有利。根据以上几点，我希望大王公开放弃帝号，以亲近诸侯；解除盟约，抛弃秦国，不与秦国争高下。大王可乘此时机灭掉宋国。占有了宋国，卫国的阳城就会危急；占有了淮北，楚国的东地就会危急；占有了济西，赵国的河东就会危急；占有了陶邑、平陆，魏国的门就不会开。所以，放弃帝号，不与秦合，而进攻宋国，那么齐国就可以举足轻重，而大王的名声可以尊显，燕国、楚国都会畏惧威力而臣服齐国，天下诸侯不敢不听从，这是商汤、周武王那样的功业啊！放弃帝号名义上是尊秦，实际上会使诸侯憎恶秦国，这就是所谓‘以卑易尊’的策略啊！希望大王深思熟虑吧。”

卷十二　齐五

苏秦说齐闵王

苏秦说齐闵王曰："臣闻用兵而喜先天下者忧，约结而喜主怨者孤[①]。夫后起者藉也，而远怨者时也[②]。是以圣人从事，必藉于权而务兴于时。夫权藉者，万物之率也；而时势者，百事之长也。故无权藉，倍时势，而能事成者寡矣。

"今虽干将、莫邪[③]，非得人力，则不能割刿矣[④]。坚箭利金，不得弦机之利，则不能远杀矣。矢非不铦[⑤]，而剑非不利也，何则？权藉不在焉。何以知其然也？昔者赵氏袭卫，车舍人不休（传）［傅］卫国[⑥]，城（割）［刚］平[⑦]，卫八门土而二门堕矣，此亡国之形也。卫君跣行，告溯于魏[⑧]。魏王身被甲底剑[⑨]，挑赵索战。邯郸之中骛[⑩]，河、山之间乱[⑪]。卫得是藉也，亦收余甲而北面，残刚平，堕中牟之郭[⑫]。卫非强于赵也，譬之卫矢而魏弦机也[⑬]，藉力魏而有河东之地[⑭]。赵氏惧，楚人救赵而伐魏，战于州西，出梁门，军舍林中，马饮于大河。赵得是藉也，亦袭魏之河北，烧棘沟，坠黄城。故刚平之残也，中牟之堕也，黄城之坠也，棘沟之烧也，此皆非赵、魏之欲也。然二国劝行之者，何也？卫明于时权之藉也。今世之为国者不然矣。兵弱而好敌强[⑮]，国罢而好众怨[⑯]，事败而好鞠之，兵弱而憎下人也，地狭而好敌大，事败而好长诈[17]。行此六者而求伯，则远矣。

“臣闻善为国者，顺民之意，而料兵之能，然后从于天下。故约不为人主怨，伐不为人挫强。如此，则兵不费，权不轻，地可广，欲可成也。昔者，齐之与韩、魏伐秦、楚也，战非甚疾也，分地又非多韩、魏也，然而天下独归咎于齐者，何也？以其为韩、魏主怨也。且天下遍用兵矣，齐、燕战，而赵氏兼中山，秦、楚战韩、魏不休，而宋、越专用其兵。此十国者，皆以相敌为意，而独举心于齐者[18]，何也？约而好主怨，伐而好挫强也。

“且夫强大之祸，常以王人为意也[19]；夫弱小之殃，常以谋人为利也。是以大国危，小国灭也。大国之计，莫若后起而重伐不义。夫后起之藉与多而兵劲[20]，则事以众强适罢寡也[21]，兵必立也。事不塞天下之心，则利必附矣。大国行此，则名号不攘而至，伯王不为而立矣。小国之情，莫如（仅）［谨］静而寡信诸侯[22]。（仅）［谨］静，则四邻不反；寡信诸侯，则天下不卖，外不卖，内不反，则摈祸朽腐而不用[23]，币帛矫蠹而不服矣。小国道此，则不祠而福矣，不贷而见足矣。故曰：‘祖仁者王[24]，立义者伯，用兵穷者亡。’何以知其然也？昔吴王夫差以强大为天下先，强袭郢而栖越[25]，身从诸侯之君，而卒身死国亡为天下戮者，何也？此夫差平居而谋王[26]，强大而喜先天下之祸也。昔者莱、莒好谋，陈、蔡好诈，莒恃越而灭，蔡恃晋而亡，此皆内长诈、外信诸侯之殃也。由此观之，则强弱大小之祸，可见于前事矣。

“语曰：‘骐骥之衰也，驽马先之；孟贲之倦也，女子胜之。’夫驽马、女子，筋骨力劲，非贤于骐骥、孟贲也。何则？后起之藉也。今天下之相与也不并灭，有而案兵而后起，寄怨而诛不直[27]，微用兵而寄于义，则亡天下可蹻足而须也[28]。明于诸侯之故，察于地形之理者，不约亲，不相质而固，不趋而疾，众事而不反[29]，交割而不相憎，俱强而加以亲。何则？形同忧而兵趋利也[30]。何以知其然也？昔者齐、燕战于桓之曲，燕不胜，十万之众尽。胡人袭燕楼烦数县，取其牛马。夫胡之与齐非素亲也，而用兵又非约质而谋燕也，然而甚于相趋者，何也？（何则）形同忧而兵趋役也[31]。由此观之，约于同形则利长，后起则诸侯可趋役也。

"故明主察相[32]，诚欲以伯王为志，则战攻非所先。战者，国之残也，而都县之费也[33]。残费已先，而能从诸侯者寡矣。彼战者之为残也，士闻战则输私财而富军市[34]，输饮食而待死士，令折辕而炊之[35]，杀牛而觞士，则是路君之道也[36]。中人祷祝，君翳酿[37]，通都小县置社[38]，有市之邑莫不止事而奉王[39]，则此虚中之计也。夫战之明日，尸死扶伤，虽若有功也，军出费，中哭泣，则伤主心矣。死者破家而葬，夷伤者空财而共药[40]，完者内酺而华乐[41]，故其费与死伤者钧[42]。故民之所费也，十年之田而不偿也。军之所出，矛戟折，镮弦绝，伤弩，破车，罢马，亡矢之大半。甲兵之具，官之所私出也，士大夫之所匿，厮养士之所窃[43]，十年之田而不偿也。天下有此再费者，而能从诸侯寡矣。攻城之费，百姓理襜蔽[44]，举冲橹[45]，家杂总[46]，身窟穴，中罢于刀金[47]。而士困于土功，将不释甲，期数而能拔城者为亟耳[48]。上倦于教，士断于兵，故三下城而能胜敌者寡矣。故曰：彼战攻者，非所先也。何以知其然也？昔智伯瑶攻范、中行氏，杀其君，灭其国，又西围晋阳，吞兼二国而忧一主[49]，此用兵之盛也。然而智伯卒身死国亡为天下笑者，何谓也？兵先战攻[50]，而灭二子患也。（日）［昔］者[51]，中山悉起而迎燕、赵，南战于长子，败赵氏；北战于中山，克燕军，杀其将。夫中山千乘之国也，而敌万乘之国二，再战（北）［比］胜[52]，此用兵之上节也。然而国遂亡，君臣于齐者，何也？不啬于战攻之患也。由此观之，则战攻之败，可见于前事。

“今世之所谓善用兵者，终战比胜，而守不可拔，天下称为善，一国得而保之，则非国之利也。臣闻战大胜者，其士多死而兵益弱；守而不可拔者，其百姓罢而城郭露。夫士死于外，民残于内，而城郭露于境，则非王之乐也。今夫鹄的非咎罪于人也[53]，便弓引弩而射之，中者则善，不中则愧，少长贵贱，则同心于贯之者，何也？恶其示人以难也。今穷战比胜，而守必不拔，则是非徒示人以难也，又且害人者也，然则天下仇之必矣。夫罢士露国[54]，而多与天下为仇，则明君不居也；素用强兵而弱之，则察相不事。彼明君察相者，则五兵不动而诸侯从[55]，辞让而重赂至矣[56]。故明君之攻战也，甲兵不出于军而敌国胜，冲橹不施而边城降，士民不知而王业至矣。彼明君之从事也，用财少，旷日远而为利长者。故曰：兵后起则诸侯可趋役也。

“臣之所闻，攻战之道非师者，虽有百万之军，比之堂上[57]；虽有阖闾、吴起之将，禽之户内；千丈之城，拔之尊俎之间[58]；百尺之冲[59]，折之衽席之上。故钟鼓竽瑟之音不绝，地可广而欲可成；和乐倡优侏儒之笑不（之）［乏］[60]，诸侯可同日而致也。故名配天地不为尊，利制海内不为厚。故夫善为王业者，在劳天下而自佚，乱天下而自安，诸侯无成谋，则其国无宿忧也。何以知其然？佚治在我[61]，劳乱在天下，则王之道也。锐兵来则拒之，患至则趋之，使诸侯无成谋，则其国无宿忧矣。何以知其然矣？昔者魏王拥土千里，带甲三十六万，其强而拔邯郸，西围定阳，又从十二诸侯朝天子，以西谋秦。秦王恐之，寝不安席，食不甘味，令于境内，尽堞中为战具[62]，竟为守备[63]，为死士置将，以待魏氏。卫鞅谋于秦王曰：‘夫魏氏其功大，而令行于天下，有十二诸侯而朝天子，其与必众。故以一秦而敌大魏，恐不如。王何不使臣见魏王，则臣请必北魏矣。’秦王许诺。卫鞅见魏王曰：‘大王之功大矣，令行于天下矣。今大王之所从十二诸侯，非宋、卫也，则邹、鲁、陈、蔡，此固大王之所以鞭箠使也[64]，不足以王天下。大王不若北取燕，东伐齐，则赵必从矣[65]；西取秦，南伐楚，则韩必从矣。大王有伐齐、楚心，而从天下之志，则王业见矣。大王不如先行王服[66]，然后图齐、楚。’魏王说于卫鞅之言也，故身广公宫，制丹衣柱，建九斿，从七星之旟。此天子之位也，而魏王处之。于是齐、楚怒，诸侯奔齐，齐人伐魏，杀其太子，覆其十万之军。魏王大恐，跣行按兵于国，而东次于齐，然后天下乃舍之。当是时，秦王垂拱受西河之外，而不以德魏王。故曰卫鞅之始与秦王计也，谋约不下席，言于尊俎之间，谋成于堂上，而魏将以禽于齐矣；冲橹未施，而西河之外入于秦矣。此臣之所谓比之堂上，禽将户内，拔城于尊俎之间，折冲席上者也。”

【注释】

①“臣闻用兵”句：用兵打仗喜欢出头露面者将有忧患，联盟约结伐人喜欢主盟构怨者就会受到孤立。这是该文的中心思想。②“夫后起者”句：这是承前所叙，从另一面立论，言后起者就会有资源凭借，远离怨恨便会得到时机。③干将、莫邪：均为宝剑名。《吕氏春秋》：“干将作剑不成，其妻断发剪爪，投于炉中，遂成。剑阳曰干将，阴曰莫邪。”④刿：切割。⑤铦（xiān）：锋利。⑥车舍人不休：车主不停息。车舍人，主车者。傅卫国：以兵附于卫国都下。傅，原作“传”，据王念孙说改。⑦刚平：卫国邑名。刚，原作“割”，据王念孙说改。⑧“卫君”句：卫君赤脚行走，向魏国报告求救。跣，赤脚，光着脚。溯，求。⑨底：通“砥”，磨砺。⑩骛：乱驰。⑪河、山：黄河、太行山。⑫“卫得”句：卫得借助这种力量，也收拾余部，北向进攻赵，击破刚平，摧毁了中牟

城。北面：指赵国。刚平：原为卫地，后属赵。中牟：在今河南汤阴县西。⑬卫矢而魏弦机：卫国就像箭矢，而魏国则像弓弦。⑭“藉力”句：借力于魏而拥有了河东之地。⑮敌强：与强者为敌。敌，动词，为敌。⑯国罢而好众怨：国家疲弱又喜欢与众人为敌。罢，通“疲”。⑰长：益，更加。⑱举心于齐：犹前所言归咎于齐。⑲王人：统治他人。王，动词，统治。⑳“后起”句：后起者依凭了更多的同盟因而兵力强大。㉑适：同“敌”。㉒谨：原作“仅”，据鲍本、黄丕烈等说改。㉓“摈祸”句：蓄积的财物朽坏了都用不上，绸帛变质了都来不及穿，指富庶。摈祸，一作“畜积”，疑是。㉔祖仁：崇尚仁德。㉕强袭郢而栖越：指吴国强行进攻楚国，占领越国。㉖平居而谋王：本来一般状态，却谋求称王称霸。㉗寄怨：让他人主征伐而得怨。寄，给他人。㉘亡天下可跼足而须：天下之亡不用伸一下脚就会到来。跼，不伸。须，等待。㉙众事：共事。㉚形同忧而兵趋利：形势让他们忧患相同而利益一致。㉛何则：鲍本无“何”字，何建章等认为二字衍。趋役：可趋从，可奴役。㉜明主察相：圣明之主，明察之相。㉝“战者”句：战争，让国家残破，让都县一级的财政亏空。费，动词，破费。㉞富军市：军中人聚，如市井之喧闹非常。㉟折辕：折断车辕。作为烧饭之用。㊱路君：言将君王之财置于道路，使国家财力受损。㊲翳酿：据孙诒让说，是古代一种去邪消灾的祭祷活动。酿，同“禳”。㊳置社：古行军于社中行赏罚，故置社。社，社庙。㊴“有市”句：市邑无不停下正常事务而奉王忙于战事。㊵共：同“供”，供奉。㊶完者内酺而华乐：未受伤者大吃大喝，奢华享乐一番。完者，生还未受伤者。㊷钧：同“均”，一样，相同。㊸厮养：旧时为人服役、地位低微的人。㊹襜蔽：泛指衣物。襜，衣遮前者，借代指衣物。㊺冲橹：战车。㊻家杂总：全家并作。㊼中罢于刀金：家中为兵器之费所困疲。㊽“期数”句：数月之期能攻下城池就算快的啦。亟，急，快。㊾二国：指范氏、中行氏。一主：指赵襄子。㊿兵先战攻：攻战进兵先于人。51昔：原作“日”，据鲍本改。52比：原作“北”，据鲍本改。比，依次。53鹄的非咎罪于人：箭靶子没有得罪人。鹄的，箭靶中心。54罢士露国：使士卒困疲，国财抛露于野。㊺五兵：指五种兵器，刀、剑、矛、戟、矢。㊻辞让而重赂至：言辞推让却有重宝献上。㊼比：败。㊽尊俎之间：指宴席之间。㊾冲：冲陷车。㊿乏：原作“之”，据鲍本等改。(61)佚治：安定。(62)堞：城上之矮墙，泛指城墙。(63)竟：同“境”。(64)所以鞭箠使：鞭箠驱使的对象。(65)从：征服，使动用法。(66)行王服：穿上王者之服。

【译文】

苏秦游说齐闵王说：“臣听说用兵打仗喜欢出头露面者将有忧患，联盟约结伐人喜欢主盟构怨就会受到孤立。后起者就会有资源凭借，远离怨恨便会得到时机。因此圣贤做事，必定借势而为，抓住时机。借势而为，为万物的关键；抓住时机，则是百事的关键。因此，不懂得借势而为、抓住时机之理，能成就大事的实在微乎其微。

“如今即使有干将、莫邪一类的宝剑，如果不施以人力，则不能破损毫发；而再坚硬的箭矢，如果不借助弓弩，也不能杀伤远处的敌人。箭并非不锐利，而剑并非钝而无力，那是什么缘故呢？只是由于少了借势而为。为什么这样说呢？过去赵人袭卫，车不停歇，一下子包围了卫国都城，在刚平筑土城加以控制。当时卫都八个城门都被堵塞，两个城门被摧毁，这是亡国的情形。卫国国君光着脚丫逃奔魏国求援。魏王亲自披甲磨剑，向赵国挑战。邯郸大乱，黄河与太行山之间也乱得不可收拾。卫国得到这个机会，也重整旗鼓，北向攻赵，夺取了刚平，攻下了赵邑中牟的外城。卫国并非比赵国强大，只是有了魏国的支持，譬如把卫比作箭，魏就好比机弩弓弦，从而借助魏国的力量而占有河东之地。这时赵国非常恐惧，楚国就救赵而讨伐魏国，双方在州西大打一仗，楚国穿越魏都大梁城门，驻军林中，而饮马黄河。赵人得到这个机会，也去攻打魏国河北之地，纵火焚烧棘沟，夺取黄城。所以毁刚平，破中牟，陷黄城，焚棘沟，这都不是赵国、魏国的本意，然而当初他们都那么卖劲地大干，为什么呢？这是因为卫国明白攻战决胜，须依时借势。当今执国施政的却不是这样。自己军队弱小却喜欢挑斗强敌；国家疲惫偏要触犯众怒；败局已定却仍然一意孤行；实力弱却不能屈志以居下位；地狭人少却与大国抗衡为敌；事情败露却不改诈伪之心。犯下这六种错误还想建立霸业，那离霸业越来越远了。

“臣听说善于治理国家的君主，应顺应民心，切实估计自己的兵力，然后才能纵横驰骋于天下。所以缔约时不以自己为主承担怨怒，作战时不替他人去抵抗强敌。这样就能保全自己的兵力以控制全局，而且可以实现拓展疆土的愿望。过去，齐王联结韩、魏两国讨伐秦、楚，作战并非特别卖力，分得土地又不比韩、魏多，可是天下唯独归咎于齐，为什么呢？是因为齐国率先倡导讨伐秦、楚，替人受怨。再说那时天下正烽烟四起，齐燕争斗，又有赵国图谋中山，秦、楚与韩、魏不断交锋，而宋、越专事攻伐。这十个国家，都相互争战，然而天下独怨恨齐国，为什么呢？因为在缔约时齐国喜欢做主，交战时喜欢攻打强敌的缘故。

“再说强国招致祸患，往往是因为一心想为人的首领；而弱国遭受灾殃，常常是由于一心想算计别人取得好处。所以，强国不免危殆，小国则不免覆灭。为大国所计，不如后发制人，坚决讨伐那些不讲道义的国家。后发制人能有所倚仗，盟国多而兵力强，从而形成以人多势强对付疲敝衰弱的有利局面，战争必能取得胜利。办事不违背天下人心，那么利益就随之而来。强国依此而为，名号自然不争而得，霸业也能袖手而成。至于小国的策略，则莫过于谨慎从事，不轻信诸侯。小心谨慎，四邻之国就没有借口寻仇犯境；不轻信，就不会被诸侯出卖。在外不被出卖，在内没有争斗，就会蓄积的财物朽坏了都用不上，绸帛变质了都来不及穿。小国若能如此，那么不用祈祷就能享福，无须借贷自能富足。所以说：‘施行仁政可以称王，建树信义可以称霸，而穷兵黩武只会招致灭亡。’怎么知道必然这样呢？过去吴王夫差倚仗国大兵强，敢为天下先，攻击楚国，占据越国，成为诸侯的首领，最后却落得身死国亡为天下所耻笑的下场，为什么会这样呢？原因在于夫差平时总是想成为天下之主，倚仗国力强盛率先挑起战争。过去莱、莒两国喜欢施用阴谋，而陈、蔡两国则专行诈术，结果，莒国因倚仗越国而灭亡了，蔡国也因倚仗晋国而灭亡了。这都是对内使用诈术，对外轻信诸侯招来的横祸。由此看来，强弱大小所招致的祸患，可在历史上得到印证。

“常言道：‘千里马一旦衰弱，跑不过劣马；孟贲一旦力乏，打不过女子。’劣马、女子的筋骨劲力，远远比不上千里马和孟贲，但为何会这样呢？

这是因为后发制人，有所凭借。如今，天下诸侯相互对峙而谁也不能灭掉谁，如果哪个国家能够按兵不动，后发制人，同时善于转嫁仇怨，隐去用兵的真实意图，假借正义之名以伐无道，那么取得天下便能举足可待。掌握诸侯的国情，明察天下的地理形势，不结盟，不互相留人质以巩固关系，不急躁冒进，一起共事而不违背，一起受害而不相互埋怨，彼此都强大了而越发亲近。为何要这样呢？在于形势令他们忧患相同、利益一致。为什么知道必然如此呢？过去，齐、燕两国在桓曲交战，燕兵败北，十万兵众匹马无归。胡人乘势袭击燕国楼烦等地，掳掠牛马。那胡人与齐国，非亲非故，又没有订立什么盟约，却比订立盟约的还配合得好，什么原因呢？就是因为形势令他们忧患相同、利益一致！由此可见，联合形势相同的国家就可以最大限度地获利，后发制人就可使诸侯归附我并为我役使。

“所以英明的君主和有远见卓识的相国，假如想有称王称霸的志向，那么就不要把使用武力摆在首位。战争，让国家残破，让都县一级的财政亏空。国家的元气已先遭到损耗，而能让诸侯听从的则很少。战争的损耗是显而易见的。士人听说将有战事，便捐献私财以充军用，而商人就运送酒肉粮食以犒劳战士，长官让人拆下车辕当柴烧，杀牛设宴款待军兵。其实这些都是有害国家的做法。国中人为士兵祈祷，君王设祭，大城小县都设有神庙，凡有市场的城邑无不停业为战争服役，其实这是虚耗国力的做法。决战之后第二天，陈尸满地，人们忙于救伤，即使将士立功，国家取胜，而资财损耗之多，国人痛哭之惨，也足以令国君忧心。有阵亡的为安葬而倾尽家财，有负伤的也耗尽积蓄以求医问药，侥幸未受伤者大摆筵席以示庆贺，所花费的与有死伤的家庭一样。所以战争使人民耗费的钱帛，十年耕种所得的收获也不能补偿。大军出动，矛戟折了，弓弩断坏，车子破了，马儿劳累，弓箭损失大半；军队的装备，是政府所出，被士大夫或服役者盗窃藏匿所造成的损失，也是十年耕种无法补偿的。国家有这两笔耗费，而能让诸侯听从的则很少。攻城拔地所耗费的，百姓要替士兵缝补破烂的战衣，运输攻城的战车，全家出动做杂役，挖掘地道，家中为兵器之费所累，而士兵为挖地而疲惫，将军日夜督战，无暇解开铠甲休息，数月之期能攻下城池就算快的了。上面督促至疲倦不堪，士兵截断了兵器，所以连下三城而能再战胜敌人的很少。

因此说，明君贤相图谋天下，并不把使用武力放在首位。何以知道这样呢？过去，智伯攻打范、中行氏，杀其君，灭其国，又麾兵西向，围攻晋阳，吞并两国，又逼得赵襄子走投无路，兵威可谓盛极一时。然而后来智伯却落得身死国亡，为天下人所耻笑的下场，这是什么缘故呢？是由于智伯攻战进兵先于人，而灭亡之祸威胁到韩、魏二君的缘故。从前，中山国调动全国之兵，迎击燕、赵两国，向南战于长子，打败赵兵；向北战于中山，打败燕军，并杀其将。那中山，是个千乘小国，与两个万乘大的强国同时为敌，连战连捷，成为用兵的典范。然而这样善战之国终不免灭亡，以致国君奔齐为臣，原因何在？是因为不考虑战争的祸患而不断地发动战争。由此看来，战争的弊端，可见于以前的事例。

“如今称得上善于用兵的人，屡战屡胜，其防守坚不可拔，天下人给予高度颂扬。如果举国上下莫不倚仗保护，那就对国家不利。臣听说战争取得大捷，士卒伤亡惨重则军队力量受到削弱；其防守坚不可拔，则百姓疲惫不堪，而城郭也会破败。士兵死于外，百姓疲于内，而城郭破败，那么国君是不会高兴的。好比箭靶没有得罪人，可是人人都会以强弓硬弩来射它，射中的就高兴，没有射中的则会愧惭，无论老少尊卑，都一样以射中为快。原因何在？是人们厌恶让人看出自己射箭不行。现在有的国家穷兵黩武，连连取胜，而其防守不可攻拔，这不仅仅是示人以难，同时还妨害别国，那么天下诸侯仇视他是必然的了。像这样既劳累百姓、损耗国家，又与天下诸侯结仇之事，圣明的国君是不会干的。一直用强兵而使国家削弱，明察的宰相也不会做的。明君贤相，总是力求刀兵不动而诸侯臣服，以谦恭辞让来获得更多的财货土地。因为明君对待战事，不动刀兵就能战胜敌国，不用武力就让边城投降，别人尚未察觉而王业就可完成。明君办事，财力耗费少，有远谋而取得永久的利益。所以说，后发制人可令诸侯归附并听我驱使。

“据臣所知，战争之道不在军队人数多少，即使有百万敌军，也能败之于朝堂之上；即使遭遇阖闾、吴起那样的将帅，也能擒获于帷幄之中；虽然有千丈的城池，也可以在酒席之间攻下它；虽然有百尺高的战车，也可以在坐卧之间摧毁它。所以，丝管之声在朝堂不绝于耳，国土已经扩张而欲望已可实现；和着优伶和侏儒欢笑歌舞不停，可令诸侯同日前来臣服。如此的君王，名号与天地相等不算高贵，政权能控制四海也不算巨大。因此，善于开创王业的君主，在于能使诸侯劳顿而自己闲逸，使天下诸侯混乱而本国安宁，诸侯没有长远策略，则其国就不必一直担忧。何以知道必然如此呢？安逸与大治在我方，而劳顿与混乱在他国，这就是王霸之道。强锐之师来了则抗拒他，祸患来了则救助他，使诸侯没有长远策略，则其国就不必一直担忧。何以知道必然如此呢？过去魏惠王拥有领土上千里，甲士三十六万，倚仗强大而攻取邯郸，西围定阳，又使十二家诸侯随从朝拜周天子，为西向图谋秦国作准备。秦孝公为此忧心忡忡，寝食难安，食不甘味，动员全国，修缮城墙和战守器具，境内严加防守，同时招募死士，任命将领，以待魏国。卫鞅向秦孝公献计说：'魏王匡扶周室之功大，号令得以施行天下，既能使十二家诸侯随从朝见天子，其参与攻秦的必然多。所以以一个秦国，与强大的魏国争锋竞胜，恐怕不行。大王为何不派我去见魏王，臣有把握挫败魏国。'秦王答应了他的请求，卫鞅往见魏惠王，说道：'大王功劳真大，而能号令天下。可如今大王率领十二家诸侯，不是宋、卫，就是邹、鲁、陈、蔡，这些国家大王确实可以随意驱使，然而就凭这些国家还不足以称王天下。大王不如北攻燕国，东伐齐国，那么赵国自会服从；再西向攻秦，南伐楚国，那么韩国自会望风而服。大王有讨伐齐、楚的心愿，且有征服天下诸侯的心，那么王霸之业就显现了。大王不如先穿上天子衣冠，然后再对付齐、楚。'魏惠王听了卫鞅的话十分高兴，便依天子体制，大建宫室，用丹帛做柱衣，建九旒、七星之旗。这是天子的地位，而魏王越礼做了。于是齐、楚两国君主大为激愤，而各路诸侯也都投到齐国。齐人伐魏，杀掉了魏太子申，歼师十万。魏惠王震恐，急忙收兵于国，又向东臣服于齐，然后诸侯们这才放了魏国。在那个时候，秦孝公毫不费力取得魏国的西河地区，而且对惠王毫不感谢。所以说卫鞅当初与孝公商议对策的时候，计谋约定于座席之上，策划于酒席之间，计谋成功于朝堂之上，而魏国大将庞涓已为齐所擒，战车等未动而西河以外的地方已为秦所有。这就是臣所讲的败敌于朝堂之上，擒获敌将于帷幄之中，在酒席之间攻下敌城，在坐卧之间摧毁敌人战车。"

卷十三　齐六

齐负郭之民有（孤）狐咺者

齐负郭之民有（孤）狐咺者[①]，正议闵王[②]，斮之檀衢，百姓不附。齐孙室子陈举直言，杀之东闾，宗族离心。司马穰苴为政者也，杀之，大臣不亲。以故燕举兵，使昌国君将而击之。齐使（向）[触]子将而应之[③]。齐军破，（向）[触]子以舆一乘亡。达子收余卒，复振，与燕战，求所以偿者，闵王不肯与，军破走。

王奔莒，淖齿数之曰："夫千乘、博昌之间，方数百里，雨血沾衣，王知之乎？"王曰："不知。""嬴、博之间，地坼至泉，王知之乎？"王曰："不知。""人有当阙而哭者，求之则不得，去之则闻其声，王知之乎？"王曰："不知。"淖齿曰："天雨血沾衣者，天以告也；地坼至泉者，地以告也；人有当阙而哭者，人以告也。天地人皆以告矣，而王不知戒焉，何得无诛乎？"于是杀闵王于鼓里。

太子乃解衣免服，逃太史之家为溉园。君王后，太史氏女，知其贵人，善事之。田单以即墨之城破亡余卒，破燕兵，绐骑劫[④]，遂以复齐，遽迎太子于莒[⑤]，立之以为王。襄王即位，君王后以为后，生齐王建。

【注释】

①孤：吴师道说“因狐字误衍”，据删。②正议：直言批评。下文“直言”义同。③触：原作“向”，据《吕氏春秋》及金正炜等说改，下同。④绐（dài）：欺哄，诳骗。⑤遽（jù）：传车，即驿车。

【译文】

齐都临淄有个叫狐咺的人背靠城墙而居，他直言批评闵王过失，被闵王斩于檀衢刑场，而百姓心中不服；齐国公族宗室之子陈举，因对国事直言批评，被闵王处死于东城门外，齐国宗族从此与闵王离心背德；司马穰苴执政素有美誉，也被诛杀，大臣们从此不再亲近闵王。此时，燕王趁机发兵，派昌国君乐毅率领进攻齐国，齐国派触子带兵应战，齐国大败，触子只剩下一乘车子逃跑了。齐将达子收拾残兵败将，重整旗鼓，与燕兵苦苦争战。达子要求闵王对勇赴国难的将士给予偿金，闵王不肯给，齐军再次败北。

闵王逃至莒城，齐国相国淖齿责怪闵王说：“那次在千乘与博昌之间方圆数百里的地方，天降血雨弄脏了人衣，此事大王可知？”闵王说：“不知。”“嬴、博之间，大地裂开涌出泉水，大王可知？”闵王说：“不知。”“有人在宫门前啼哭，去寻找则见不到人，走开却又听见声音，大王可知？”闵王还是说：“不知。”淖齿说：“天下血雨污衣，这是老天示警；地裂泉涌，这是大地示警；有人在宫门前哭泣，这是人事示警。天、地、人都作了警示，而你却不加警惕，又怎能不受天谴呢？”于是，在鼓里地方杀死闵王。

太子就解开衣服改换了服装，逃到太史家为庸浇灌园子。君王后，是太史氏之女，知道太子是贵人，就善待他。田单以即墨之城的残兵败将，打败燕军，诳骗骑劫，于是收复齐国，用驿车迎接太子于莒，立太子为王。齐襄王即位，就以君王后为后，王后生了齐王建。

燕攻齐，取七十余城

燕攻齐，取七十余城，唯莒、即墨不下。齐田单以即墨破燕，杀骑劫。初，燕将攻下聊城，人或谗之。燕将惧诛，遂保守聊城[①]，不敢归。田单攻之岁余，士卒多死，而聊城不下。

鲁连乃书，约之矢[②]，以射城中，遗燕将曰："吾闻之，智者不倍时而弃利，勇士不怯死而灭名，忠臣不先身而后君。今公行一朝之忿，不顾燕王之无臣，非忠也；杀身亡聊城，而威不信于齐[③]，非勇也；功废名灭，后世无称，非知也。故知者不再计，勇士不怯死。今死生荣辱，尊卑贵贱，此其一时也。愿公之详计而无与俗同也。

"且楚攻南阳，魏攻平陆，齐无南面之心，以为亡南阳之害，不若得济北之利[④]，故定计而坚守之。今秦人下兵，魏不敢东面，横秦之势合，则楚国之形危。且弃南阳，断右壤[⑤]，存济北，计必为之。今楚、魏交退，燕救不至，齐无天下之规，与聊城共据期年之弊，即臣见公之不能得也。齐必决之于聊城，公无再计。彼燕国大乱，君臣过计[⑥]，上下迷惑，栗腹以百万之众，五折于外，万乘之国，被围于赵，壤削主困，为天下戮，公闻之乎？今燕王方寒心独立，大臣不足恃，国弊祸多，民心无所归。今公又以弊聊之民，距全齐之兵，期年不解，是墨翟之守也；食人炊骨，士无反北之心[⑦]，是孙膑、吴起之兵也。能以见于天下矣。故为公计者，不如罢兵休士，全车甲，归报燕王，燕王必喜。士民见公如见父母，交游攘臂而议于世，功业可明矣。上辅孤主，以制群臣；下养百姓，以资说士。矫国革俗于天下[⑧]，功名可立也。意者亦捐燕弃世，东游于齐乎？请裂地定封，富比陶、卫，世世称孤寡，与齐久存，此亦一计也。二者显名厚实也，愿公熟计而审处一也。

“且吾闻，效小节者不能行大威，恶小耻者不能立荣名。昔管仲射桓公中钩，篡也；遗公子纠而不能死，怯也；束缚桎梏，辱身也。此三行者，乡里不通也，世主不臣也。使管仲终穷抑幽囚而不出，惭耻而不见，穷年没寿，不免为辱人贱行矣。然而管子并三行之过，据齐国之政，一匡天下，九合诸侯，为五伯首，名高天下，光照邻国。曹沫为鲁君将，三战三北，而丧地千里。使曹子之足不离陈[⑨]，计不顾后，出必死而不生，则不免为败军禽将。曹子以败军禽将，非勇也；功废名灭，后世无称，非知也。故去三北之耻，退而与鲁君计也，曹子以为遭。齐桓公有天下，朝诸侯。曹子以一剑之任，劫桓公于坛位之上，颜色不变，而辞气不悖。三战之所丧，一朝而反之，天下震动惊骇，威信吴、楚，传名后世。若此二公者，非不能行小节、死小耻也，以为杀身绝世，功名不立，非知也。故去忿恚之心，而成终身之名；除感忿之耻，而立累世之功。故业与三王争流，名与天壤相敝也。公其图之！”

燕将曰：“敬闻命矣。”因罢兵到读而去[⑩]。故解齐国之围，救百姓之死，仲连之说也。

【注释】

①保：留守，固守。②约：束，捆绑。③信：同“伸”。④济北：指聊城。⑤右壤：指平陆。⑥过计：失策。⑦北：通“背”。⑧矫：矫正，这里引申为改革。革：改变。⑨陈：通“阵”，战阵，战场。⑩到读：即

"倒椟"，倒转弓套。

【译文】

燕国进攻齐国，夺得七十多座城，只有莒和即墨还未攻下。齐将田单就以即墨有限的残兵打败了燕国，杀了燕将骑劫。当初，燕国乐毅的部将攻下齐国的聊城，有人在燕王面前说他的坏话，燕将害怕被杀，便留守在聊城，不敢返回。田单进攻聊城一年多，士卒死亡过半，而聊城仍攻不下。

鲁仲连于是给燕将写了一封信，把信绑在箭杆上，射进城中。信上对燕将说："我听说，聪明的人不去做违背时势、不顾利益的事，勇敢的人不去做害怕死去而毁掉名誉的事，尽忠的臣子不先顾自己而后顾国君。现在您为了一时的激愤，不顾燕王失掉一位大臣，这不是尽忠；牺牲自己，毁了聊城，并没有在齐国表现出自己的威武，这不是勇敢；战功被废弃，名誉被毁灭，后世不称道，这不是聪明。所以，聪明的人不优柔寡断，勇敢的人不怯懦怕死。死、生、荣、辱、尊、卑、贵、贱这八个方面，得失、取舍的决定在此一时。希望您仔细考虑，切不可听取庸俗之见。

"况且楚国进攻齐国的南阳，魏国进攻齐国的平陆，齐国已无心南顾，认为失掉南阳的害处不如收回济北聊城的好处大，所以决计要收回聊城。现在秦国出兵援助齐国，魏国不敢东攻齐国的平陆，这样，齐、秦连横之势已成，楚国形势就危急。再说，齐国放弃南阳，丢掉平陆，一心要保住聊城，他必定要尽一切力量实现这一计划。现在楚、魏都已退兵，燕国不发援兵救助聊城，诸侯中没有一国要图谋齐国的，齐、燕在聊城已相持一年，双方都已疲惫，我认为您是无法抵御齐国的。齐国必然要在聊城决一胜负，您千万不要犹豫不决。现在燕国大乱，君臣失策，上下糊涂。燕将栗腹率百万之众，却屡战屡败，万乘的燕国，被赵国围困，国土削减，君主困窘，被诸侯耻笑，您可曾知道？现在，燕王正胆战心惊，孤立无援，大臣不可依靠，国家疲惫，祸患日多，民心散乱，无所归向。您又以残破的聊城与齐国大军对抗，整整一年不能解围，这只是和墨子一样地善于防守；现今战争已十分艰苦，以人为食，以人骨为柴，但士卒坚守，决无二心，这就像是孙膑、吴起训练的士卒。其能已为天下所明知。所以为您考虑，不如停战休兵，保全战车、甲胄，去回报燕王，燕王必定高兴。士民看见您将如见到父母，朋友会兴奋地夸奖您，您的功业可以显扬。您对上辅助孤立无援的国君，以控制群臣；对下养育百姓，以帮助游说之士。改革政治，移风易俗，功名便可以传闻于天下。或者，您也可抛弃燕国，不顾议论，到齐国。可请求分给你封地爵位，富有可以与陶朱公范蠡、子贡相比，世世代代为诸侯，与齐国共存亡，这也是一种打算。这两者，可以显扬名声，得到实惠，希望您仔细考虑，慎重地选择一种。

“而且我听说，计较细微末节的人，是做不出有威望的大事的；厌恶小的耻辱的人，是建立不起荣誉和美名的。从前，管仲射杀齐桓公，射中了桓公的带钩，这是篡逆；他不顾及公子纠而不殉难，这是怯懦；以后又戴上脚镣手铐，这是受辱。‘篡逆’‘怯懦’‘受辱’这三件事，老乡都嫌卑下而不与他交往，诸侯也不愿意要他为臣。如果管仲终身穷困抑郁，囚居而不出门，惭愧而不见人，那么，他这一辈子也不免只做一些丢人现眼、卑贱低下的事。可是管仲虽兼有这样三件错事，但仍然掌握齐国的政权，匡正天下，九合诸侯，并帮助齐桓公成为五霸之首，美名传扬于天下，光辉照耀于邻国。曹沫是鲁国的将军，三战三败，失地千里，如果曹沫当时不离开战场，不去考虑以后，出战只知拼死而不知求生，则不过做一个战败被擒的将领。曹沫当一个战败被擒的将领，这不是勇敢；功业废弃，名声泯灭，后世无人称道，这不是聪明。所以，曹沫不顾三战三败的耻辱，退而与鲁君合谋，曹沫认为有机可乘。齐桓公是诸侯之首，受诸侯朝拜，而曹沫只凭着一支宝剑，便在葵丘的会盟坛上挟持桓公，面不改色，义正辞严。三战三败所失的土地，一下子完全收复，天下震动惊骇，声威远及吴、楚，名声传于后世。像管仲、曹沫这两人，并不是不能遵行小节，为小耻而死，他们认为与世长辞，功名不立，这不是聪明。所以去掉怨恨之心，而成就终身之名；不顾隐微小耻，而建立千载功业。因此，其功业与禹、汤、文武三王争高下，名声与天地共存亡。希望您加以考虑！”

燕将说：“谨遵命！”于是休战撤军而去。所以，解除齐国之围，救民于水火的，是鲁仲连的这一番说辞。

燕攻齐，齐破

燕攻齐，齐破。闵王奔莒，淖齿杀闵王。田单守即墨之城，破燕兵，复齐墟。襄王为太子征。齐以破燕，田单之立疑[1]，齐国之众，皆以田单为自立也。襄王立，田单相之。

过菑水，有老人涉菑而寒，出不能行，坐于沙中。田单见其寒，欲使后车分衣，无可以分者，单解裘而衣之。襄王恶之，曰："田单之施，将欲以取我国乎？不早图，恐后之。"左右顾无人，岩下有贯珠者，襄王呼而问之曰："女闻吾言乎？"对曰："闻之。"王曰："女以为何若？"对曰："王不如因以为己善。王嘉单之善，下令曰：'寡人忧民之饥也，单收而食之；寡人忧民之寒也，单解裘而衣之；寡人忧劳百姓，而单亦忧之，称寡人之意。'单有是善而王嘉之，善单之善，亦王之善已。"王曰："善。"乃赐单牛酒，嘉其行。

后数日，贯珠者复见王曰："王至朝日，宜召田单而揖之于庭，口劳之[2]。乃布令求百姓之饥寒者，收谷之[3]。"乃使人听于闾里，闻丈夫之相与语[4]，举曰[5]："田单之爱人！嗟，乃王之教泽也！"

【注释】

①田单之立疑：指田单对立太子为国君犹豫不决。②口劳：犒劳，慰劳。③收谷：收养。④相：下原有一空格，下文"举"字下原有四空格，鲍本不空，据黄丕烈等说删空格。⑤举：全，都。

【译文】

燕军攻齐，首都临淄被攻破。齐闵王逃到莒地，为淖齿所杀。田单死守即墨城，后来打败燕军，收复了国都临淄，襄王作为太子被接回。齐军打败燕军，田单对立襄王为国君犹豫不决，齐国的老百姓都怀疑田单要自立为王。后来田单立太子为襄王，自居相位。

有一天，田单路过淄水，看见一位老者赤足渡河冻坏了，无法再走，僵坐在岸边的沙土上。田单看见老者身体寒冷，想让随从分件衣服给他，但随从没有多余的衣服，田单就脱下自己的皮裘送给老者。齐襄王很是憎恶，说："田单这样用小恩小惠收买人心，莫非图谋我的国家？如果不先发制人，恐怕要落后了。"说完，左右看看没什么人，只是殿堂下有个穿珠人，襄王把他叫过来问道："你听到我说什么了吗？"穿珠者坦承："听到了。"襄王问道："你认为我该怎么做？"那人说："大王不如顺水推舟，把它变成自己的善行。您可以嘉奖田单的行为，发布诏令说：'寡人担心百姓挨饿，相国就收养并给他们食物；寡人担心百姓受冻，相国就解衣给他们穿；寡人为百姓操心，相国也满腹忧心。相国这样做，正合寡人心意。'田单既有这些优点，而大王又赞扬他，要知道赞扬田单的优点，也正是宣扬大王的圣德。"襄王叹道："好主意！"于是以牛酒犒劳田单，表扬了他的行为。

过了几天，穿珠人又去拜见襄王，进言说："来日百官上朝，大王特意召见田单，并在朝堂上加倍礼让尊敬，亲自表示慰问。然后下令调查饥寒交迫的百姓，给以赈济。"襄王做后，又派人到街头里巷打探民众的态度，听见老百姓都在谈论说："田单爱护百姓，这全是大王教导的恩泽啊！"

貂勃常恶田单

貂勃常恶田单，曰："安平君，小人也！"安平君闻之，故为酒而召貂勃，曰："单何以得罪于先生，故常见誉于朝？"貂勃曰："跖之狗吠尧，非贵跖而贱尧也，狗固吠非其主也。且今使公孙子贤而徐子不肖，然而使公孙子与徐子斗，徐子之狗，犹时攫公孙子之腓而噬之也[①]。若乃得去不肖者，而为贤者狗，岂特攫其腓而噬之耳哉！"安平君曰："敬闻命！"明日，任之于王。

王有所幸臣九人之属，欲伤安平君，相与语于王曰："燕之伐齐之时，楚王使将军将万人而佐齐。今国已定，而社稷已安矣，何不使使者谢于楚王？"王曰："左右孰可？"九人之属曰："貂勃可。"貂勃使楚，楚王受而觞之[②]，数日不反。九人之属相与语于王曰："夫一人身而牵留万乘者，岂不以据势也哉？且安平君之与王也，君臣无礼，而上下无别。且其志欲为不善。内牧百姓，循抚其心，振穷补不足，布德于民；外怀戎翟、天下之贤士，阴结诸侯之雄俊豪英，其志欲有为也。愿王之察之！"异日，而王曰："召相单来！"田单免冠徒跣肉袒而进，退而请死罪。五日，而王曰："子无罪于寡人，子为子之臣礼，吾为吾之王礼而已矣。"

貂勃从楚来，王觞诸前，酒酣，王曰："召相田单而来。"貂勃避席稽首曰："王恶得此亡国之言乎？王上者孰与周文王？"王曰："吾不若也。"貂勃曰："然。臣固知王不若也。下者孰与齐桓公？”王曰：“吾不若也。”貂勃曰：“然。臣固知王不若也。然则周文王得吕尚以为‘太公’，齐桓公得管夷吾以为‘仲父’，今王得安平君而独曰‘单’。且自天地之辟，民人之治，为人臣之功者，谁有厚于安平君者哉？而王曰：‘单、单。’恶得此亡国之言乎？且王不能守先王之社稷，燕人兴师而袭齐墟，王走而之城阳之山中，安平君以惴惴之即墨，三里之城，五里之郭，敝卒七千[③]，禽其司马，而反千里之齐，安平君之功也。当是时也，阖城阳而王（城阳）[④]，天下莫之能止。然而计之于道，归之于义，以为不可，故为栈道木阁[⑤]，而迎王与后于城阳山中，王乃得反，子临百姓。今国已定，民已安矣，王乃曰‘单’，且婴儿之计不为此。王不亟杀此九子者以谢安平君，不然，国危矣！”王乃杀九子而逐其家，益封安平君以夜邑万户。

【注释】

①攫：扑取。②觞：古代喝酒用的器物。这里指设酒宴招待。③敝卒：疲劳的士兵。④阖：吴师道引《春秋后语》作“舍”，今译文从之。城阳：据吴师道等说删后“城阳”二字。⑤栈道木阁：架木通路为栈道。

【译文】

齐人貂勃常说田单的坏话，他说：“安平君田单是个小人。”安平君听说后，特别备了宴席，请貂勃赴宴，田单说：“我有什么得罪了先生的，为什么先生常常在朝廷中跟我过不去啊！”貂勃说：“盗跖的狗向尧狂叫，并不是狗尊重盗跖，鄙视尧帝，狗本来是向不是他主人的人狂叫的。如果我说公孙子贤能，徐子无能，让他们互相争斗起来，徐子的狗还是会去抓公孙子的小腿肚子而咬他的。至于让那只狗离开无能的人，寻找贤能的人当它的主人，那岂止仅仅是咬小腿肚子呢？”安平君田单说：“谨从您的指教。”第二天，他上朝便向齐王推荐了貂勃。

齐王有九个宠爱的大臣，他们想毁谤安平君，就一同在齐王面前说：“燕国进攻齐国时，楚王派将军带一万大军援助齐国，现在国家已经安定，为什么不派使臣去酬谢楚王呢？”齐王说：“派谁去合适呢？”这九个宠臣说：“貂勃可以。”貂勃便出使楚国，楚王接待了他，并且设宴款待他，好几天过去没有回国。这九个宠臣又一同在齐王面前说：“貂勃这个普通的人，被万乘之君楚王挽留，这难道不是因为他仗着国内田单的势力吗？况且安平君对待大王，不遵守君臣之礼，没有上下之别，并且他内心是想要图谋不轨啊。对内笼络百姓，收买人心，救济穷人，补助困难户，给人民以小恩小惠；对外怀柔外族及天下的贤士，暗地里交结诸侯中的英雄豪杰，他的志向可不小啊！希望大王仔细审查。”某一天，齐王忽然下令：“召丞相田单来。”田单没有戴帽子，光着脚，赤着臂，惶恐地去请罪，退出时又请求死罪。五天以后，齐王说：“你对我没有罪，你还是遵你的臣子之礼，我还是行我的国君之礼好了！”

貂勃从楚国回到了齐国，齐王设宴款待他，当酒兴正浓时，齐王说：“去叫丞相田单也来。”貂勃离开坐席，行大礼参拜，说：“大王怎么说出这种亡国的话啊？大王跟周文王相比，怎么样？”齐王说：“我不如。”貂勃说：“是的，我本来就知道您不如。那么，往下跟齐桓公比又怎么样？”齐王说：“我不如。”貂勃说：“是的，我本来就知道您不如。那么，周文王得到了吕尚，尊他为‘太公’；齐桓公得到了管夷吾，尊他为‘仲父’；现在大王得到了安平君，为何偏偏叫他的名字‘单’。何况从开天辟地，有人类以来，做臣子的功劳，谁能胜过安平君呢？可是，大王竟然叫他的名字‘单、单’。大王怎么说出这种亡国的话啊？而且当初大王不能守住先王的国家，燕人出兵侵犯齐国，您逃到城阳的山中，安平君凭着危惧的即墨，区区的三里之城，五里之郭，以及疲惫的七千士兵，俘获了燕将司马，收复了齐国千里的失地，这都是安平君的功劳。在那时，如果他舍弃在城阳的大王而自立为王，天下谁都不能阻止他。可是。安平君完全从道义出发，认为不能这样做，所以架木通路修筑栈道，从城阳山中迎接了大王和王后，您这才能返回国都，治理国家。现在国家已经安定，您却直呼安平君的名字‘单’，就是小孩子也不会这样做的。大王还不赶快杀掉这九人以向安平君谢罪。不然的话，国家就危险了。”齐王于是杀掉这九个宠臣，驱逐他们的全家，又把夜邑万户之地加封给安平君。

田单将攻狄

田单将攻狄，往见鲁仲子。仲子曰："将军攻狄，不能下也。"田单曰："臣以五里之城，七里之郭，破亡余卒，破万乘之燕，复齐墟。攻狄而不下，何也?"上车弗谢而去。遂攻狄，三月而不克之也。

齐婴儿谣曰："大冠若箕，修剑拄颐①，攻狄不能，下垒枯丘②。"田单乃惧，问鲁仲子曰："先生谓单不能下狄，请闻其说。"鲁仲子曰："将军之在即墨，坐而织蒉③，立则丈插④，为士卒倡，曰：'可往矣！宗庙亡矣！云（曰）［白］尚矣！归于何党矣⑤！'当此之时，将军有死之心，而士卒无生之气，闻若言，莫不挥泣奋臂而欲战，此所以破燕也。当今将军东有夜邑之奉，西有菑上之虞⑥，黄金横带，而驰乎淄、渑之间，有生之乐，无死之心，所以不胜者也。"田单曰："单有心，先生志之矣。"

明日，乃厉气循城⑦，立于矢石之所（乃）［及］⑧，援枹鼓之，狄人乃下。

【注释】

①修：长。拄：支。②下垒枯丘：各本文字有不同，参王念孙说，从《说苑》"垒于梧丘"为解，指筑垒于梧丘之上。③蒉：盛土的草包。④丈插：同"杖插"，拿着挖土工具。⑤"可往"等句：到何处去呢?国家要亡了，魂不在身了，归向何处。可，通"何"。云白，即"魂魄"之省文。白，原作"曰"，据黄丕烈说改。尚，丧失。党，所。⑥虞：通

“娱”，娱乐。⑦厉气：勉励激奋士气。⑧及：原作“乃”，据姚注、金正炜等说改。及，至，到。

【译文】

田单将要进攻狄城，前去拜见鲁仲连。鲁仲连说：“将军进攻狄城，是不会攻下的。”田单说：“我曾以区区即墨五里之城，七里之郭，带领残兵败将，打败了万乘的燕国，收复齐国失地。为什么进攻狄城，就攻不下呢？”说罢，他登车没有辞别就走了。随后，他带兵进攻狄城，一连三月，却没有攻下。

齐国流传的童谣说：“高大官帽像簸箕，长长宝剑与腮齐，攻打狄城不能下，梧丘筑垒人生疑。”田单听了很担忧，便去问鲁仲连：“先生认为我攻不下狄城，请您讲讲原因吧。”鲁仲连说：“将军从前在即墨时，坐下去就编织草袋，站起来就舞动铁锹，身先士卒，号召他们说：‘到何处去呢？国家要亡了，魂魄不在身了，归向何处。’在那时，将军有决死之心，士卒无生还之心，听了您的号召，莫不挥泪振臂而奋勇求战。这就是当初您打败燕国的原因。现在，将军您东有夜邑封地的租税，西有淄水之上的游乐，金光闪闪的宝剑横挎腰间，驰骋在淄水、渑水之间，有贪生的欢乐，而无决死的信念。这就是您攻不下狄城的原因。”田单说：“我有决死之心，先生您就看着吧！”

第二天，他就激励士气，巡视城防，站在箭弩能射到的地方，擂鼓进军，狄城终于被攻下了。

齐闵王之遇杀

齐闵王之遇杀，其子法章变姓名，为莒太史家庸夫。太史敫女奇法章之状貌，以为非常人，怜而常窃衣食之，与私焉。莒中

及齐亡臣相聚，求闵王子，欲立之。法章乃自言于莒。共立法章为襄王。襄王立，以太史氏女为王后，生子建。太史敫曰：“女无（谋）［媒］而嫁者[①]，非吾种也，污吾世矣。”终身不睹。君王后贤，不以不睹之故失人子之礼也。

襄王卒，子建立为齐王。君王后事秦谨，与诸侯信，以故建立四十有余年不受兵。秦始皇尝使使者遗君王后玉连环，曰：“齐多知，而解此环不？”君王后以示群臣，群臣不知解。君王后引椎椎破之[②]，谢秦使曰：“谨以解矣。”及君王后病且卒，诫建曰：“群臣之可用者某。”建曰：“请书之。”君王后曰：“善。”取笔牍受言[③]。君王后曰：“老妇已亡矣[④]！”君王后死后，后胜相齐，多受秦间金玉，使宾客入秦，皆为变辞，劝王朝秦，不修攻战之备。

【注释】

①媒：原作“谋”，据鲍本、黄丕烈等说改。②椎：前一“椎”字为名词，槌子。后一“椎”字为动词，敲击。③牍：古时用以记录文字的簿。④亡：鲍本作“忘”，亡通忘，忘记。

【译文】

齐闵王被杀害后，他的儿子法章改名换姓，做了莒地一个姓太史人家的仆人。太史敫的女儿认为法章的相貌很奇特，认为他不是普通人，很怜爱他，而且常偷偷送给他衣服和食物，并和他私通。莒地的人以及逃亡的大臣聚在一起，寻找闵王的儿子，想立他为王。法章在莒地就自己说了身份，于是大家立他为襄王。襄王既立，便将太史敫的女儿立为王后，后来生子名建。王后的父亲太史敫说：“女儿没有通过媒人就出嫁，不是我家的后代，实在给我丢尽了脸。”便终生不见他的女儿。王后贤惠，不因父亲与她断绝关系而不顾父女应有的礼节。

齐襄王死后，他儿子建被立为齐王。王后对待秦国很谨慎，对待诸侯也很诚敬，所以在王后活着时齐王建在位四十多年，没有遇到战祸。秦始皇曾派使臣给王后一副玉连环，说：“齐国人都很聪明，但能解开这个玉连环吗？”王后把玉连环拿给群臣看，群臣没有人知道如何解开。王后拿起一把锤子把它敲破，告诉秦王的使者说：“已经解开了。”当王后病危快死时，她告诫齐王建说：“群臣中某某人可以任用。”齐王建说：“请把他们的名字写下来。”王后说：“好。”于是，齐王取笔和木简要她写下遗言。王后却说：“我已经忘记了。”王后死后，后胜担任齐的相国，接受了秦国间谍很多的金、玉，派去秦国的宾客，都说一些符合秦国利益的变诈之辞，他们劝齐王建朝拜秦国，不考虑备战的问题。

齐王建入朝于秦

齐王建入朝于秦，雍门司马前曰：“所为立王者，为社稷耶？为王立王耶[①]？”王曰：“为社稷。”司马曰：“为社稷立王，王何以去社稷而入秦？”齐王还车而反。

即墨大夫闻雍门司马谏而听之[②]，则以为可与为谋，即入见齐王曰：“齐地方数千里，带甲数百万。夫三晋大夫，皆不便秦，而在阿、鄄之间者百数，王收而与之百万之众，使收三晋之故地，即临晋之关可以入矣；鄢、郢大夫，不欲为秦，而在城南下者百数，王收而与之百万之师，使收楚故地，即武关可以入矣。如此，则齐威可立，秦国可亡。夫舍南面之称制，乃西面而事秦，为大王不取也。”齐王不听。

秦使陈驰诱齐王内之，约与五百里之地。齐王不听即墨大夫而听陈驰，遂入秦。处之共松柏之间[③]，饿而死。先是，齐为之歌曰：“松邪！柏邪！住建共者[④]，客耶！”

【注释】

①立王：疑与上文相涉而衍。②闻：听说。姚本作“与”，一本作“闻”，黄丕烈说作“以”。此从一本。③共：地名，共邑。④建：指齐王建。

【译文】

齐王建去秦国朝见秦王，齐都临淄西门的司马官挡在他的马前，说：“请问，我们是为国家立王呢？还是为大王您而立王呢？”齐王说：“为国家。”司马说：“既然为国家立王，那么，您为何要抛弃国家而去秦国呢？”齐王便掉转车头回宫去了。

即墨大夫听说临淄西门的司马官劝谏齐王，齐王又听从他的劝谏，以为可以与齐王共谋，于是进宫拜见齐王，说：“齐国土地方圆有数千里，大军数百万。赵、魏、韩三国的大夫们都不愿为秦国谋利，而在东阿、鄄城之间聚集了百数十人。大王如果与赵、魏、韩三国联合，就有百万之众，使之收复三国被秦国占领的失地，还可以攻进秦国东边的临晋关；楚国大夫也不愿意为秦国谋利，在我国南城之下聚集了百数十人，大王如果和楚国联合，又有百万大军，使之收复楚国被秦国占领的失地，还可以攻进秦国南边的武关。这样，齐国强大的威势就可以建立，还可以灭掉秦国。您舍弃称王的机会，却甘愿西向听命于秦，我认为大王这样做不可取。”齐王没有听从。

秦王派宾客陈驰诱使齐王入秦，相约给他以五百里土地。齐王不采纳即墨大夫的意见，却听从陈驰的诱骗，于是到了秦国。秦王把他安置在边远的共邑，居处在荒僻的松柏之间，齐王活活地饿死了。在这以前，齐国人作了一首歌谣：“松树啊！柏树啊！让齐王建死在共邑的，是多变的说客啊！”

卷十四　楚一

荆宣王问群臣

荆宣王问群臣曰："吾闻北方之畏昭奚恤也，果诚何如？"群臣莫对。江一对曰[①]："虎求百兽而食之，得狐。狐曰：'子无敢食我也[②]。天帝使我长百兽[③]，今子食我，是逆天帝命也。子以我为不信，吾为子先行，子随我后，观百兽之见我而敢不走乎？'虎以为然，故遂与之行。兽见之皆走。虎不知兽畏己而走也，以为畏狐也。今王之地方五千里，带甲百万，而专属之奚恤；故北方之畏奚恤也，其实畏王之甲兵也，犹百兽之畏虎也。"

【注释】

①江一：即江乙，又作"江尹"等。②敢：能，能够。③长百兽：为百兽之长。长，动词，做首领。

【译文】

楚宣王问群臣，说："我听说北方诸侯都害怕楚令尹昭奚恤，果真是这样的吗？"群臣无人回答。江乙回答说："老虎捕捉各种野兽来吃，捉到一只狐狸，狐狸对老虎说：'您不能吃我。上天派我做群兽的领袖，如果您吃掉我，这就违背了上天的命令。您如果不相信我的话，我在前面走，您跟在我的后面，看看群兽见了我，有哪一个敢不逃跑的呢？'老虎信以为真，就和狐狸同行。群兽见了它们，都纷纷逃跑，老虎不明白群兽是害怕自己才逃跑的，却以为是害怕狐狸。现在大王的国土方圆五千里，大军百万，却由昭奚恤独揽大权。所以，北方诸侯害怕昭奚恤，其实是害怕大王的军队，这就像群兽害怕老虎一样啊。”

江乙欲恶昭奚恤于楚

江乙欲恶昭奚恤于楚，谓楚王曰：“下比周[1]，则上危；下分争，则上安。王亦知之乎？愿王勿忘也。且人有好扬人之善者[2]，于王何如？”王曰：“此君子也，近之。”江乙曰：“有人好扬人之恶者，于王何如？”王曰：“此小人也，远之。”江乙曰：“然则且有子杀其父，臣弑其主者，而王终已不知者，何也？以王好闻人之美而恶闻人之恶也。”王曰：“善。寡人愿两闻之。”

【注释】

①比周：指亲近密切，结党营私。②扬人：背后赞扬人。

【译文】

江乙想在楚国诽谤楚令尹昭奚恤，他对楚王说：“大臣结党营私，国君的地位就危险；大臣钩心斗角，国君的地位就安稳。大王您也知道这一点吗？希望大王不要忘记这一点。有这样一个人，他喜欢说别人的好话，大王您认为这个人怎么样？”楚王说：“这是个君子，我要接近这种人。”江乙说：“有这样一个人，他喜欢说别人的坏话，大王您认为这个人怎么样？”楚王说：“这是个小人，我要远避这种人。”江乙说：“这么说来，有儿子杀死他父亲，大臣杀死他国君的，但大王终究不曾知道，这是为什么？因为您只喜欢听说别人的好话，而不喜欢听说别人的坏话！”楚王说：“好，我两方面的话都听。”

江乙说于安陵君

江乙说于安陵君曰："君无咫尺之（地）[功][①]，骨肉之亲，处尊位，受厚禄，一国之众，见君莫不敛衽而拜，抚委而服[②]，何以也？"曰："王过举而已。不然，无以至此。"

江乙曰："以财交者，财尽而交绝；以色交者，华落而爱渝。是以嬖女不敝席，宠臣不避轩[③]。今君擅楚国之势，而无以深自结于王，窃为君危之。"安陵君曰："然则奈何？""愿君必请从死，以身为殉。如是必长得重于楚国。"曰："谨受令。"

三年而弗言。江乙复见曰："臣所为君道，至今未效，君不用臣之计，臣请不敢复见矣。"安陵君曰："不敢忘先生之言，未得间也。"于是，楚王游于云梦，结驷千乘[④]，旌旗蔽日，野火之起也若云蜺，兕虎嗥之声若雷霆。有狂兕牂车依轮而至[⑤]，王亲引弓而射，壹发而殪[⑥]。王抽旃旄而抑兕首[⑦]，仰天而笑曰："乐矣，今日之游也！寡人万岁千秋之后，谁与乐此矣？"安陵君泣数行而进曰："臣入则编席，出则陪乘。大王万岁千秋之后，愿得以身试黄泉，蓐蝼蚁[⑧]，又何如得此乐而乐之！"王大说，乃封坛为安陵君。

君子闻之，曰："江乙可谓善谋，安陵君可谓知时矣。"

【注释】

①功：原作"地"，据鲍本改。②抚委：据何建章说，指端正帽子，表示恭敬。③避：或作"敝"。不敝轩，指轩未敝，时间不长之义。

④结：连结。⑤牂：趋行，急奔。⑥壹发：一射。殪：死。⑦旃旄：旗杆。兕：古时称兕为雌性犀牛。⑧蓐：席垫。

【译文】

江乙劝导安陵君，说："您对楚国没有丝毫的功劳，也没有骨肉之亲可以依靠，却身居高位，享受厚禄，人民见到您，无不整饰衣服，端正帽子，毕恭毕敬向您行礼的，这是为什么呢？"安陵君回答说："这不过是因为楚王错误地提拔我罢了；不然，我不可能到这种地步。"

江乙说："用金钱与别人结交，当金钱用完了，交情也就断绝了；用美色与别人交往，当美色衰退了，爱情也就改变了。所以，爱妾床上的席子还没有睡破，就被遗弃了；宠臣的马车还没有用坏，就被罢黜了。您现在独揽楚国的权势，可自己并没有能与楚王结成深交的东西，我为您非常担忧。"安陵君说："那可怎么办呢？"江乙说："希望您一定向楚王请求随他而死，亲自为他殉葬，这样，您在楚国必能长期受到尊重。"安陵君说："谨遵您的教导。"

三年以后，安陵君仍然没有说什么。江乙又拜见，说："我给您说的，到现在您也没有实行，您既然不采纳我的意见，我要求从此不再见您了。"安陵君说："我实在不敢忘记先生对我的教导，只因没有遇到好机会啊！"在这时，楚王要到云梦地区去游猎，车马成群结队，络绎不绝，五色旌旗遮蔽天日，野火烧起来，好像彩虹，犀牛老虎咆哮之声，好像雷霆。忽然一头犀牛像发了狂似的朝车轮横冲直撞过来，楚王拉弓搭箭，一箭便射死了犀牛。楚王随手拔起一根旗杆，按住犀牛的头，仰天大笑，说："今天的游览，实在太高兴了！我要是百年之后，又和谁能一道享受这种快乐呢？"安陵君泪流满面，上前对楚王说："我在宫内和大王挨席而坐，出外和大王同车而乘，大王百年之后，我愿随从而死，在黄泉之下也做大王的席垫，以免蝼蚁来侵扰您，又有什么比这更快乐的呢！"楚王听了大为高兴，就封他为安陵君。

君子听到了，就说："江乙真算是善于出谋划策，安陵君真算是善于利用时机啊。"

苏秦为赵合从，说楚威王

苏秦为赵合从，说楚威王曰："楚，天下之强国也。大王，天下之贤王也。楚地西有黔中、巫郡，东有夏州、海阳，南有洞庭、苍梧，北有汾陉之塞、郇阳。地方五千里，带甲百万，车千乘，骑万匹，粟支十年，此霸王之资也。夫以楚之强与大王之贤，天下莫能当也。今乃欲西面而事秦[1]，则诸侯莫不（南）［西］面而朝于章台之下矣[2]。秦之所害于天下莫如楚，楚强则秦弱，楚弱则秦强，此其势不两立。故为王至计，莫如从亲以孤秦[3]。大王不从亲，秦必起两军：一军出武关；一军下黔中。若此，则鄢、郢动矣。臣闻'治之其未乱，为之其未有'也[4]；患至而后忧之，则无及已。故愿大王之早计之。大王诚能听臣，臣请令山东之国奉四时之献，以承大王之明制，委社稷宗庙，练士厉兵，在大王之所用之。大王诚能听臣之愚计，则韩、魏、齐、燕、赵、卫之妙音美人，必充后宫矣。赵、代良马橐他[5]，必实于外厩[6]。故从合则楚王，横成则秦帝。今释霸王之业，而有事人之名，臣窃为大王不取也。夫秦，虎狼之国也，有吞天下之心。秦，天下之仇雠也[7]。横人皆欲割诸侯之地以事秦，此所谓养仇而奉雠者也。夫为人臣而割其主之地，以外交强虎狼之秦，以侵天下，卒有秦患，不顾其祸。夫外挟强秦之威，以内劫其主，以求割地，大逆不忠，无过此者。故从亲，则诸侯割地以事楚；横合，则楚割地以事秦。此两策者，相去远矣，有亿兆之数[8]。两者大王何居焉[9]？故弊邑赵王，使臣效愚计，奉明约，在大王命之。”

楚王曰：“寡人之国，西与秦接境，秦有举巴蜀、并汉中之心。秦，虎狼之国，不可亲也。而韩、魏迫于秦患，不可与深谋，恐反人以入于秦，故谋未发而国已危矣。寡人自料，以楚当秦，未见胜焉。内与群臣谋，不足恃也。寡人卧不安席，食不甘味，心摇摇如悬旌[10]，而无所终薄[11]。今君欲一天下，安诸侯，存危国，寡人谨奉社稷以从。”

【注释】

①今乃欲西面而事秦：现在竟然要面向西方而事奉秦国。秦在西部，故曰面向西方。乃，竟然。②西面：原作“南面”，据《史记》及鲍本等改。章台：秦国建筑，在咸阳。③从亲：即合纵，亲密结盟。④“治之”句：在动乱未出现前治理，在事情未发生前预备。⑤橐他：据说是产于匈奴的一种奇兽。他，一作“驼”。⑥外厩：马厩。⑦仇雠：仇人。大怨曰雠，雠同“仇”。⑧亿兆之数：本指数量大，这里形容差距大。⑨居:处，指选择。⑩悬旌：悬挂的旗帜，遇风则飘。旌，古代用牦牛尾或兼五采羽毛饰竿头的旗子，为旗帜的总称。⑪无所终薄：没有地方栖息，特指楚王内心不安。薄，同“泊”。

【译文】

苏秦为赵国组织合纵联盟，去游说楚威王，说：“楚国是天下的强国，大王是天下的贤王。楚国西有黔中、巫郡，东有夏州、海阳，南有洞庭、苍梧，北有汾陉要塞、郇阳，土地方圆五千里，大军百万，战车千辆，战马万匹，粮食可供十年，这是建立霸业的资本。凭楚国这样强大，大王这样贤能，真是天下无敌。现在竟然打算西向听命于秦国，那么诸侯无不西向入朝秦国的章台之下了。秦国最担忧的莫过于楚国，楚国强盛则秦国削弱，楚国衰弱则秦国强大，楚、秦两国势不两立。所以作为大王的上策，不如六国结成合纵联盟来孤立秦国。大王如果不组织六国合纵联盟，秦国必然会从两路进军，一路出武关，一路下黔中。这样，楚都鄢、郢必然会受震动。我听说：‘在动乱未出现前治理，在事情未发生前预备。’祸患临头，然后才去发愁，那就来不及了。所以，我希望大王及早谋划。您如能听取我的意见，我可以让山东各国奉上四时的贡品，遵行大王诏令，将国家、宗庙都托付楚国，还训练士兵，准备武器，任大王使用。大王真能听从我的计谋，那么，韩、魏、齐、燕、赵、卫各国的歌女、美人必定会充满您的后宫。越国、代郡的良马、骆驼一定会充满您的马厩。因此，合纵成功，楚国就可以称王；连横成功，秦国就会称帝。现在您放弃称王称霸的大业，反而落个‘侍奉别人’的名声，我私下认为大王的做法不可取。秦国是如虎似狼的国家，有吞并天下的野心。秦国是诸侯的仇敌，而主张连横的人都想以割让诸侯土地去讨好秦国，这实在是所谓‘奉养仇敌’的做法。作为人臣却要割自己国家的土地，交结强暴如虎狼的秦国，还去侵略诸侯，最终只会招来严重的祸患。至于对外依靠强秦的威势，对内胁迫自己的国君，以求割让土地，大逆不道、为国不忠，没有比这更严重的了。所以，合纵联盟成功，诸侯就会割地听从楚国；连横联盟成功，楚国就要割地听从秦国。合纵与连横这两种谋略，相差十万八千里。对这两种策略，大王到底选哪种呢？因此，敝国赵王特派我献此愚计，奉上盟约，任您决定。”

楚王说：“我的国家，西边与秦国相接，秦国有夺取巴蜀、吞并汉中的野心。秦国是如虎似狼的国家，不可亲近。而韩、魏两国迫于秦国的威胁，又不能深入谋划，如果和他们深谋，恐怕他们会以楚国谋反而入告于秦，因而计谋还没有付诸实行，楚国就会大祸临头。我自己考虑，单凭楚国来对抗秦国，未必能够取得胜利。对内与群臣谋划，也不足依靠，我寝食不安，心神不定，如悬挂的旗帜飘荡不止，终无所托。如今先生想要一统天下，安定诸侯，保存危亡之国，寡人敬献出国家，来听从吩咐。”

张仪为秦破从连横

张仪为秦破从连横，说楚王曰："秦地半天下，兵敌四国[1]，被山带河[2]，四塞以为固。虎贲之士百余万[3]，车千乘，骑万匹，粟如丘山。法令既明，士卒安难乐死[4]。主严以明，将知以武。虽无出兵甲[5]，席卷常山之险，折天下之脊，天下后服者先亡[6]。且夫为从者，无以异于驱群羊而攻猛虎也。夫虎之与羊，不格明矣[7]。今大王不与猛虎而与群羊，窃以为大王之计过矣。

"凡天下强国，非秦而楚，非楚而秦，两国敌侔交争，其势不两立。而大王不与秦，秦下甲兵，据宜阳，韩之上地不通[8]；下河东，取成皋，韩必入臣于秦。韩入臣，魏则从风而动。秦攻楚之西，韩、魏攻其北，社稷岂得无危哉？且夫约从者，聚群弱而攻至强也。夫以弱攻强，不料敌而轻战，国贫而骤举兵，此危亡之术也。臣闻之：'兵不如者，勿与挑战；粟不如者，勿与持久。'夫从人者，饰辩虚辞[9]，高主之节行，言其利而不言其害，卒有楚祸[10]，无及为已，是故愿大王之熟计之也。

"秦西有巴蜀，方船积粟[11]，起于汶山[12]。循江而下，至郢三千余里。舫船载卒，一舫载五十人，与三月之粮，下水而浮，一日行三百余里；里数虽多，不费马汗之劳，不至十日而距扞关[13]；扞关惊，则从竟陵已东，尽城守矣[14]，黔中、巫郡非王之有已。秦举甲出之武关，南面而攻，则北地绝。秦兵之攻楚也，危难在三月之内。而楚待诸侯之救，在半岁之外，此其势不相及也。夫恃弱国之救，而忘强秦之祸，此臣之所以为大王之患也[15]。且大王尝与吴人五战三胜而亡之，陈卒尽矣[16]；有偏守新城而居民苦矣[17]。臣闻之：'攻大者易危[18]，而民弊者怨于上。'夫守易危之功，而逆强秦之心，臣窃为大王危之。且夫秦之所以不出甲于函谷关十五年以攻诸侯者，阴谋有吞天下之心也。楚尝与秦构难，战于汉中。楚人不胜，通侯、执珪死者七十余人[19]，遂亡汉中。楚王大怒，兴师袭秦，战于蓝田，又却。此所谓两虎相搏者也。夫秦、楚相弊，而韩、魏以全制其后，计无过于此者矣，是故愿大王熟计之也。

"秦下兵攻卫、阳晋，必（开）[关] 扃天下之匈[20]，大王悉起兵以攻宋，不至数月而宋可举。举宋而东指，则泗上十二诸侯，尽王之有已。凡天下所信约从亲坚者苏秦，封为武安君而相燕，即阴与燕王谋破齐共分其地。乃佯有罪，出走入齐，齐王因受而相之。居二年而觉，齐王大怒，车裂苏秦于市。夫以一诈伪反覆之苏秦，而欲经营天下，混一诸侯，其不可成也亦明矣。今秦之与楚也，接境壤界，固形亲之国也[21]。大王诚能听臣，臣请秦太子入质于楚，楚太子入质于秦，请以秦女为大王箕帚之妾，效万家之都，以为汤沐之邑，长为昆弟之国，终身无相攻击。臣以为计无便于此者。故敝邑秦王使使臣献书大王之从车下风[22]，须以决事[23]。"

楚王曰："楚国僻陋，托东海之上。寡人年幼，不习国家之长计。今上客幸教以明制，寡人闻之，敬以国从。"乃遣使车百乘，献鸡骇之犀、夜光之璧于秦王。

【注释】

①四国：四方之国。②被山：以山为被，指四境有山险阻隔。带河：以河为带，指东边又绕着黄河。③虎贲之士：勇士。④安难乐死：即不

怕苦，不怕死，安于苦难，乐于献身。⑤虽：假令。无：同“毋”，语辞。⑥后服者先亡：后臣服的国家先灭亡。⑦格：敌，斗。⑧上地：即上党。⑨饰辩虚辞：夸饰其语，诡辩其言。⑩卒：通“猝”，突然。楚：盛，大。⑪方船：两舟相并。⑫汶山：即岷山。⑬扞关：古关名。故址在今湖北长阳西。也作捍关。⑭城守：修城而守之。⑮“此臣”句：两“之”字疑为衍文。⑯陈：即“阵”。⑰有：即“又”。⑱攻：当为“功”。⑲通侯：功德通于王室者。执珪：楚上爵名。⑳关：原作“开”，据鲍本及黄丕烈说改。匈：即“胸”。㉑形亲：按形势当亲近。㉒从车下风：谦词，献给你的车下风，表示不敢直接献给大王。㉓须：等待。

【译文】

张仪为秦国瓦解合纵联盟、组织连横阵线，游说楚王说：“秦国土地占有天下之半；武力可与四国抗衡；四境有山险阻隔，东边又绕着黄河，四边都有险要的屏障，国防巩固。还有勇士百多万人，战车千辆，战马万匹，粮食堆积如山，法令严明，士卒不怕苦，不怕死，安于苦难，乐于献身。国君严厉而又英明，将帅足智多谋而又勇武。假如秦国出兵，取得恒山的险隘，就像卷席那样轻而易举。这样，就控制了诸侯要害之地，天下后来臣服的人必然遭到灭亡。再说，搞合纵联盟的人，无异于驱赶群羊去进攻猛虎，弱羊敌不过猛虎，这是很明显的。现在大王不与猛虎友好，却与群羊为伍，我认为大王的主意完全错了。

“大凡天下的强国，不是秦国，就是楚国；不是楚国，就是秦国，两国不相上下，互相争夺，势不两立。如果大王不与秦国联合，秦国出兵杀将进来，占据宜阳，韩国的上党要道就被切断；他们进而出兵河东，占据成皋，韩国必然投降秦国。韩国投降秦国，魏国也必然跟着归顺秦国。这样，秦国进攻楚国的西边，韩、魏又进攻楚国的北边，楚国怎能没有危险呢？况且那合纵联盟，只不过是联合了一群弱国，去进攻最强的秦国。以弱国去进攻强国，不估量强敌而轻易交战，致使国家贫弱而又经常发动战争，这是危险的做法。我听说：‘兵力不如人，切勿挑战；粮食不如人，切勿持久。’那些主张合纵联盟的人，夸夸其谈，巧言辩说，赞扬人主的节操和品行，只谈好处而不谈祸害，一旦大祸临头，就无所措手足了，所以希望大王要深思熟虑。

“秦国西有巴、蜀，用船运粮，并船载粮，自汶山起锚，顺长江而下，到楚都有三千多里，并船运兵，一船载五十人，准备三个月的粮食，浮水而下，一日行三百多里，路程虽长，却不费汗马之劳，不到十天，就到达扞关，与楚军对峙；扞关为之惊动，因而自竟陵以东，只有守卫之力，黔中、巫郡都会不为大王所有了。秦国出兵武关，向南进攻，那么楚国的北部交通被切断。秦军攻打楚国，三个月之内形势将十分危急，而楚国等待诸侯的援军，要在半年之后，这种形势必然等不及援救。依靠弱国远水不解近渴的救援，忘记强秦迫在眉睫的祸患，这就是我为大王所担忧的。再说，大王曾与吴国交战五战三胜而败敌，兵卒已用尽，又远守新得之城，而住在那里的百姓深受其苦。我听说：‘功业大的人易遭危险，百姓穷困的易抱怨君上。’追求易受危难的功业，而违背强秦的意愿，我暗自为大王感到危险。至于秦国之所以十五年来不出兵函谷关进攻诸侯，是因为它有阴谋吞并诸侯的野心。楚国曾与秦国交战，战于汉中，楚国未取胜，通侯、执珪以上官爵死了的有七十多人，终究失掉了汉中。楚王于是大怒，出兵袭秦，战于蓝田，又遭失败。这就是所谓‘两虎相斗’啊！秦国和楚国互相削弱，韩、魏两国却保存实力，乘机进攻楚国的后方，出谋划策没有比这样再错误的了，所以希望大王要深思熟虑。

“秦国出兵进攻卫国及阳晋，必定卡住诸侯的交通要道，大王出动全部军队进攻宋国，不到数月，就可以占领宋国。若再继续东进，那泗上十二诸侯就全为大王所有了。在诸侯中倡导合纵联盟最坚定的苏秦，被封为武安君，而出任燕相，暗中与燕王合谋进攻齐国，瓜分齐国。他假装在燕国获罪，逃到齐国，齐王接纳了他，并任命他为相国。过了两年，齐王发觉他的阴谋，非常气愤，便车裂苏秦于集市中。依靠一贯诳骗欺诈、反复无常来求荣的苏秦，想要图谋左右天下，统一诸侯，这不可能成功，是很明显的了。现在，秦、楚两国接界，本来应是友好的国家。大王如能听从我的劝告，我可以让秦太子做楚国的人质，让楚太子做秦国的人质，让秦女做大王侍奉洒扫的小妾，并献出万户大邑，作为大王的汤沐邑，从此秦、楚两国永远结为兄弟之邦，永远互不侵犯。如果真是这样，我认为没有比这更有利于楚国的了。所以秦王派我出使贵国，呈献国书给您的车下风，敬候您的决定。”

楚王说：“楚国地处穷乡僻壤，靠近东海之滨。我年幼无知，不懂得国家的长远大计。现在承蒙贵宾英明的教导，我听从您的高见，谨率本国参加连横阵线。”于是他派出使车百辆，献给秦王骇鸡犀角、夜光的宝璧。

威王问于莫敖子华

威王问于莫敖子华曰：“自从先君文王以至不谷之身，亦有不为爵劝，不以禄勉，以忧社稷者乎？”莫敖子华对曰：“如华不足知之矣。”王曰：“不于大夫，无所闻之。”莫敖子华对曰：“君王将何问者也？彼有廉其爵，贫其身，以忧社稷者；有崇其爵，丰其禄，以忧社稷者；有断脰决腹[①]，壹瞑而万世不视，不知所益，以忧社稷者；有劳其身，愁其志，以忧社稷者；亦有不为爵劝，不为禄勉，以忧社稷者。”

王曰：“大夫此言，将何谓也？”莫敖子华对曰：“昔令尹子文，缁帛之衣以朝，鹿裘以处；未明而立于朝，日晦而归食；朝不谋夕，无一月之积。故彼廉其爵，贫其身，以忧社稷者，令尹子文是也。

“昔者叶公子高，身获于表薄，而财于柱国；定白公之祸，宁楚国之事，恢先君以掩方城之外，四封不侵，名不挫于诸侯。当此之时也，天下莫敢以兵南乡。叶公子高，食田六百畛。故彼崇其爵，丰其禄，以忧社稷者，叶公子高是也。

“昔者吴与楚战于柏举，两御之间夫卒交。莫敖大心抚其御之手，顾而大息曰：‘嗟乎子乎，楚国亡之日至矣！吾将深入吴军，若扑一人，若捽一人，以与大心者也，社稷其为庶几乎？’故断脰决腹，壹瞑而万世不视，不知所益，以忧社稷者，莫敖大心是也。

“昔者吴与楚战于柏举，三战入郢。寡君身出，大夫悉属，百姓离散。棼冒勃苏曰：‘吾被坚执锐，赴强敌而死，此犹一卒也，不若奔诸侯。’于是赢粮潜行，上峥山，逾深溪，蹠穿膝暴[②]，七日而薄秦王之朝。雀立不转[③]，昼吟宵哭。七日不得告，水浆无入口，瘨而殚闷，旄不知人。秦王闻而走之，冠带不相及，左奉其首，右濡其口，勃苏乃苏。秦王身问之：‘子孰谁也？’棼冒勃苏对曰：‘臣非异，楚使新造盩棼冒勃苏[④]。吴与楚人战于柏举，三战入郢，寡君身出，大夫悉属，百姓离散。使下臣来告亡，且求救。’秦王顾令不起：‘寡人闻之，万乘之君，得罪一士，社稷其危，今此之谓也。’遂出革车千乘，卒万人，属之子满与子虎。下塞以东，与吴人战于浊水而大败之，亦闻于遂浦。故劳其身，愁其思，以忧社稷者，棼冒勃苏是也。

“吴与楚战于柏举，三战入郢。君王身出，大夫悉属，百姓离散。蒙谷给斗于宫唐之上，舍斗奔郢，曰：‘若有孤，楚国社稷其庶几乎！’遂入大宫，负离次之典以浮于江，逃于云梦之中。昭王反郢，五官失法，百姓昏乱；蒙谷献典，五官得法，而百姓大治。此蒙谷之功多，与存国相若，封之执圭，田六百畛。蒙谷怒曰：‘谷非人臣，社稷之臣。苟社稷血食，余岂（悉）［患］无君乎[⑤]？’遂自弃于磨山之中，至今无冒。故不为爵劝，不为禄勉，以忧社稷者，蒙谷是也。”

王乃大息曰：“此古之人也。今之人焉能有之耶？”莫敖子华对曰：“昔者先君灵王好小要[⑥]，楚士约食，冯而能立，式而能

起[7]，食之可欲，忍而不入；死之可恶，然而不避。章闻之，其君好发者，其臣抉拾[8]。君王直不好，若君王诚好贤，此五臣者，皆可得而致之。”

【注释】

①脰：脖子。②蹠：脚掌。③雈：同“鹤”。④盭：同“戾”，罪。⑤患：原作“悉”，据鲍本等改。⑥小要：细腰。要，同“腰”。⑦式：同“轼”，用作动词，依靠。⑧抉拾：射箭用具，此处用作动词。

【译文】

楚威王问莫敖子华，说：“从先君文王到我这一代为止，是否有不追求爵位、不计较俸禄，却忧虑国家安危的人吗？”莫敖子华回答说：“像我这样的人不能知道这样的问题。”威王说：“如果不问您，我就无从知道。”莫敖子华回答说：“君王您问的是哪一类型的人呢？他们之中有居官廉洁、不求富贵，而忧虑国家安危的；有为了提高其爵位、增加其俸禄，而忧虑国家安危的；有不怕断头，不怕剖腹，视死如归，不顾个人利益，而忧虑国家安危的；有劳其筋骨，苦其心志，而忧虑国家安危的；也有既不追求爵位，又不追求俸禄，而忧虑国家安危的。”

威王说：“您这些话，说的都是谁呢？”莫敖子华回答说：“从前令尹子文上朝时，身穿朴素的黑丝绸长衫，在家时，穿着简朴的鹿皮衣。天不明就站在宫门口等候朝见；太阳落山，才回家吃饭。吃完早饭就顾不上晚饭，连一月的粮食也没有积存。所以，我说的那种居官廉洁、不求富贵而忧虑国家安危的人，就是令尹子文。

“从前楚国叶公子高，其貌不扬，而有栋梁之才；平定了白公之乱，使楚国得以安定，发扬了先君的遗德，影响到方城之外，四境诸侯都不敢来犯，使楚国的威名在诸侯中未受损伤。在这个时候，诸侯都不敢出兵南侵，叶公子高的封地有六百畛的土地。所以，我说的那种为了提高爵位，增加俸禄，而忧虑国家安危的人，就是叶公子高。

“从前，吴、楚两国在柏举交战，双方对垒，士卒已经短兵相接。莫敖大心拉着驾车兵士的手，望着他们叹息说：‘唉！唉！楚国亡国的日子就要到了，我要深入吴军，如果能打倒一个敌人，揪倒一个敌人，请助我一臂之力，我们楚国也许还有希望!'所以，我说的那种不怕断头，不怕剖腹，视死如归，不顾个人利益，而忧虑国家安危的人，就是莫敖大心。

"从前，吴、楚两国在柏举交战，吴军连攻三次，攻入楚都，楚君逃亡，大夫全跟随，百姓流离失所。棼冒勃苏说：'我如果身披铠甲手执武器与强敌作战，不幸战死，其作用也只像一个普通士卒而已，还不如向诸侯去求援。'于是，他背着干粮秘密出发，越过高山峻岭，渡过深水溪谷，脚掌磨破了，裤子破得露出了膝盖；走了七天，到了秦王的朝廷，踮着脚期望，希望得到秦王的帮助；日夜哭泣，希望得到秦王的同情。经过七昼夜，也未能面告秦王。他就这样，滴水不进，以致头昏眼花，气绝晕倒，不省人事。秦王知道后来不及系好衣帽就跑来看他，左手捧着他的头，右手给他灌水，勃苏才慢慢苏醒过来。秦王亲自问他：'你是什么人?'棼冒勃苏回答说：'我不是别人，是楚王派来的因不死于国难新获罪的棼冒勃苏。吴、越两国现在柏举交战，吴军连攻三次，进入楚都，楚君逃亡，大夫全跟随，百姓流离失所。敝国君王特派我来报告楚国面临亡国，并且请求援救。'秦王一再要他起身，他一直不起。秦王说：'我听说，万乘大国的君王，如果得罪了志士，国家就会危险，如今就是这样。'于是，秦王派出战车千辆，兵士万人，让公子满和公子虎带领，出边关向东挺进，与吴军战于浊水之上，大败吴军，又听说还在遂浦作战。所以，我说的那种劳其筋骨，苦其心志，而忧虑国家安危的人，就是棼冒勃苏。

"吴、楚两国在柏举交战，吴军连攻三次，攻入楚都，楚君逃亡，大夫全跟随，百姓流离失所，楚臣蒙谷在宫唐与吴军作战。这时蒙谷放弃作战奔向楚都，他说：'如果有孤子可以继位，楚国大概还有希望。'于是，他来到楚宫，背上楚国法律离次大典，乘船渡过长江，逃到云梦地区。以后楚昭王返回楚都，百官无法可依，百姓混乱；蒙谷献出了离次大典，百官便有法可依，百姓得以治理。相形之下，蒙谷的功劳大，直与保存楚国相当。于是，楚王封他为执圭的爵位，给他封田六百畛。蒙谷生气地说：'我不是人君的臣子，而是国家的臣子。只要国家平安无事，我难道会忧虑没有国君吗?'于是他隐居到磨山之中，至今他的后代无人做大官。所以，我说的那种既不追求爵位，也不追求俸禄，而忧虑国家安危的人，就是蒙谷啊！”

楚王叹息道：“这些都是古人，现在还有这样的人吗？”莫敖子华回答说：“从前，楚灵王喜欢细腰的女子，楚国的人便少吃饭，以致要扶着东西才能站立，依靠东西才能起身。吃饭是正常的欲望，但他们强忍着不吃；死亡是令人讨厌的，可人们却不加避免。我听说：‘如果国君喜好射箭，那大臣就会乐于学射箭。’大王您只是不喜好贤臣而已，如果真是喜好贤臣，上述这五种贤臣，都是可以招来的。”

卷十五　楚二

楚怀王拘张仪

楚怀王拘张仪[①]，将欲杀之。靳尚为仪谓楚王曰[②]：“拘张仪，秦王必怒。天下见楚之无秦也[③]，楚必轻矣。”又谓王之幸夫人郑袖曰[④]：“子亦自知且贱于王乎[⑤]？”郑袖曰：“何也？”尚曰：“张仪者，秦王之忠信有功臣也。今楚拘之，秦王欲出之。秦王有爱女而美，又简择宫中佳丽好玩习音者以欢从之[⑥]；资之金玉宝器，奉以上庸六县为汤沐邑[⑦]，欲因张仪内之楚王。楚王必爱，秦女依强秦以为重，挟宝地以为资，势为王妻以临于楚。王惑于虞乐[⑧]，必厚尊敬亲爱之而忘子，子益贱而日疏矣。”

郑袖曰：“愿委之于公，为之奈何？”曰：“子何不急言王，出张子。张子得出，德子无已时，秦女必不来，而秦必重子。子内擅楚之贵，外结秦之交，畜张子以为用[⑨]，子之子孙必为楚太子矣。此非布衣之利也。”郑袖遽说楚王出张子。

【注释】

①楚怀王拘张仪：楚怀王拘留张仪。楚怀王十六年，张仪游说怀王与齐国绝交，并佯称秦国愿献商於六百里土地给楚国，楚、齐绝交后，张仪却以六里相欺，怀王大怒，发兵攻秦，先后在丹阳、蓝田被秦国打得大败，怀王十八年，秦、楚讲和，张仪又为秦国出使楚国，怀王恼怒

张仪的欺骗，就拘留了他。②靳尚：楚怀王宠臣，与张仪有私交。③楚之无秦：犹言楚国失去了与秦国的邦交。④郑袖：亦称南后，楚怀王宠幸的夫人；一说，楚怀王宠幸的美人。⑤且贱于王：将被大王所轻视。且，将。⑥简择：选择。佳丽：美貌的女子。好玩：犹言善于游戏。习音者：娴于音乐的女子。以欢从之：犹言为了使她高兴而跟随她。⑦上庸：秦国县名，在今湖北竹山县西南。汤沐邑：指收取赋税的私邑。⑧虞：通"娱"。⑨畜：畜养，收留。

【译文】

楚怀王拘留张仪，准备杀了他。佞臣靳尚对怀王说："君王把张仪拘留下狱，秦王必定愤怒。天下诸侯见楚国失去了盟邦秦国，就会轻视楚国。"接着靳尚又对怀王的宠妃郑袖说："你可知道你马上要在君王面前失宠了吗？"郑袖说："为什么？"靳尚说："张仪是秦王有功之臣，现在楚国把他拘留下狱了，秦国想让楚国释放张仪。秦王有一个美丽的公主，同时又选择美貌善玩且懂音乐的宫女作陪嫁，为了使她高兴，此外秦王还陪嫁了各种金玉宝器，用上庸六县作为收取赋税的私邑，这次正想让张仪献给楚王。楚王必定喜爱秦国公主，而秦国公主也仰仗强秦来抬高自己身价，同时更以珠宝土地为资本，四处活动，她势必会立为君王的妻子而君临楚国。而君王沉迷于享乐，必然会大大地宠爱她而忘记你，你将越来越被轻视而遭疏远。"

郑袖说："一切拜托您办理，您说怎么办才好？"靳尚说："您为什么不赶快建议君王释放张仪。张仪如果能够获得释放，必然对您感激不尽，秦国的公主也就不会来了，那秦国必定会尊重您。您在国内有楚国的崇高地位，在国外结交秦国，并且留张仪供您驱使，你的子孙必然成为楚国太子。这绝对不是一般老百姓的利益。"郑袖立刻就去说服楚怀王放了张仪。

楚襄王为太子之时

楚襄王为太子之时，质于齐。怀王薨，太子辞于齐王而归。齐王隘之[①]：“予我东地五百里，乃归子。子不予我，不得归。”太子曰：“臣有傅，请追而问傅。”傅慎子曰：“献之地，所以为身也。爱地不送死父，不义。臣故曰献之便。”太子入，致命齐王曰：“敬献地五百里。”齐王归楚太子。

太子归，即位为王。齐使车五十乘，来取东地于楚。楚王告慎子曰：“齐使来求东地，为之奈何？”慎子曰：“王明日朝群臣，皆令献其计。”

上柱国子良入见。王曰：“寡人之得求反，王坟墓、复群臣、归社稷也，以东地五百里许齐。齐令使来求地，为之奈何？”子良曰：“王不可不与也。王身出玉声[②]，许强万乘之齐而不与，则不信，后不可以约结诸侯，请与而复攻之。与之信，攻之武。臣故曰与之。”

子良出，昭常入见。王曰：“齐使来求东地五百里，为之奈何？”昭常曰：“不可与也。万乘者，以地大为万乘。今去东地五百里，是去战国之半也，有万乘之号，而无千乘之用也，不可。臣故曰勿与。常请守之。”

昭常出，景鲤入见。王曰：“齐使来求东地五百里，为之奈何？”景鲤曰：“不可与也。虽然，楚不能独守。王身出玉声，许万乘之强齐也而不与，负不义于天下，楚亦不能独守。臣请西索救于秦。”

景鲤出，慎子入。王以三大夫计告慎子曰：“子良见寡人曰：‘不可不与也，与而复攻之。’常见寡人曰：‘不可与也，常请守之。’鲤见寡人曰：‘不可与也，虽然，楚不能独守也，臣请索救于秦。’寡人谁用于三子之计？”慎子对曰：“王皆用之。”王怫然作色曰：“何谓也？”慎子曰：“臣请效其说，而王且见其诚然也。王发上柱国子良车五十乘，而北献地五百里于齐。发子良之明日，遣昭常为大司马，令往守东地。遣昭常之明日，遣景鲤车五十乘，西索救于秦。”王曰：“善。”乃遣子良北献地于齐。遣子良之明日，立昭常为大司马，使守东地。又遣景鲤西索救于秦。

子良至齐，齐使人以甲受东地。昭常应齐使曰：“我典主东地，且与死生。悉五尺至六十③，三十余万弊甲钝兵，愿承下尘。”齐王谓子良曰：“大夫来献地，今常守之何如？”子良曰：“臣身受命弊邑之王，是常矫也。王攻之。”齐王大兴兵，攻东地，伐昭常。未涉疆，秦以五十万临齐右壤。曰：“夫隘楚太子弗出，不仁；又欲夺之东地五百里，不义。其缩甲则可④，不然，则愿待战。”齐王恐焉，乃请子良南道楚，西使秦，解齐患。士卒不用，东地复全。

【注释】

①隘：不通，阻止。②身出玉声：指出言贵重。③悉五尺至六十：指征兵及于老弱。五尺，代指小孩；六十，代指老人。④缩甲：指退兵。

【译文】

楚襄王做太子时，被送到齐国做人质。他的父亲怀王死了，太子便向齐王告辞，想要回国。齐王阻拦，说：“你割让东地五百里给我，就放你回去；否则，不放你回去。”太子说：“我有个师傅，请让我找他问一问。”太子的师傅慎子说：“献给土地，是为了自身返回；因为吝惜土地，而不为父亲送葬，这是不道义的。所以，我说献地对你有利。”太子便进去答复齐王，说：

“我敬献东地五百里。”齐王这才放太子回国。

太子回到楚国，即位为王。齐国派出使车五十辆，来向楚国索取东地五百里。楚王告诉慎子，说：“齐国派使臣来索取东地，这可怎么办呢?”慎子说：“大王明天召见群臣，让大家来想办法吧。”

于是，上柱国子良来拜见楚王，楚王说：“我能够回到楚国来，主持父亲的丧事，和群臣再次见面，使国家恢复正常，都是因为我答应了割让东地五百里给齐国。现在齐国派使臣来要地，这可怎么办呢?”子良说：“大王不能不给，您金口玉言，既然答应了万乘的强齐，却又不肯割地，这就失去了信用，将来您很难与诸侯各国谈判结盟。应该先答应割地，再出兵攻打齐国。割地给齐国，是守信用；攻打齐国，是显示武力。所以，我说应该割地。”

子良出来后，昭常拜见楚王。楚王说：“齐国派了使臣来，要求割让东地五百里，这可怎么办呢?”昭常说：“不能给。所谓万乘大国，是因为土地的广博才成为万乘大国的。如果要割让东地五百里，这是让掉了可战之国的一半啊！这样楚国虽有万乘之名，却连千乘之国都不如了，不行。所以，我说不能给。我愿去守卫东地。”

昭常出来后，景鲤拜见楚王。楚王说：“齐国派了使臣来，要求割让东地五百里，这可怎么办呢?”景鲤说：“不能给。即使这样，楚国也不可能单独守住东地。大王金口玉言，既然答应了万乘的强齐，却又不肯割地，这就在诸侯面前违背了大义。楚国既然不能单独守住东地，我愿向西去向秦国求救。”

景鲤出来后，慎子进去了。楚王把三个大夫出的主意都告诉了慎子，说：“子良说：‘不能不给，给了以后再出兵去攻打齐国。’昭常说：‘不能给，我愿去守卫东地。’景鲤说：‘不能给，既然楚国不能单独守住东地，我愿去向秦国求救。’我不知道他们三个人出的主意，到底采用谁的好?”慎子回答说：“大王都采用。”楚王怒容满面地说：“这是什么意思?”慎子说：“请让我说出其中的道理，大王将会知道确实如此。大王您先派遣上柱国子良带了兵车五十辆，到齐国去进献东地五百里；在派遣子良的第二天，再任命昭常为大司马，要他去守卫东地；在派遣昭常的第二天，又派景鲤带领战车五十辆，往西去向秦国求救。”楚王说：“好。”于是派子良到齐国去献地；在派遣子良的第二天，再立昭常为大司马，要他去守卫东地；最后派遣景鲤去秦国求救。

子良到了齐国，齐国派人带兵来接受东地。昭常回答齐国使臣说：“我是主管东地的大司马，要与东地共存亡。我已动员了从小孩到六十岁的老人全部入伍，共三十多万人。虽然我们的铠甲破旧，武器劣钝，但愿意对阵一战。”齐王对子良说：“您来献地，昭常却守卫东地，这是怎么回事呢？”子良说：“我是受了敝国大王之命来进献东地的。昭常守卫东地，这是他假传王命，大王可以攻打他。”齐王于是大举兴兵进攻东地，讨伐昭常。当大军还未进入东地界域时，秦国已派了五十万大军进逼齐国的西境，说：“你们阻止楚太子，不让他回国，这是不讲仁；又想抢夺楚国东地五百里，这是不讲义。你们如果收兵则罢，不然，我们等着决战一场。”齐王听了很害怕，就请求子良南往楚国，西使秦国，为齐国解除战祸。楚国不用一兵一卒，确保了东地完整。

卷十六　楚三

苏子谓楚王

苏子谓楚王曰："仁人之于民也，爱之以心，事之以善言；孝子之于亲也，爱之以心，事之以财；忠臣之于君也，必进贤人以辅之。今王之大臣父兄，好伤贤以为资，厚赋敛诸臣百姓，使王见疾于民[①]，非忠臣也。大臣播王之过于百姓，多赂诸侯以王之地，是故退王之所爱，亦非忠臣也，是以国危。臣愿无听群臣之相恶也，慎大臣父兄；用民之所善，节身之嗜[②]，欲以百姓。人臣莫难于无妒而进贤。为主死易，垂沙之事，死者以千数。为主辱易，自令尹以下，事王者以千数。至于无妒而进贤，未见一人也。故明主之察其臣也，必知其无妒而进贤也。贤之事其主也，亦必无妒而进贤。夫进贤之难者，贤者用且使己废[③]，贵且使己贱，故人难之。"

【注释】

①见疾：被仇视。②节身：节制自己。嗜：嗜好。③废：废弃。

【译文】

苏秦对楚王说："仁爱的人对人民，用真心去爱他们，用好话去抚慰他们；孝子对自己的双亲，用真心去爱他们，用钱财去奉养他们；忠臣对自己的国君，一定要推荐贤能的人辅助他。现在大王的宗室、贵戚，喜欢毁谤贤能的人，以此作为进身的资本，对臣民加重赋税，使国君被人民怨恨，他们不是忠臣；大臣在人民中宣扬国君的错误，用您的土地肆意赠送给诸侯，因此和大王的所爱相违背，这也不是忠臣，因此国家会有危险。我希望您不要去听信大臣们互相攻讦之辞，要审慎地任用大臣和贵戚，要根据人民的喜好作为施政方针，节制自己的嗜好，并将节制所得用于百姓。做人臣，最难做到的是，既没有忌妒之心又能推荐贤才。为国君献身很容易，像垂沙战役，死的人数以千计。受国君指使也很容易，像从令尹以下，为大王服役的人数以千计。至于无忌妒之心又能推荐贤才的，却不见一人。所以，英明的国君考察他的臣下，必须了解他们是否既无忌妒之心又能推荐贤才。贤能的人侍奉国君，也必须既无忌妒之心又能推荐贤才。推荐贤才之所以很难，是因为贤能的人被任用，将使自己被废弃，贤能的人地位尊贵，将使自己地位下降，所以人们难以推荐贤才。”

苏秦之楚

苏秦之楚，三（日）［月］乃得见乎王①。谈卒，辞而行。楚王曰：“寡人闻先生，若闻古人。今先生乃不远千里而临寡人，曾不肯留，愿闻其说。”对曰：“楚国之食贵于玉，薪贵于桂，谒者难得见如鬼，王难得见如天帝。今令臣食玉炊桂，因鬼见帝，［其可得乎］？②”王曰：“先生就舍，寡人闻命矣。”

【注释】

①月：原作“日”，据王念孙说改。②其可得乎：此节语义未完，据王念孙说，补四字。

【译文】

苏秦来到楚国，过了三个月，才见到楚王。交谈完毕，就要向楚王辞行。楚王说：“我听到您的大名，就像听到古代贤人一样仰慕。现在先生不远千里来见我，为什么不肯多待一些日子呢，我希望听到您的意见。”苏秦回答说：“楚国的粮食比宝玉还贵，楚国的柴火比桂树还贵，掌管通报的官员像小鬼一样难以见面，大王像天帝一样难以见面。现在要我拿玉当粮食吃，拿桂当柴火烧，由鬼见帝，难道可行吗？”楚王打断苏秦的话，说：“请先生到客舍住下吧，我遵命了。”

张仪逐惠施于魏

张仪逐惠施于魏。惠子之楚，楚王受之。冯郝谓楚王曰：“逐惠子者，张仪也。而王亲与约[①]，是欺仪也，臣为王弗取也。惠子为仪者来，而恶王之交于张仪，惠子必弗行也。且宋王之贤惠子也，天下莫不闻也。今之不善张仪也，天下莫不知也。今为事之故，弃所贵于雠人，臣以为大王轻矣。且为事耶？王不如举惠子而纳之于宋，而谓张仪曰：‘请为子勿纳也。’仪必德王。而惠子穷人，而王奉之，又必德王。此不失为仪之实，而可以德惠子。”楚王曰：“善。”乃奉惠子而纳之宋。

【注释】

①亲：亲近，这里指轻率。

【译文】

张仪在魏国挤走惠施。惠施来到楚国，楚王接待了他。大臣冯郝对楚王说：“挤走惠施的是张仪，可是大王又轻率与惠施结交，这是在欺骗张仪，我认为大王这样做不可取。惠施是因为张仪排挤他才来到楚国的，他也定会怨恨您与张仪结交，如果惠施知道这种情况，他一定不会来楚国。而且宋王偃善待惠施，诸侯中无人不知。现在，惠施与张仪结仇，诸侯中也无人不晓。如今大王因与惠施结交，您便为了张仪的仇人惠施而抛弃张仪，我认为大王这样做有些轻率。难道是为了国事吗？大王不如帮助惠施，送他到宋国去。然后，对张仪说：‘我是因为您才没有接待惠施的。’张仪必然感激大王。而惠施是个困窘的人，大王却帮助他到宋国，惠施也必然感激大王。这样您不失为张仪着想之实，又可以施恩于惠施。”楚王说：“好。”就将惠施送到宋国去了。

卷十七　楚四

魏王遗楚王美人

魏王遗楚王美人，楚王说之。夫人郑袖知王之说新人也，甚爱新人，衣服玩好，择其所喜而为之；宫室卧具，择其所善而为之。爱之甚于王。王曰：“妇人所以事夫者，色也；而妒者，其情也。今郑袖知寡人之说新人也，其爱之甚于寡人，此孝子所以事亲，忠臣之所以事君也。”

郑袖知王以己为不妒也，因谓新人曰：“王爱子美矣。虽然，恶子之鼻。子为见王，则必掩子鼻。”新人见王，因掩其鼻。王谓郑袖曰：“夫新人见寡人，则掩其鼻，何也？”郑袖曰：“妾知也。”王曰：“虽恶，必言之。”郑袖曰：“其似恶闻君王之臭也。”王曰：“悍哉！”令劓之①，无使逆命。

【注释】

①劓（yì）：古代一种刑罚，割掉鼻子。

【译文】

魏惠王赠给楚怀王一个美女，怀王很喜欢这个美女。怀王的夫人郑袖知道怀王宠爱新人，所以表面上也很爱护这个新人，衣服首饰都挑她喜欢的送去；房间和家具也都选她喜欢的让她使用。似乎比楚王更喜欢她。楚王说：“女人仰仗自己的美色来博取丈夫的欢心，而嫉妒乃是人之常情。现在郑袖知道寡人喜欢新人，可是她爱新人比寡人还厉害，这简直是孝子侍奉双亲，忠臣侍奉君主啊。”

郑袖知道楚王认定自己不嫉妒以后，就对新人说：“君王爱你的美貌。虽然这样说，但是他讨厌你的鼻子。所以你见了君王，一定要捂住鼻子。”从此新人见到楚王就捂住自己的鼻子。楚王对郑袖说：“新人看见寡人时，就捂住鼻子，这是什么意思?”郑袖回答说：“我知道这件事。”楚王说：“即使再难听的话，你也要说出来。”郑袖说：“她像是讨厌君王身上的气味。”楚王说：“真是个泼辣的悍妇!”命人割掉魏女的鼻子，不再通报魏女的情况。

庄辛谓楚襄王

庄辛谓楚襄王曰：“君王左州侯，右夏侯，辇从鄢陵君与寿陵君，专淫逸侈靡，不顾国政，郢都必危矣。”襄王曰：“先生老悖乎？将以为楚国袄祥乎[①]？”庄辛曰：“臣诚见其必然者也，非敢以为国袄祥也。君王卒幸四子者不衰，楚国必亡矣。臣请辟于赵，淹留以观之。”庄辛去，之赵，留五月，秦果举鄢、郢、巫、上蔡、陈之地，襄王流揜于城阳。于是使人发驺，征庄辛于赵。庄辛曰：“诺。”庄辛至，襄王曰：“寡人不能用先生之言，今事至于此，为之奈何？”

庄辛对曰：“臣闻鄙语曰：‘见兔而顾犬，未为晚也；亡羊而补牢，未为迟也。’臣闻昔汤、武以百里昌，桀、纣以天下亡。今楚国虽小，绝长续短，犹以数千里，岂特百里哉？王独不见夫蜻蛉乎？六足四翼，飞翔乎天地之间，俯啄蚊虻而食之，仰承甘露而饮之，自以为无患，与人无争也。不知夫五尺童子，方将调饴胶丝[②]，加己乎四仞之上，而下为蝼蚁食也。

“蜻蛉其小者也，黄雀因是以[③]。俯噣白粒[④]，仰栖茂树，鼓翅奋翼，自以为无患，与人无争也。不知夫公子王孙，左挟弹，右摄丸，将加己乎十仞之上，以其（类）［颈］为招[⑤]。昼游乎茂树，夕调乎酸咸，倏忽之间，坠于公子之手。

“夫雀其小者也，黄鹄因是以。游于江海，淹乎大沼，俯噣鳝鲤，仰啮菱衡[⑥]，奋其六翮，而凌清风，飘摇乎高翔，自以为无患，与人无争也。不知夫射者，方将修其碆卢[⑦]，治其缯缴[⑧]，将加己乎百仞之上。彼礛磻[⑨]，引微缴，折清风而抎矣[⑩]，故昼游乎江河，夕调乎鼎鼐。

“夫黄鹄其小者也，蔡圣侯之事因是以。南游乎高陂，北陵乎巫山，饮茹溪流，食湘波之鱼，左抱幼妾，右拥嬖女，与之驰骋乎高蔡之中，而不以国家为事。不知夫子发方受命乎宣王，系己以朱丝而见之也。

“蔡圣侯之事其小者也，君王之事因是以。左州侯，右夏侯，辇从鄢陵君与寿陵君，饭封禄之粟[⑪]，而戴方府之金[⑫]，与之驰骋乎云梦之中，而不以天下国家为事，不知夫穰侯方受命乎秦王，填黾塞之内，而投己乎黾塞之外。”

襄王闻之，颜色变作，身体战栗。于是乃以执珪而授之为阳陵君，与淮北之地也。

【注释】

①祆：同“妖”。②饴：糖浆。③以：同“已”，句末语气词。④噣：同“啄”。⑤颈：原作“类”，据黄丕烈、郭人民等说改。招：的，目标。⑥衡：杜衡，草名。⑦碆（bō）：石制的箭头。卢：黑色的弓。⑧缯缴：系着丝绳的箭。⑨礛磻（jiān bō）：锐利的箭头。⑩抎（yǔn）：同

"陨"，坠下。⑪封禄：封邑上的收入。⑫方府：楚国的库藏名。

【译文】

庄辛对楚襄王说："君王左有州侯，右有夏侯，车后又有鄢陵君和寿陵君跟从着，一味过着毫无节制的生活，不理国家政事，如此会使郢都变得很危险。"楚襄王说："先生老糊涂了吗？还是认为楚国将遇到不祥呢？"庄辛说："臣当然是看到了事情的必然后果，不必认为国家遇到不祥。假如君王始终宠幸这四个人而不稍加收敛，那楚国一定会因此而灭亡的。请君王准许臣到赵国避难，在那里来静观楚国的变化。"庄辛离开楚国到了赵国，他只在那里住了五个月，秦国就发兵攻占了鄢、郢、巫、上蔡、陈这些地方，楚襄王也流亡躲藏在城阳。在这时侯襄王才派人带车到赵国召请庄辛。庄辛说："可以。"庄辛到了城阳以后，楚襄王对他说："寡人当初不听先生的话，如今事情发展到这地步，对这事可怎么办呢？"

庄辛回答说："臣知道一句俗语：'见到兔子以后再放出猎犬去追并不算晚，羊丢掉以后再去补栏也不算迟。'臣听说过去商汤王和周武王，依靠百里土地兴盛起来，而夏桀王和殷纣王，虽然拥有天下，到头来终不免亡国。现在楚国土地虽然狭小，然而如果截长补短，还能有数千里，岂止百里而已？大王难道没有见过蜻蜓吗？长着六只脚和四只翅膀，在天地之间飞翔，低下头来啄食蚊虫，抬头起来喝甘美的露水，自以为无忧无患，且与人无争。却不知那五尺高的孩子，正在调糖稀涂在丝网上，将要在四仞高的天空上粘住它，它的下场将是被蚂蚁吃掉。

"蜻蜓的事可能是小事，其实黄雀也是如此。它俯下身去啄食，仰起身来栖息在茂密的树丛中，鼓动着它的翅膀奋力高翔，自己满以为没有祸患，且与人无争。却不知那公子王孙，左手拿着弹弓，右手按上弹丸，将要向十仞的高空以黄雀的脖子为射击目标。黄雀白天还在茂密的树丛中游玩，晚上就成了桌上的佳肴，转眼之间，就从天空落入王孙公子之手。

"黄雀的事情可能是小事情，其实黄鹄也是如此。黄鹄在江海上翱游，停留在大沼泽旁边，低下头吞食黄鳝和鲤鱼，抬起头来吃菱角和水草，振动它的翅膀而凌驾清风，飘飘摇摇在高空飞翔，自认为不会有祸患，且与人无争。却不知那射箭的人，已准备好箭和弓，将向百仞的高空射击它。它将带着箭，拖着细微的箭绳，从清风中坠落下来，掉在地上。黄鹄白天还在江湖之上飞来飞去，晚上就成了锅中的清炖美味。

“那黄鹄的事可能是小事，其实蔡圣侯的事也是如此。他曾南到高陂游玩，北到巫山之顶，饮茹溪里的水，吃湘江里的鱼；左手抱着年轻貌美的侍妾，右手搂着如花似玉的宠妃，与她们同车驰骋在高蔡市上，根本不管国家大事。却不知子发正在接受宣王的进攻命令，拿着红绳子缚他去见宣王呢。

“蔡圣侯的事只是当中的小事，其实君王您的事也是如此。君王左边是州侯，右边是夏侯，鄢陵君和寿陵君始终随着君王的车辆，吃封邑的饭，用国家的钱，和他们驰骋在云梦地区，根本不把国家的事情放在心上。却不知穰侯魏冉已经奉秦王的命令，打算夺了黾塞并驻军，而把君王赶到黾塞外面去。”

楚襄王听了庄辛这番话之后，大惊失色，全身发抖。在这时才把执珪的爵位赐给庄辛，封他为阳陵君，不久庄辛帮助楚王收复了淮北的土地。

有献不死之药于荆王者

有献不死之药于荆王者[①]，谒者操以入[②]。中射之士问曰[③]：“可食乎？”曰：“可。”因夺而食之。王怒，使人杀中射之士。中射之士使人说王曰：“臣问谒者，谒者曰可食，臣故食之。是臣无罪，而罪在谒者也。且客献不死之药，臣食之而王杀臣，是死药也。王杀无罪之臣，而明人之欺王。”王乃不杀。

【注释】

①荆王：即楚王。②谒者：官名，负责接待宾客与传达国君命令等。操：握持。③中射之士：即中射士。射士，王宫的卫士。

【译文】

有人给楚王献来不死之药，禀报人员拿了药进宫去。王宫的侍卫问禀报人员说："它可以吃吗？"禀报人员回答说："可以吃。"侍卫夺过不死之药便把它吃了。楚王大怒，派人去杀侍卫，侍卫托人给楚王解释说："我问过禀报人员，他告诉我'可以吃'。所以，我就吃了。这说明我是无罪的，有罪的是禀报人员。再说，有人给大王献来不死之药，我吃了，大王就把我杀死，这药就成了死药。大王杀了无罪之臣，说明有人拿了所谓'不死之药'来欺骗大王。"楚王于是没有杀侍卫。

客说春申君

客说春申君曰："汤以亳，武王以镐，皆不过百里以有天下。今孙子[①]，天下贤人也。君籍之以百里势[②]，臣窃以为不便于君。何如？"春申君曰："善。"于是使人谢孙子。孙子去之赵，赵以为上卿。

客又说春申君曰："昔伊尹去夏入殷，殷王而夏亡。管仲去鲁入齐，鲁弱而齐强。夫贤者之所在，其君未尝不尊，国未尝不荣也。今孙子，天下贤人也，君何辞之？"春申君又曰："善。"于是使人请孙子于赵。

孙子为书谢曰："疠人怜王[③]，此不恭之语也。虽然，不可不审察也，此为劫弑死亡之主言也。夫人主年少而矜材，无法术以知奸，则大臣主断（国）［图］私以禁诛于己也[④]，故弑贤长而立幼弱，废正适而立不义[⑤]。《春秋》戒之曰：‘楚王子围聘于郑[⑥]，未出竟[⑦]，闻王病，反问疾，遂以冠缨绞王，杀之，因自立也。齐崔杼之妻美，庄公通之。崔杼帅其君党而攻。庄公请与分国，崔杼不许；欲自刃于庙，崔杼不许。庄公走出，逾于外墙，射中其股，遂杀之，而立其弟景公。’近代所见：李兑用赵，饿主父于沙丘，百日而杀之；淖齿用齐，擢闵王之筋，县于其庙梁[⑧]，宿夕而死。夫疠虽痈肿胞疾，上比前世，未至绞缨射股；下比近代，未至擢筋而饿死也。夫劫弑死亡之主也，心之忧劳，形之困苦，必甚于疠矣！由此观之，疠虽怜王可也！”

因为赋曰：“宝珍隋珠，不知佩兮。祎布与丝，不知异兮。闾姝子奢，莫知媒兮。嫫母求之[⑨]，又甚喜之兮。以瞽为明，以聋为聪，以是为非，以吉为凶。呜呼上天，曷惟其同！”《诗》曰：“上天甚神，无自瘵也。[⑩]”

【注释】

①孙子：即荀卿，当时为楚兰陵令。后世讳改荀为“孙”。②籍：通“藉”，凭借。③疠人怜王：指落难国君的命运还不如患有疠疾的病人。即染恶病犹胜于被劫杀。④图：原作“国”，据《韩诗外传》第25章改。⑤正适：指正妻所生嫡子。⑥聘：即出使。⑦竟：同“境”。⑧县：同“悬”。⑨嫫母：古代丑妇。⑩“上天”句：见《诗经·小雅·菀柳》。瘵（zhài），病，这里指祸殃。

【译文】

有一个食客游说楚国的春申君黄歇说：“商汤王靠着亳京兴起，周武王靠着镐京兴起，两个地方都只不过百里大小，而两王却因它们而占有天下。现在荀子是天下的贤人，您竟想让他有百里土地作凭借。我私下认为这样对您不利，不知您以为如何？”春申君说：“说得对。”于是就派人辞谢荀子。荀子就离开楚国到了赵国。赵王封他为上卿。

这时宾客又对春申君说："从前有位伊尹离开夏地到了殷地，结果殷称王而夏灭亡。管仲离开鲁国到了齐国，鲁国衰弱而齐国强盛。可见贤人在哪里，哪里的君王未尝不显达，国家未尝不荣耀。现在荀子是天下的贤人，您怎么让他告辞而去?"春申君又说："说得对。"于是就派人到赵国请荀子。

这时荀子就写了一封信辞谢说："连生癞疮的人也可怜被臣子杀死的国王，这是一句很不恭敬的话，即便如此，但不能不加考虑。这是针对一般被臣子杀死的君主而言。如果人主年轻又矜持自己的才能，又没有方法和手段识别奸邪的人，那么大臣就要专横跋扈、图谋私利，并为了防止自己被杀，他们就要杀死有才能年长的君主，拥立年幼、体弱的君主，废弃嫡子而立不义之人。《春秋》告诫人们说：'楚国的王子围，准备去郑国访问，还未出境，听说父王生病，他就返回探病，却乘机用帽缨把楚王勒死，而自立为王。齐国崔杼的妻子长得很美，齐庄公和她私通，崔杼率领家臣攻打庄公。庄公请求和他共分齐国，崔杼不答应；庄公又要求到祖庙去自杀，崔杼也不答应。庄公逃命，可他刚跳过外墙，崔杼就射中他的大腿，并杀了他，立庄公的弟弟景公为王。'近来所看到的：李兑在赵国专擅朝政，在沙丘让主父饿了百日而死；淖齿在齐国掌权，竟然抽齐闵王的筋，然后把闵王挂在庙梁上，隔了一夜闵王活活吊死。因此说长癞疮即使是胎中带的恶疾，但与前世的帝王相比，还不至于被用帽缨勒死或被射中大腿而死；如与近代帝王相比，也不至于被抽筋吊死或被断食活活饿死。可见被臣子杀害的君主，心神所受的忧劳和形体所受的痛苦，必定比生癞病的人还要厉害。由此看来，连生癞疮的人也可怜被臣子杀死的国王，是有道理的。"

于是荀子在信尾附诗说："珍贵的隋侯珠，不知道佩戴。高贵的画袍与粗丝，不知道差异。梁国的美女闾姝和郑国的美女子奢，没有谁迎娶；却向丑女嫫母求婚，又很喜爱。把瞎子说成眼光明亮，把聋子说成听觉灵敏，以是为非，以吉为凶。老天啊，如何才能达到公正啊!"《诗经》上说："天神的眼睛最明亮，不要自取祸殃。"

天下合从

天下合从。赵使魏加见楚春申君曰："君有将乎？"曰："有矣，仆欲将临武君。"魏加曰："臣少之时好射，臣愿以射譬之，可乎？"春申君曰："可。"加曰："异日者，更羸与魏王处京台之下，仰见飞鸟。更羸谓魏王曰：'臣为王引弓虚发而下鸟。'魏王曰：'然则射可至此乎？'更羸曰：'可。'有间，雁从东方来，更羸以虚发而下之。魏王曰：'然则射可至此乎？'更羸曰：'此孽也①。'王曰：'先生何以知之？'对曰：'其飞徐而鸣悲。飞徐者，故疮痛也；鸣悲者，久失群也。故疮未息，而惊心未去也。闻弦音，引而高飞，故疮陨也②。'今临武君，尝为秦孽，不可为拒秦之将也。"

【注释】

①孽：此处指隐伤。②故疮陨：黄丕烈说："故疮裂而陨也。"

【译文】

诸侯准备合纵对付秦国。赵国派魏加去见楚相春申君，说："您有了大将吗？"春申君说："有了。我准备任命临武君为大将。"魏加说："我年轻的时候，很喜欢射箭，我愿意用射箭作比喻，可以吗？"春申君说："可以。"魏加说："从前，更羸与魏王游于京台之下，抬头看见飞鸟。更羸对魏王说：'我只要为大王拉拉弓弦，就会让飞鸟掉下来。'魏王说：'难道射箭能达到这种地步吗？'更羸说：'可以的。'过了一会，从东方飞来一只雁，更羸拉拉弓弦，飞雁就掉下来了。魏王说：'难道射箭能达到这种地步吗？'更羸说：'这只飞雁有隐伤在身。'魏王说：'先生怎么知道的？'更羸回答说：

‘它飞得缓慢而叫得悲切。飞得缓慢，是因为有旧伤；叫得悲切，是因为长久失群。旧伤未愈，而又心有余悸。听到了弓弦的声音，便惊骇地高飞，以致伤口破裂，所以落了下来。’现在的临武君曾被秦国打败而心有余悸，是不能担任抗秦的将领的。”

汗明见春申君

汗明见春申君，候问三月，而后得见。谈卒，春申君大说之。汗明欲复谈，春申君曰：“仆已知先生，先生大息矣。”汗明憱焉曰[①]：“明愿有问君而恐固[②]。不审君之圣，孰与尧也？”春申君曰：“先生过矣，臣何足以当尧？”汗明曰：“然则君料臣孰与舜？”春申君曰：“先生即舜也。”汗明曰：“不然。臣请为君终言之。君之贤实不如尧，臣之能不及舜。夫以贤舜事圣尧，三年而后乃相知也。今君一时而知臣，是君圣于尧而臣贤于舜也。”春申君曰：“善。”召门吏为汗先生著客籍，五日一见。

汗明曰：“君亦闻骥乎？夫骥之齿至矣，服盐车而上太行。蹄申膝折，尾湛胕溃[③]，漉汁洒地[④]，白汗交流，中阪迁延[⑤]，负辕不能上。伯乐遭之，下车攀而哭之，解纻衣以幂之。骥于是俛而喷[⑥]，仰而鸣，声达于天，若出金石声者，何也？彼见伯乐之知己也。今仆之不肖，厄于州部，堀穴穷巷，沈污鄙俗之日久矣，君独无意湔拔仆也[⑦]，使得为君高鸣屈于梁乎？”

【注释】

①憱（cù）：心里不安的样子。②固：固执不通。③尾湛：指尾巴

为汗湿透。胕：同“肤”。胕溃：谓汗出如皮肤溃坏。④漉汁：渗出的口水。⑤中阪迁延：在太行阪道上迁延不能前行。⑥俛：同“俯”。喷：喷气。⑦湔（jiān）拔：洗刷，除污。

【译文】

汗明拜见楚相春申君，等候了三个月，才见了面。双方谈完，春申君很高兴。汗明想再继续谈，春申君说：“我已经了解先生了，先生就好好休息吧。”汗明很感不安地说：“我想问问您，但又怕自己固执不通。您和尧比，不知谁更圣明一些？”春申君说：“先生错了，我怎么配与尧比呢？”汗明说：“您看我和舜比，怎么样？”春申君说：“先生就是舜啊！”汗明说：“不对。请让我把话说完。您的圣明实在不如尧，我的贤能也不如舜。以贤能的舜去侍奉圣明的尧，经过三年才彼此了解。现在您一下子就了解我了，这说明您比尧还圣明，而我比舜还贤能。”春申君说：“您说得好。”于是，请门吏把汗先生的名字登记在宾客簿上，每隔五天春申君就接见他一次。

汗明对春申君说：“您也听说过千里马吗？千里马成年了，驾着盐车上太行山，后蹄伸得很直，前膝弯得很曲，尾巴被汗湿透，浑身冒大汗，汗水满地，白汗交流，而车到半坡上迁延不能前行，拉的车上不去。这时正好遇到伯乐，他赶快下车，抚着马背，为它难过得流了眼泪，他解下麻衣，给千里马罩上。这时千里马向前低下头，喷着气，抬起头，大叫一声，声音直冲云霄，好像金石发出的声音，这是为什么？因为千里马知道伯乐很赏识它。现在，我没有出息，困厄在底层，处在穷乡僻壤，沉潜在下层已有很长时间了，您难道就不想为我涤除污秽，让我在您的帮助下施展才能，在魏国崭露头角吗？”

楚考烈王无子

楚考烈王无子，春申君患之，求妇人宜子者进之，甚众，卒无子。

赵人李园，持其女弟，欲进之楚王，闻其不宜子，恐又无宠。李园求事春申君为舍人。已而谒归[①]，故失期。还谒，春申君问状。对曰："齐王遣使求臣女弟，与其使者饮，故失期。"春申君曰："聘入乎？"对曰："未也。"春申君曰："可得见乎？"曰："可。"于是园乃进其女弟，即幸于春申君。知其有身，园乃与其女弟谋。

园女弟承间说春申君曰："楚王之贵幸君，虽兄弟不如。今君相楚王二十余年，而王无子，即百岁后将更立兄弟。即楚王更立，彼亦各贵其故所亲，君又安得长有宠乎？非徒然也，君用事久，多失礼于王兄弟，兄弟诚立，祸且及身，奈何以保相印、江东之封乎？今妾自知有身矣，而人莫知。妾之幸君未久，诚以君之重而进妾于楚王，王必幸妾。妾赖天而有男，则是君之子为王也，楚国封尽可得[②]，孰与其临不测之罪乎？"春申君大然之。乃出园女弟谨舍，而言之楚王。楚王召入，幸之。遂生子男，立为太子，以李园女弟立为王后。楚王贵李园，李园用事。

李园既入其女弟为王后，子为太子，恐春申君语泄而益骄，阴养死士，欲杀春申君以灭口，而国人颇有知之者。春申君相楚二十五年，考烈王病。朱英谓春申君曰："世有无妄之福，又有无妄之祸。今君处无妄之世，以事无妄之主，安不有无妄之人乎?”春申君曰：“何谓无妄之福?”曰：“君相楚二十余年矣，虽名为相国，实楚王也。五子皆相诸侯。今王疾甚，旦暮且崩，太子衰弱。疾而不起，而君相少主，因而代立当国，如伊尹、周公。王长而反政，不，即遂南面称孤，因而有楚国。此所谓无妄之福也。”春申君曰：“何谓无妄之祸?”曰：“李园不治国，王之舅也。不为兵将，而阴养死士之日久矣。楚王崩，李园必先入，据本议制断君命③，秉权而杀君以灭口。此所谓无妄之祸也。”春申君曰：“何谓无妄之人?”曰：“君先仕臣为郎中，君王崩，李园先入，臣请为君劏其胸杀之④。此所谓无妄之人也。”春申君曰：“先生置之，勿复言已。李园，软弱人也，仆又善之，又何至此?”朱英恐，乃亡去。

后十七日，楚考烈王崩，李园果先入，置死士，止于棘门之内。春申君后入，止棘门。园死士夹刺春申君，斩其头，投之棘门外。于是使吏尽灭春申君之家。而李园女弟，初幸春申君有身，而入之王所生子者，遂立为楚幽王也。

是岁，秦始皇立九年矣，嫪毐亦为乱于秦。觉，夷三族，而吕不韦废。

【注释】

①谒归：请假回家。②封：四封，指全境。③制断君命：假传楚王之命以独断专行。④劏（chōng）：刺。

【译文】

楚考烈王没有儿子，相国春申君为此忧愁，寻求宜于生子的妇人进献给考烈王，虽然进献了许多妇人，却始终没能生儿子。

这时赵国李园想把自己妹妹献给考烈王，可是听人说自己的妹妹并无生子之相，又担心得不到考烈王的宠幸。李园就请求当春申君的舍人。当上舍人不久请假回家，又故意晚回。回来后谒见春申君，春申君问他为什么晚回。李园回答说："齐王派人来娶我的妹妹，我和使者喝酒，结果耽误了回来的时间。"春申君说："送过聘礼了吗？"李园说："还没有。"春申君说："可以让我见一下令妹吗？"李园说："可以的。"于是李园就把妹妹献给了春申君，得到春申君的宠爱。当李园知道妹妹有了身孕，就和妹妹商量了一个计谋。

李园妹妹找个机会向春申君说："楚王重用宠信您，就连兄弟也比不上。现在您当楚国相国已经二十多年了，可是楚王还没有儿子。等到楚王死后，必然另立兄弟为王。楚王更换后，必然重用自己所亲近的人，您又怎能长期得到宠信呢？不仅如此，您出任宰相的时间长，难免对大王兄弟有许多失礼得罪之处。将来楚王的兄弟如果真登上王位，您肯定会身受大祸，又怎能保全相国之印和江东的封地呢？现在臣妾已经知道自己怀有身孕，旁人都不知道。臣妾受您的宠爱还不算久，假如能凭您的高贵身份而把臣妾献给楚王，那楚王必然会宠爱臣妾。臣妾万一能得上天保佑生个儿子，那岂不是您的儿子做了楚王，楚国的一切您全可得到，这和面临不可猜测的罪相比，哪一种情况更好呢？"春申君认为这话很对，就把李园的妹妹迁到一个秘密的地方，并向楚王说进献李园妹妹。楚王把李园妹妹召进去，并宠幸她。后来果然生了一个男孩，并被立为太子，立李园的妹妹为王后。考烈王重用李园，因而李园也就掌管朝政。

李园既把自己妹妹送入宫成了王后，所生的儿子又成了太子以后，担心春申君越发骄纵或者泄露内幕，因此就在暗中养着刺客，想杀死春申君灭口，不过有很多人知道这件事。当春申君做楚相国第二十五年时，考烈王生病了。这时朱英对春申君说："世间有出人意外的洪福，也有始料不及的横祸。现在您正处在出人意外的世界里，去侍奉出人意外的君主，怎能没有出人意外的人呢？"春申君说："什么叫出人意外的洪福呢？"朱英说："您当楚国的相国已经二十多年了，虽然名是楚国的相国，实际上是楚国的国王。五个儿子都当上了诸侯的辅相。现在君王病得很重，很快就要死了，而太子还很弱小。大王一病不起，您就得做少主的相国，因此代少主掌管国政，就像伊尹和周公一样。等少主长大再让他亲政，要不然，您就直接南面称王，掌握楚国。这就是所谓出人意外的洪福。"春申君问："那什么叫始料不及的横祸呢？”朱英说：“李园不是治理国家的人选，而是君王的大舅子。他不是领兵大将，却在暗中豢养刺客已经很久了。楚王死后，李园必定先入宫，据本奏议，假传君王命令以独断专行，掌权并杀死阁下灭口。这就是所谓始料不及的横祸。”春申君说：“什么叫出人意外的人呢？”朱英说：“阁下先任命臣为郎中卫士官，君王死后，李园一定先入宫，请让臣替您刺其胸膛把他杀死。这就是所谓出人意外的人。”春申君说：“先生别提这事，以后也别再提。李园是个软弱的人，我又对他很好，又何以至此？”朱英见状心里害怕，就赶紧离开楚国。

十七天后，楚考烈王驾崩，李园果然先入宫中，暗中在棘门内布置刺客。春申君后进宫，经过棘门时，李园的刺客从门两边跳出刺杀春申君，斩下他的头，丢到棘门外。同时又派人杀死春申君全家。而李园的妹妹当初为春申君宠幸而怀孕，后献给楚王所生的孩子，终被立为楚幽王。

这一年是秦始皇九年，嫪毐也在秦国作乱。被发觉，诛灭三族，而相国吕不韦被罢相。

卷十八　赵一

知伯从韩、魏兵以攻赵

知伯从韩、魏兵以攻赵，围晋阳而水之①，城下不沉者三板②。郄疵谓知伯曰："韩、魏之君必反矣。"知伯曰："何以知之？"郄疵曰："以其人事知之。夫从韩、魏之兵而攻赵，赵亡，难必及韩、魏矣。今约胜赵而三分其地。今城不没者三板，臼灶生蛙③，人马相食，城降有日，而韩、魏之君无熹志而有忧色，是非反如何也？"

明日，知伯以告韩、魏之君曰："郄疵言君之且反也。"韩、魏之君曰："夫胜赵而三分其地，城今且将拔矣。夫（三）〔二〕家虽愚④，不弃美利于前，背信盟之约，而为危难不可成之事，其势可见也。是疵为赵计矣，使君疑二主之心，而解于攻赵也⑤。今君听谗臣之言，而离二主之交，为君惜之。"趋而出。郄疵谓知伯曰："君又何以疵言告韩、魏之君为？"知伯曰："子安知之？"对曰："韩、魏之君视疵端而趋疾。"郄疵知其言之不听，请使于齐，知伯遣之。韩、魏之君果反矣。

【注释】

①水之：指用水灌晋阳。②沉：淹没。③臼灶生蛙：石臼和炉灶都生了青蛙。④二：原作"三"，据他本及文意改。⑤解：同"懈"，松懈。

【译文】

知伯胁从韩、魏的军队一起进攻赵国，围困晋阳并用水淹，离淹城只差三板高。郄疵对知伯说："韩、魏的君主肯定会背叛我们。"知伯问："何以见得？"郄疵说："从他们的脸上和军事形势上判断就可以知道。韩、魏国军队跟随我们进攻赵国，可以想见如果赵国灭亡，那灾难必然会降到韩、魏头上。虽然现在跟韩、魏相约灭赵以后就和韩、魏三分赵国领土，可是现在晋阳只差三板就被淹没，连石臼和炉灶都生了青蛙，饿到了人马相食的地步，晋阳指日可攻下，然而韩、魏君主不但不喜，反倒忧愁，这就是一种反叛的迹象！"

次日，知伯就把这话告诉韩、魏两国君主，说："郄疵说两位君主就要反叛。"韩、魏两君说："灭赵以后我们三国可以三分赵地，而且晋阳将要攻下。韩、魏两君虽然愚鲁，也不至于放弃就要到来的利益，背弃盟约而去干那种危险的、不可能的事，这是可以预见的。这是郄疵在为赵国谋划，以使您怀疑韩、魏两国，而使攻赵的事松懈下来。如今您竟听信奸臣的谗言，而离间韩、魏两国的邦交，我们真为您感到惋惜。"说完就快步离去了。郄疵又来对知伯说："您为什么要把我的话告诉韩、魏王呢？"知伯说："你怎么知道我告诉了他们呢？"郄疵说："因为韩、魏两王离开时，使劲用眼瞪我并快步走掉。"郄疵见知伯不采纳自己的建议，就主动请求出使齐国，知伯就派他去齐国。不久韩、魏的君主果然反叛。

知伯帅赵、韩、魏而伐范、中行氏

知伯帅赵、韩、魏而伐范、中行氏，灭之。休数年，使人请地于韩。韩康子欲勿与，段规谏曰："不可。夫知伯之为人也，好利而骜愎[①]。来请地不与，必加兵于韩矣。君其与之！与之彼狃[②]，又将请地于他国，他国不听，必乡之以兵。然则韩可以免于患难，而待事之变。”康子曰：“善。”使使者致万家之邑一于知伯。知伯说，又使人请地于魏，魏宣子欲勿与，赵葭谏曰：“彼请地于韩，韩与之；请地于魏，魏弗与。则是魏内自强，而外怒知伯也。然则其错兵于魏必矣[③]！不如与之。”宣子曰：“诺。”因使人致万家之邑一于知伯。知伯说，又使人之赵，请(蔡)［蔺］、皋狼之地[④]。赵襄子弗与。知伯因阴结韩、魏，将以伐赵。

赵襄子召张孟谈而告之曰：“夫知伯之为人，阳亲而阴疏。三使韩、魏，而寡人弗与焉，其移兵寡人必矣。今吾安居而可[⑤]？”张孟谈曰：“夫董（阏）安于[⑥]，简主之才臣也，世治晋阳，而尹泽循之，其余政教犹存，君其定居晋阳。”君曰：“诺。”乃使延陵生将车骑先之晋阳，君因从之。至，行城郭，案府库[⑦]，视仓廪，召张孟谈曰：“吾城郭之完，府库足用，仓廪实矣。无矢，奈何？”张孟谈曰：“臣闻董子之治晋阳也，公宫之垣，皆以狄蒿苫楚墙之[⑧]，其高至丈馀，君发而用之。”于是发而试之，其坚则箘簵之劲不能过也[⑨]。君曰：“足矣，吾铜少若何？”张孟谈曰：“臣闻董子之治晋阳也，公宫之室，皆以炼铜为柱质[⑩]，请发而用之，则有馀铜矣。”君曰：“善。”号令以定，备守以具。

三国之兵乘晋阳城，遂战。三月不能拔，因舒军而围之[⑪]，决晋水而灌之。围晋阳三年，城中巢居而处，悬釜而炊，财食将尽，士卒病羸。襄子谓张孟谈曰：“粮食匮，城力尽，士大夫病，吾不能守矣。欲以城下，何如？”张孟谈曰：“臣闻之，‘亡不能存，危不能安，则无为贵知士也。’君释此计，勿复言也。臣请见韩、魏之君。”襄子曰：“诺。”

张孟谈于是阴见韩、魏之君曰：“臣闻唇亡则齿寒，今知伯帅二国之君伐赵，赵将亡矣。亡则二君为之次矣！”二君曰：“我知其然。夫知伯为人也，粗中而少亲[12]，我谋未遂而知，则其祸必至，为之奈何？”张孟谈曰：“谋出二君之口，入臣之耳，人莫之知也。”二君即与张孟谈阴约三军，与之期日。夜，遣入晋阳。张孟谈以报襄子，襄子再拜之。

张孟谈因朝知伯而出，遇知过辕门之外。知过入见知伯曰：“二主殆将有变。”君曰：“何如？”对曰：“臣遇张孟谈于辕门之外，其志矜，其行高。”知伯曰：“不然。吾与二主约谨矣，破赵，三分其地，寡人所亲之，必不欺也。子释之，勿出于口！”知过出，见二主，入说知伯曰：“二主色动而意变，必背君，不如令杀之[13]。”知伯曰：“兵箸晋阳三年矣[14]，旦暮当拔之而飨其利，乃有他心？不可，子慎勿复言！”知过曰：“不杀，则遂亲之。”知伯曰：“亲之奈何？”知过曰：“魏宣子之谋臣曰赵葭，康子之谋臣曰段规，是皆能移其君之计。君其与二君约，破赵，则封二子者各万家之县一。如是，则二主之心可不变，而君得其所欲矣。”知伯曰：“破赵而三分其地，又封二子者各万家之县一，则吾所得者少，不可！”知过见君之不用也，言之不听，出，更其姓为辅氏，遂去不见。

张孟谈闻之，入见襄子，曰：“臣遇知过于辕门之外，其视有疑臣之心。入见知伯，出更其姓。今暮不击，必后之矣！”襄子曰：“诺。”使张孟谈见韩、魏之君曰：“夜期。”杀守堤之吏，而决水灌知伯军，知伯军救水而乱，韩魏翼而击之，襄子将卒犯其前，大败知伯军而禽知伯。

知伯身死、国亡、地分，为天下笑，此贪欲无厌也。夫不听知过，亦所以亡也。知氏尽灭，唯辅氏存焉。

【注释】

①鸷：鹰之类的猛鸟。愎：凶狠而自以为是。②狃（niǔ）：凶残。③错兵：加兵。错，同“措”，置。④蔺：姚本作“蔡”，据鲍本等改。⑤安：何。⑥董（阏）安于：据王念孙说删“阏”字。⑦案：视察。⑧以狄蒿苦楚墙之：用芦苇苦荆之类筑的墙。墙，动词，筑墙。⑨箘簬：一种竹子。⑩质：基础。⑪舒军：使军队稍稍后退。舒，松开，缓解。⑫粗中：粗心，指粗暴。⑬令：或无，或作“今”，译文从“今”，现在。⑭箸：附，包围。

【译文】

知伯带领赵、韩、魏三家的军队进攻范氏和中行氏，并把他们灭掉了。休整了几年之后，知伯便派人到韩国去索地。韩康子想不给，谋臣段规劝谏说：“不行，知伯为人，贪利而凶残，他来索地，如果不给，一定会向我们出兵。您还是给他吧。给了地，惯坏了他的凶性，他还会贪得无厌，又到别国去索地，别国不从，又必定向这个国家出兵。这样，我们就可以免受战祸，等待形势的变化。”韩康子说：“好吧。”就派使者送给知伯一个万户大的县邑。知伯很高兴，又派人到魏国索地，魏宣子想不给，大臣赵葭劝谏说：“知伯向韩国索地，韩康子给了；向魏国索地，魏国不给。这是魏国在内自恃强大，对外激怒了知伯。这样，知伯一定会出兵向我们进攻。不如给他地。”魏宣子说：“好吧。”就派人送给知伯一个万户的大县，知伯很高兴。知伯又派人到赵国，要求得到蔺和皋狼两地，赵襄子不给。知伯就秘密和韩、魏结盟，要共同进攻赵国。

赵襄子召见大臣张孟谈说：“知伯的为人，表面亲热，背后却疏远。他屡次派人和韩、魏联系，而跟我毫不通气，看样子他定要调兵攻打我们。现在我在哪里据守为好呢？”张孟谈说：“董安于是先君赵简子出色的大臣，世代治理晋阳，其后尹泽继任，他们的影响至今仍然保存着，您就驻守在晋阳吧。”赵襄子说：“行。”于是派延陵生率领车骑先到晋阳，赵襄子也随后就去。到了晋阳，巡视了城防，查验了府库，检查了粮仓，然后召见张孟谈，说：“我们的城郭已很完善，府库也很充足，粮食也很富裕，就是没有箭，可怎么办呢？”张孟谈说：“我听说董安于治理晋阳时，官署的垣墙都是用荻蒿、楛、牡荆加固了的，高达丈余，您可以把它们取出来用啊！”于是把它们都取了出来，真是很坚实，连最好的箭杆材料也超不过它们。赵襄子说：“箭足够了，我还缺少铜，可怎么办？”张孟谈说：“我听说董安于治理晋阳时，官署室内都用炼铜做柱子的基础，您就取出它们来用，用也用不完。”赵襄子说：“好。”号令已经发出，防御的器具已经齐备。

知伯、韩、魏三家的大军已逼近晋阳城，于是战斗打响了。过了三个月三家也没攻下，因此，三家把军队散开，包围了晋阳城，决开晋水，淹灌城内。三家包围晋阳城已整整三年，城内的人在高处搭棚架居住，挂起锅来煮饭，钱财和粮食快用完了。士卒疲弱，赵襄子对张孟谈说：“眼下粮食吃光了，力量用尽了，士卒、大夫们疲困，劳苦不堪，我守不住了，想开城投降。您看怎么办？”张孟谈说：“我听说，‘国家将要灭亡而不能使它保存，局势有了危险而不能使它安定，那何必要尊贵而有才智的人呢？’您就放弃这种打算吧，不要再说这些了。我要求去见韩康子、魏宣子。”赵襄子说：“行。”

于是张孟谈秘密地会见韩康子和魏宣子，说：“我听说唇亡则齿寒，现在知伯带领你们两家进攻赵氏，赵氏必亡。赵氏亡了，就必然轮到你们头上。”韩、魏二君说：“我们也知道会这样。知伯为人，粗暴而又不仁，我们的计谋还没有成功，如果被他知道，必然大祸临头，那可怎么办呢？”张孟谈说：“计谋出于你们两位之口，进入我一人之耳，没有任何人知道。”韩康子、魏宣子于是就与张孟谈秘密部署好部队，约定举事的日期。当天晚上，张孟谈返回晋阳城，把这事报告了赵襄子。赵襄子一再拜谢张孟谈。

张孟谈去朝见知伯，出来以后，在军门外遇见了知伯的大臣知过。知过进去拜见知伯，说：“韩、魏二主必将叛变。”知伯问：“何以见得？”知过回答说：“我在军门外遇见赵襄子的大臣张孟谈，他的神情傲慢，趾高气扬。”知伯说：“不会这样，我和韩、魏二主已经订立了盟约，消灭赵氏，我们三家将瓜分其地，这是我亲自和他们订立的盟约，一定不会欺骗的。您就放心吧，别再说了。”知过出来后，碰上了韩、魏二主，又进去劝说知伯：“韩康子、魏宣子二人神情不正常，一定会背叛您，不如现在就杀掉他们。”

知伯说："大军围困晋阳已经整整三年，眼看要攻下晋阳城，分享其利，怎么又生外心呢？不能这样，您小心别再说起这事。"知过说："如果不杀掉他们，那就要对他们亲善。"知伯说："怎么亲善呢？"知过说："魏宣子的谋臣叫赵葭，韩康子的谋臣叫段规，他们都是能够改变国君计谋的人，您就和他们约定，灭赵后，给他们两人各封一个万户的县邑。这样，韩、魏二主内心可以不叛变，您就能够得到您想要得到的一切。"知伯说："灭赵而三家平分其地，又各封给韩、魏两个谋臣各人一个万户的县邑，那么，我所得的就少了。不行。"知过见知伯既不明智，又不听从他的计策，出来以后，改姓辅氏，就前往别处不见知伯了。

张孟谈听说后，进去拜见赵襄子，说："我在军门外遇到知过，看样子他对我起了疑心。他进去见了知伯，出来以后，就改了姓氏。今天晚上如果不出兵攻打知伯，就会失去先下手的良机。"赵襄子说："行。"就派张孟谈去对韩康子、魏宣子说："约定就在今夜举事。"于是首先杀了知伯守堤的小吏，又决开晋水淹灌知伯的军营。知伯的军队忙着救水，一片混乱，韩康子和魏宣子从两边夹攻，赵襄子带兵从正面进攻，大败知伯的军队，并活捉了知伯。

知伯身死、国亡、地被瓜分，被天下诸侯所耻笑，乃是因为贪得无厌。他不听从知过的计谋，也是造成灭亡的原因。知氏被消灭了，只有辅氏还存在。

晋毕阳之孙豫让

晋毕阳之孙豫让，始事范、中行氏而不说，去而就知伯，知伯宠之。及三晋分知氏，赵襄子最怨知伯，而将其头以为饮器[①]。豫让遁逃山中，曰："嗟乎！士为知己者死，女为悦己者容[②]。吾其报知氏（之仇）矣[③]。”乃变姓名，为刑人[④]，入宫涂厕，欲以刺襄子。襄子如厕，心动，执问涂者，则豫让也。刃其扞，曰："欲为知伯报仇！”左右欲杀之。赵襄子曰："彼义士也，吾谨避之耳。且知伯已死，无后，而其臣至为报仇，此天下之贤人也。”卒释之。

豫让又漆身为厉[⑤]，灭须去眉，自刑以变其容，为乞人而往乞，其妻不识，曰："状貌不似吾夫，其音何类吾夫之甚也。”又吞炭为哑，变其音。其友谓之曰："子之道甚难而无功，谓子有志，则然矣，谓子智，则否。以子之才，而善事襄子，襄子必近幸子；子之得近而行所欲，此甚易而功必成。”豫让乃笑而应之曰："是为先知报后知，为故君贼新君，大乱君臣之义者无此矣。凡吾所谓为此者，以明君臣之义，非从易也。且夫委质而事人，而求弑之，是怀二心以事君也。吾所为难，亦将以愧天下后世人臣怀二心者。”

居顷之，襄子当出，豫让伏所当过桥下。襄子至桥而马惊。襄子曰："此必豫让也。”使人问之，果豫让。于是赵襄子面数豫让曰："子不尝事范、中行氏乎？知伯灭范、中行氏，而子不为报仇，反委质事知伯。知伯已死，子独何为报仇之深也？”豫让曰："臣事范、中行氏，范、中行氏以众人遇臣，臣故众人报之；知伯以国士遇臣，臣故国士报之。”襄子乃喟然叹泣曰："嗟乎，豫子！豫子之为知伯，名既成矣，寡人舍子，亦以足矣。子自为计，寡人不舍子。”使兵环之。豫让曰："臣闻明主不掩人之义，忠臣不爱死以成名。君前已宽舍臣，天下莫不称君之贤。今日之事，臣故伏诛[⑥]，然愿请君之衣而击之，虽死不恨。非所望也，敢布腹心。”于是襄子义之，乃使使者持衣与豫让。豫让拔剑三跃，呼天击之曰："而可以报知伯矣。”遂伏剑而死。死之日，赵国之士闻之，皆为涕泣。

【注释】

①饮器：酒器。②容：修饰容貌。③之仇：据《文选》及王念孙等说删。④刑人：接受刑罚的犯人。⑤厉：同“癞”，恶疮。⑥故：本当。

【译文】

晋国义士毕阳的孙子豫让，最初为范氏、中行氏当差而不受喜欢，他就离开而投奔了知伯，知伯很赏识他。等到赵、魏、韩三家瓜分了知氏，赵襄子因最怨恨知伯，把知伯的头拿来当作盛酒器皿。豫让逃到山中，说：“唉！常言说：‘士为知己者死，女为悦己者容。’我应当报答知伯的知遇之恩啊！”于是，他改名换姓，装扮成服劳役的犯人，来到赵襄子的宫中，去整修厕所，想借机刺杀赵襄子。襄子去厕所，心里恐慌，就将整修厕所的人抓来审问，发现竟然是豫让。他的灰抹子上有利刀，豫让说：“我要为知伯报仇。”左右的人要杀掉他。赵襄子说：“他是义士，我小心点避开他算了。况且知伯已死，也没有后代，他的臣下来为他报仇，这可是天下的贤人啊！”最后把他放了。

豫让又用漆涂身生癞，剃掉须眉，毁伤自己的面容，装扮成乞丐去讨饭。他的妻子不认识，说：“这个人的样子不像我的丈夫，可是声音怎么这样像我的丈夫呢？”豫让又吞炭使嗓子变哑以改变自己的声音。他的朋友对他说：“您这样做太难而又没有成效。说您有志气，那是肯定的；说您很聪明，那可不见得。凭您的才干，去竭力侍奉赵襄子，襄子一定会信任您，您能亲近襄子，就可以为所欲为，这一定很容易成功。”豫让笑了笑，回答说：“这是为了从前的知己来报复现在的知己，为了以前的君主来杀害现在的君主。搅乱君臣的大义，没有比这更严重的了。我之所以要这样做，只是为了表明君臣的大义，并不是挑容易的去做。况且已委身于人为他服务，却又设法杀害他，这是怀着二心为他服务。漆身、吞炭是很困难的，我这么做也就是让后世那些怀有二心的人臣感到羞愧。”

过了不久，赵襄子将出外巡视，豫让预先埋伏在他要经过的桥下。襄子到了桥上而马受惊。襄子说：“这必定又是豫让。”派人一查问，果然是豫让。于是赵襄子当面责备豫让，说："您不也曾给范氏、中行氏当过差吗！知伯灭掉了范氏、中行氏，您不为他们报仇，反而投靠知伯。知伯已死，您为什么偏偏这样拼命地为他报仇呢?"豫让说："我给范氏、中行氏当差，他们把我当普通人对待，所以我也像普通人那样去报答他；知伯把我当做国士，所以我像国士那样报答他。"赵襄子于是慨叹而又悲伤地说："唉！豫让啊！您对待知伯，名声已经成就了；我饶恕您，也已经够了。您自己考虑考虑吧，我不再放过您了。"于是，派兵把豫让围起来。豫让说："我听说，明君不埋没别人忠义，忠臣不惜以死成名。您以前已经宽恕了我，天下都称赞您的贤能。今天的事，我本当伏法。但我仍希望拿您的衣服来让我刺它，那样的话我虽死无憾。不敢奢望您答应，只是我坦诚说出我的心愿。"赵襄子认为他很有义气，就让人把自己的衣服交给豫让。豫让拔出宝剑，三次跳起来，挥剑击刺襄子的衣服，喊着："天啊！这样，我可以报答知伯之恩了。"豫让说完就自杀而死。死的那天，赵国的忠义之士听说以后，都为之落泪。

苏秦说李兑

苏秦说李兑曰："洛阳乘轩里苏秦，家贫亲老，无罢车驽马，桑轮蓬箧羸縢[1]，负书担橐[2]，触尘埃，蒙霜露，越漳、河，足重茧，日百而舍，造外阙，愿见于前，口道天下之事。"李兑曰："先生以鬼之言见我则可，若以人之事，兑尽知之矣。"苏秦对曰："臣固以鬼之言见君，非以人之言也。"李兑见之。苏秦曰："今日臣之来也暮，后郭门，藉席无所得，寄宿人田中，傍有大丛。夜半，土梗与木梗斗曰：'汝不如我，我者乃土也。使我逢疾风淋雨，坏沮[3]，乃复归土。今汝非木之根，则木之枝耳。汝逢疾风淋雨，漂入漳、河，东流至海，氾滥无所止。’臣窃以为土梗胜也。今君杀主父而族之，君之立于天下，危于累卵。君听臣计则生，不听臣计则死。”李兑曰：“先生就舍，明日复来见兑也。”

苏秦出。李兑舍人谓李兑曰：“臣窃观君与苏公谈也，其辩过君，其博过君，君能听苏公之计乎？”李兑曰：“不能。”舍人曰：“君即不能，愿君坚塞两耳，无听其谈也。”明日复见，终日谈而去。舍人出送苏君，苏秦谓舍人曰：“昨日我谈粗而君动[4]，今日精而君不动，何也？”舍人曰：“先生之计大而规高，吾君不能用也。乃我请君塞两耳，无听谈者。虽然，先生明日复来，吾请资先生厚用。”明日来，抵掌而谈。李兑送苏秦明月之珠，和氏之璧，黑貂之裘，黄金百镒。苏秦得以为用，西入于秦。

【注释】

①箧：小箱子。②橐：没有底的口袋。③坏沮：毁坏。沮，败，坏。④谈粗：交谈粗略。

【译文】

苏秦游说李兑道：“洛阳乘轩里苏秦，家境贫寒双亲年老，连个驾着劣马的破车、桑木轮子草编车箱的小车都没有，打着绑腿穿着草鞋，背着书卷担着口袋，顶着飞扬的尘土，冒着寒霜和露水，越过了漳水、黄河，脚上磨出了厚厚的老茧，日行百里才投宿，来到您的宫门外，希望拜见您，亲口谈谈天下大事。”李兑说：“先生拿鬼的事说给我听还行，若拿人事来游说，我已经全知道了。”苏秦回答说：“臣下本来就是拿鬼的事来见您的，不是拿人的事。”李兑接见了他。苏秦说：“今天我来的时候天色已晚，是在外城城门关闭以后，连个草席都没有，只好借宿在人家的田地里，旁边有一个丛祠。半夜的时候，土偶跟木偶斗嘴说：‘你赶不上我，比我差远了。假如我遇到暴风淫雨，被毁坏了，就又回到土里。而你不是树根，就是树枝罢了。你遇上暴风淫雨，就会被漂到漳水、黄河里，向东流入大海中，漂浮游荡没有安身立命之处。’我私下以为土偶获得了胜利。如今阁下杀了武灵王并灭了他的宗族，您生活在天地之间，正危如累卵。您听臣下的计谋就能生存，不听臣下的计谋就得死亡。”李兑说：“您到客舍住下吧，明天再来见我吧。”

苏秦出去了。李兑家臣对李兑说：“臣下暗中观察您与苏秦的谈话，他的辩才超过您，他的博学超过您，您能听取苏秦的计谋吗？”李兑说：“不能。”家臣说：“您如果不能，希望您牢牢堵住两只耳朵，不要听信他的话。”第二天苏秦又来拜见李兑，谈了一整天才离去。家臣出来送苏秦，苏秦对家臣说：“昨天我谈得粗略而相国动了心，今天我谈得详细相国却不动心，为什么呢？”家臣说：“您的计谋宏大而规划高远，我们的相国是不能采用的，因此是我请他堵住两耳，不要听信你的话。虽然如此，您明天再来，我会请相国资助您大量的财物。”第二天苏秦来，李兑同他接掌畅谈。李兑赠送苏秦明月珠、和氏璧、黑貂裘、黄金百镒。苏秦得到这些东西作为资用，一路西行进入秦国。

卷十九　赵二

苏秦从燕之赵，始合从

苏秦从燕之赵，始合从[①]，说赵王曰："天下之卿相人臣，乃至布衣之士，莫不高贤大王之行义[②]，皆愿奉教陈忠于前之日久矣。虽然，奉阳君妒[③]，大王不得任事，是以外宾客游谈之士，无敢尽忠于前者。今奉阳君捐馆舍[④]，大王乃今然后得与士民相亲，臣故敢献其愚，效愚忠。为大王计，莫若安民无事，请无庸有为也。安民之本，在于择交。择交而得则民安，择交不得则民终身不得安。请言外患：齐、秦为两敌，而民不得安；倚秦攻齐，而民不得安；倚齐攻秦，而民不得安。故夫谋人之主，伐人之国，常苦出辞断绝人之交[⑤]，愿大王慎无出于口也。

"请屏左右，曰言所以异，阴阳而已矣[⑥]。大王诚能听臣，燕必致毡裘狗马之地[⑦]，齐必致海隅鱼盐之地[⑧]，楚必致桔柚云梦之地[⑨]，韩、魏皆可使致封地汤沐之邑，贵戚父兄皆可以受封侯。夫割地效实，五伯之所以覆军禽将而求也[⑩]；封侯贵戚[⑪]，汤、武之所以放杀而争也。今大王垂拱而两有之，是臣之所以为大王愿也。大王与秦，则秦必弱韩、魏；与齐，则齐必弱楚、魏。魏弱则割河外，韩弱则效宜阳。宜阳效则上郡绝，河外割则道不通。楚弱则无援。此三策者，不可不熟计也。夫秦下轵道则南阳动，劫韩包周则赵自销铄[12]，据卫取淇则齐必入朝。秦欲已得行于山东，则必举甲而向赵。秦甲涉河逾漳，据番吾，则兵必战于邯郸之下矣。此臣之所以为大王患也。

“当今之时，山东之建国，莫如赵强。赵地方二千里，带甲数十万，车千乘，骑万匹，粟支十年；西有常山，南有河、漳，东有清河，北有燕国。燕固弱国，不足畏也。且秦之所畏害于天下者，莫如赵。然而秦不敢举兵甲而伐赵者，何也？畏韩、魏之议其后也。然则韩、魏，赵之南蔽也[13]。秦之攻韩、魏也则不然。无有名山大川之限[14]，稍稍蚕食之，傅之国都而止矣[15]。韩、魏不能支秦[16]，必入臣。韩、魏臣于秦，秦无韩、魏之隔，祸中于赵矣[17]。此臣之所以为大王患也。

“臣闻，尧无三夫之分，舜无咫尺之地，以有天下。禹无百人之聚，以王诸侯。汤、武之卒不过三千人，车不过三百乘，立为天子。诚得其道也。是故明主外料其敌国之强弱，内度其士卒之众寡、贤与不肖，不待两军相当，而胜败存亡之机节固已见于胸中矣，岂掩于众人之言，而以冥冥决事哉[18]！

“臣窃以天下地图案之。诸侯之地五倍于秦，料诸侯之卒，十倍于秦。六国并力为一，西面而攻秦，秦破必矣。今见破于秦，西面而事之，见臣于秦。夫破人之与破于人也[19]，臣人之与臣于人也，岂可同日而言之哉！夫横人者[20]，皆欲割诸侯之地以与秦成。与秦成，则高台［榭］[21]，美宫室，听竽瑟之音，察五味之和，前有轩辕[22]，后有长庭，美人巧笑，卒有秦患，而不与其忧。是故横人日夜务以秦权恐猲诸侯[23]，以求割地。愿大王之熟计之也。

“臣闻，明王绝疑去谗，屏流言之迹[24]，塞朋党之门，故尊主广地强兵之计，臣得陈忠于前矣。故窃为大王计，莫如一韩、魏、齐、楚、燕、赵，六国从亲，以傧畔秦[25]。令天下之将相，相与会于洹水之上，通质刑白马以盟之[26]。约曰：秦攻楚，齐、魏各出锐师以佐之，韩绝食道，赵涉河、漳，燕守常山之北。秦攻韩、魏，则楚绝其后，齐出锐师以佐之，赵涉河、漳，燕守云中。秦攻齐，则楚绝其后，韩守成皋，魏塞午道，赵涉河、漳、博关，燕出锐师以佐之。秦攻燕，则赵守常山，楚军武关，齐涉渤海，韩、魏出锐师以佐之。秦攻赵，则韩军宜阳，楚军武关，魏军河外，齐涉渤海，燕出锐师以佐之。诸侯有先背约者，五国共伐之。六国从亲以摈秦，秦必不敢出兵于函谷关以害山东矣。如是则伯业成矣。”

赵王曰：“寡人年少，莅国之日浅[27]，未尝得闻社稷之长计。今上客有意存天下，安诸侯，寡人敬以国从。”乃封苏秦为武安君，饰车百乘，黄金千镒，白璧百双，锦绣千纯，以约诸侯。

【注释】

①合从：即“合纵”。②高贤：肯定，赞扬。“高”“贤”义同。③奉阳君：即李兑，为赵相，性喜嫉妒。④捐馆舍：捐弃馆舍，为死亡的讳辞，或称捐馆。⑤苦出辞：犹口出恶言。苦，恶。⑥阴阳：指合纵连横。⑦毡裘狗马之地：燕地出产毡裘狗马，故称毡裘狗马之地。⑧海隅鱼盐之地：齐地在海隅，产鱼盐，故称海隅鱼盐之地。⑨桔柚云梦之地：指楚地。楚产橘柚，有云梦泽，故称。⑩“夫割地”两句：让人家割让土地，奉献宝物，这是五霸通过消灭敌人的军队，擒获敌军将领等手段所追求的目标。⑪封侯贵戚：为尊贵的亲戚封侯。⑫销铄：熔化，消除。这里指削弱。⑬蔽：屏障。⑭限：阻隔。⑮傅之国都而止：靠近国都才停止进兵。傅，同“附”。⑯支：对付。⑰中：命中，来到。⑱冥冥决事：稀里糊涂决定事情。冥冥，不明。⑲破人之与破于人：击破他人与被他人击破，前面是使动用法，后面是被动句。后面一句“臣人与臣于人”与此句式同。⑳横人：游说主张连横之人。㉑榭：建在高台上的敞

屋。据鲍本、《史记》等补。㉒轩辕：何建章据顾炎武等说，注："当是'轩县'音误"，指诸侯之乐。㉓恐猲：恐吓，胁迫。猲：通"喝""愒"。㉔屏：同"摒"，摒除。㉕傧：同"摈"，排斥。畔：通"叛"，反叛。㉖通质：交换质子。刑：宰杀。盟：盟誓。㉗莅国之日浅：管理国家的日子不长。莅，治理、管理。

【译文】

苏秦从燕国到赵国，开始合纵策略，他游说赵肃侯说："普天之下，各诸侯国的卿相大臣，以至于普通的老百姓，没有哪一个不赞扬大王施行仁义的行为，都愿接受您的教诲，向大王进献忠心，这已有很久。然而，奉阳君妒嫉贤能，使得大王不能执掌国事，以致宾客疏远，游说之士都不敢前来敬献忠言。现在奉阳君死了，大王从今以后才得以和各方面的人士接近，所以我才敢来敬献一点愚忠以报效大王。为大王考虑，您不如让人民安定闲适，不要多事扰烦。安民的根本措施在于选择好诸侯国并与其建立良好邦交。有好的邦交人民就能安定，没有好的邦交人民就终身不得安定。我再说说外敌入侵的祸患：秦、齐两国是您的敌国，所以赵国人民不得安定；依靠秦国进攻齐国，人民不能安定；依靠齐国进攻秦国，人民也不能安定。可见图谋他国国君，进攻他国，常常会口出恶言，并与他国断交，所以我请大王千万谨慎，切勿说这样的话。

"请您回避左右侍臣，让我说明合纵与连横的利弊。大王真能听从我的忠言，燕国一定会把出产毡、裘、狗、马的好地方献给您，齐国一定会把海边出产鱼盐的地方献给您，楚国一定会把出产橘柚的云梦之地献给您，韩国、魏国也必然献出很多城池和供您洗盥费用的城邑，大王的父兄外戚都可以受地封侯。让人家割让土地、奉献宝物，这是五霸通过消灭敌人的军队、擒获敌军将领等手段所追求的目标；使贵戚得以封侯，也是从前商汤放逐夏桀、周武王讨伐殷纣王才争得的。现在大王不费力气就可以实现这两种愿望，这是我为大王感到欣慰的。大王与秦国结盟，秦国必然去侵略韩、魏；大王与齐国结盟，齐国必然去侵略楚、魏；魏国衰弱后就必然割河外之地；韩国软弱了，它就会献出宜阳。献出了宜阳，则通往上郡的路就切断了；河外割让了，道路就不能通到上郡；楚国衰弱，赵国就孤立无援。这三项计策，是不能不慎重考虑的。秦国攻下轵道，那么南阳就会动摇；再劫持韩国包围周室，那么赵国就会削弱；秦国再占领卫都濮阳夺取淇水之地，那么齐国必然会入秦称臣。假如秦国能在山东得到这些，必然就会进攻赵国。秦军渡过黄河，穿过漳水，占据番吾，那么秦兵必将交战于邯郸城下。这就是我为大王忧虑的地方啊！

“现在，山东各国，没有哪个国家像赵国这么强大。赵国土地方圆两千里，精兵几十万，战车几千辆，战马上万匹，军粮可供十年之用，西边有常山，南边有黄河、漳水，东边有清河，北边有燕国。燕国本是一个弱国，不足畏惧。并且秦国在诸侯国中最害怕的是赵国。然而，秦国不敢发兵讨伐赵国是因为什么呢？是因为秦国担心韩、魏两国在后边算计它。这样看来，韩、魏两国就是赵国南边的屏障。秦国攻打韩、魏就不是这样了。韩、魏没有名山大川的阻隔，秦国只要对它们一点点地吞食，一直到靠近国都才停止进兵。韩、魏不能抗拒秦国，必然会向秦称臣。韩、魏臣服于秦后，秦国就没有韩、魏的阻隔了，战祸就将降到赵国头上。这也是我为大王忧虑的地方。

“我听说，尧连三百亩这么大的地盘都没有，舜没有一尺那么大的地盘，他们竟然拥有了天下。禹只有一个不满百人的部落，竟成为诸侯的共主。商汤、周武王的兵士不满三千，战车不过三百辆，最后成为天子。这都是因为他们获得了治国安邦的正道。所以英明的国君，对外要估计敌国的强弱，对内要衡量士卒的多寡、贤与不贤，不要等到两军相拼，而胜败存亡的关键就已心中有数。怎么能被众人之言所蒙蔽，稀里糊涂决定事情呢！

“我私下拿天下地图察看。诸侯的土地相当于秦国的五倍，估计诸侯的兵力相当于秦国的十倍。假如六国能团结一致，合力西向攻打秦国，秦国必定灭亡。现在各国被秦国灭亡，却西向而共同侍奉秦国，向秦国称臣。灭掉别国与被别国灭掉，让别国臣服与臣服于别国，两者哪能相提并论呢。那些主张连横的人，他们都想割让诸侯的土地来与秦国谈和。一旦能和秦国讲和，他们就可以高筑台榭，美化住宅，欣赏竽瑟所奏的音乐，品尝各种美味，前有舞乐，后有宫女，美人姣笑，然而一旦秦祸临头，他们却不与诸侯共忧患。因此主张连横的人日夜寻求靠秦国的权势来恐吓诸侯，以求得向秦国割地。请大王对此要深思熟虑。

“我听说贤明的君主不怀疑他人，不轻信谗言，摒弃一切流言蜚语的滋生，杜绝结党营私的门户之争，这就使得君主尊贵、疆地广大和兵强马壮了，我也有机会在大王面前尽效愚忠了。所以我私下为大王谋划，不如联合韩、魏、齐、楚、燕、赵，六国合纵，以此抗拒秦国。通令天下的将相，一齐到洹水之畔集会，交换质子，杀白马，结盟誓，共订盟约。盟约说：假如秦国攻打楚国，齐、魏都要各出精兵帮助楚国，韩国负责切断秦国的粮道，赵国渡过黄河、漳水，燕国则派大军死守常山以北。假如秦国攻打韩、魏，楚国就切断秦国的后路，齐国派精兵援助韩、魏，赵国则渡过黄河、漳水，燕国则派兵守住云中。秦国如果攻打齐国，楚国就负责切断秦国的后路，韩国派兵守住成皋，魏国封锁午道，赵国越过黄河、漳水、博关，燕国则派精兵援助齐国。假如秦兵攻打燕国，那赵国就守住常山，楚国进兵武关，齐军渡过渤海，韩、魏出精兵援助燕国。秦兵如果攻打赵国，那韩国就进兵宜阳，楚军进兵武关，魏军驻扎在河外，齐军渡过渤海，燕国则发精兵援助赵国。诸侯国中有先背弃盟约的，那其他五国就共同出兵讨伐它。只要六国形成合纵来抵抗秦国，秦国必定不敢出兵函谷关侵略山东六国了。这样大王的霸业就可成就了。”

赵肃侯说：“我年纪小，执掌国政的时间又短，还不知道为国家长远打算。现在您有意保卫天下、安定诸侯，我谨以国家听从教诲。”于是赵肃侯就封苏秦为武安君，拨给他战车一百辆，黄金千镒，白璧百双，锦绣千匹，用这些财物去与诸侯缔结合纵之约。

张仪为秦连横，说赵王

张仪为秦连横，说赵王曰："弊邑秦王使臣敢献书于大王御史。大王收率天下以傧秦[①]，秦兵不敢出函谷关十五年矣。大王之威行于天下山东，弊邑恐惧慑伏，缮甲厉兵，饰车骑，习驰射，力田积粟[②]，守四封之内，愁居慑处，不敢动摇，唯大王有意督过之也[③]。今秦以大王之力，西举巴、蜀，并汉中，东收两周而西迁九鼎[④]，守白马之津。秦虽辟远[⑤]，然而心忿悁含怒之日久矣。今宣君有微甲钝兵[⑥]，军于渑池，愿渡河逾漳，据番吾，迎战邯郸之下。愿以甲子之日合战，以正殷纣之事[⑦]。敬使臣先以闻于左右。凡大王之所信以为从者，恃苏秦之计[⑧]。荧惑诸侯，以是为非，以非为是，欲反覆齐国而不能，自令车裂于齐之市。夫天下之不可一亦明矣。今楚与秦为昆弟之国，而韩、魏称为东蕃之臣，齐献鱼盐之地，此断赵之右臂也。夫断右臂而求与人斗，失其党而孤居，求欲无危，岂可得哉？今秦发三将军，一军塞午道，告齐使兴师度清河，军于邯郸之东；一军军于成皋，驱韩、魏而军于河外；一军军于渑池。约曰：'四国为一以攻赵，破赵而四分其地。'是故不敢匿意隐情，先以闻于左右。臣切为大王计[⑨]，莫如与秦遇于渑池，面相见而身相结也[⑩]。臣请案兵无攻，愿大王之定计。"

赵王曰："先王之时，奉阳君相，专权擅势，蔽晦先王，独制官事。寡人宫居，属于师傅，不能与国谋。先王弃群臣，寡人年少，奉祠祭之日浅[11]，私心固窃疑焉。以为一从不事秦[12]，非国之长利也。乃且愿变心易虑，剖地谢前过以事秦。方将约车趋行，而适闻使者之明诏。”于是乃以车三百乘入朝渑池，割河间以事秦。

【注释】

①收：联合。率：率领。②力田：大力耕作农田。③唯：想。督过：责备。同义复词。④两周：指东周、西周两个侯国。⑤辟：通“僻”，偏僻。⑥宣：鲍本作“寡”，译文从之。⑦以正殷纣之事：犹言按照武王伐纣之事那样办理。正，治。⑧恃：依仗。⑨切：鲍本、《史记》作“窃”，译文从之。⑩结：结交。⑪奉祠祭：指办理国家大事。⑫一从：合纵。

【译文】

张仪为秦国组织连横阵线，去游说赵王，说：“敝国秦王特派我冒昧地给大王献上国书。大王联合统帅诸侯以对抗秦国，秦军不敢向东出函谷关已经十五年了。大王威震诸侯，秦国恐惧而顺服，修缮武器装备，整顿战车战马，操练骑射，努力耕作，聚积粮食，坚守国内，居处不安，不敢轻举妄动。只想着大王有意责备他的过错。现在，秦国得大王之力，西面攻下巴、蜀，吞并汉中；东面收纳东周、西周两个侯国，据有国宝九鼎，扼守白马要津。秦国虽然地处僻远，但是久已心怀愤怒。现在敝国秦王只有破铠甲、钝兵器，驻扎在渑池，要渡过黄河，越过漳河，据守番吾，希望于甲子之日与赵军会战于邯郸城下，仿效武王伐纣的故事办理。秦王特意先将此事敬告陛下。大抵大王听信合纵政策，依仗苏秦的计谋。苏秦惑乱诸侯，以是为非，以非为是，阴谋颠覆齐国而未能得逞，使自己被车裂于齐国集市上。诸侯不可能结成联盟，已是显而易见的。现在，楚国与秦国结为兄弟友邦，而韩、魏两国成为秦国东面的属国，齐国也贡献鱼、盐之地，这是断了赵国的右臂。砍断了右臂，还想要与人相斗；失去盟国，孤立无援，要想没有危险，这怎么可能呢？现在秦国派出三路大军：一路把守午道，通知齐国，使其派出大军，渡过清河，驻扎在邯郸以东；一路驻扎在成皋，驱使韩、魏两国驻军于河外；一路驻军于渑池。订立盟约称：‘四国一致，进攻赵国，灭赵而四分其地。’因此我内心不敢隐瞒，事先通知陛下。我私下为大王考虑，您不如和秦王在渑池会晤，当面相见，亲自结交。我请求秦王停兵不进攻赵国，希望大王裁决。”

赵王说：“先王之时，奉阳君为相，专断国政，蒙蔽先王，独断专行，我在深宫，听从师傅，不能参与国政。先王去世后，我尚年轻，办理国家大事时间不长，但内心本有疑虑，认为诸侯合纵而不亲秦，不是国家的长远利益。这才重新考虑，另定政策，割地赔款，承认以前的错误，与秦国友好。正要备车出发，适逢贵宾到来，使我能够领受明教。”于是赵王就派车三百辆，到渑池去朝见秦王，割让河间之地，献给秦王。

武灵王平昼闲居

武灵王平昼闲居，肥义侍坐[①]，曰：“王虑世事之变，权甲兵之用，念简、襄之迹[②]，计胡、狄之利乎？”

王曰：“嗣立不忘先德，君之道也；错质务明主之长[③]，臣之论也。是以贤君静而有道民便事之教，动有明古先世之功。为人臣者，穷有弟长辞让之节[④]，通有补民益主之业。此两者，君臣之分也。今吾欲继襄主之业，启胡、翟之乡[⑤]，而卒世不见也。敌弱者，用力少而功多，可以无尽百姓之劳，而享往古之勋。夫有高世之功者，必负遗俗之累；有独知之虑者，必被庶人之(恐)［怨］[⑥]。今吾将胡服骑射以教百姓，而世必议寡人矣。”

肥义曰：“臣闻之，疑事无功，疑行无名。今王即定负遗俗之虑，殆毋顾天下之议矣。夫论至德者，不和于俗；成大功者，不谋于众。昔舜舞有苗，而禹袒入裸国[⑦]，非以养欲而乐志也，欲以论德而要功也。愚者暗于成事，智者见于未萌，王其遂行之。”

王曰：“寡人非疑胡服也，吾恐天下笑之。狂夫之乐，知者哀焉；愚者之笑，贤者戚焉。世有顺我者，则胡服之功未可知也。虽驱世以笑我，胡地中山吾必有之。”

王遂胡服。使王孙緤告公子成曰：“寡人胡服，且将以朝，亦欲叔之服之也。家听于亲，国听于君，古今之公行也；子不反亲，臣不逆主，先王之通谊也[8]。今寡人作教易服，而叔不服，吾恐天下议之也。夫制国有常，而利民为本；从政有经，而令行为上。故明德在于论贱，行政在于信贵。今胡服之意，非以养欲而乐志也。事有所出，功有所止。事成功立，然后德且见也。今寡人恐叔逆从政之经，以辅公叔之议。且寡人闻之，事利国者行无邪，因贵戚者名不累。故寡人愿募公叔之义，以成胡服之功。使緤谒之叔，请服焉。”

公子成再拜曰：“臣固闻王之胡服也，不佞寝疾，不能趋走，是以不先进。王今命之，臣固敢竭其愚忠。臣闻之，中国者，聪明睿知之所居也，万物财用之所聚也，贤圣之所教也，仁义之所施也，《诗》《书》礼乐之所用也，异敏技艺之所试也，远方之所观赴也，蛮夷之所义行也。今王释此，而袭远方之服，变古之教，易古之道，逆人之心，畔学者，离中国，臣愿大王图之。”

使者报王。王曰：“吾固闻叔之病也。”即之公叔成家，自请之曰：“夫服者，所以便用也；礼者，所以便事也。是以圣人观其乡而顺宜，因其事而制礼，所以利其民而厚其国也。被发文身，错臂左衽，瓯越之民也[9]。黑齿雕题，鳀冠秫缝，大吴之国也[10]。礼服不同，其便一也。是以乡异而用变，事异而礼易。是故圣人苟可以利其民，不一其用；果可以便其事，不同其礼。儒者一师而礼异，中国同俗而教离，又况山谷之便乎？故去就之变，知者不能一；远近之服，贤圣不能同。穷乡多异，曲学多辨。不知而不疑，异于己而不非者，公于求善也。今卿之所言者，俗也。吾之所言者，所以制俗也。今吾国东有河、薄洛之水，与齐、中山同之，而无舟楫之用。自常山以至代、上党，东有燕、东胡之境，西有楼烦、秦、韩之边，而无骑射之备。故寡人且聚舟楫之用，求水居之民，以守河、薄洛之水；变服骑射，以备其参胡、楼烦、秦、韩之边⑪。且昔者简主不塞晋阳，以及上党，而襄王兼戎取代，以攘诸胡，此愚知之所明也。先时中山负齐之强兵，侵掠吾地，系累吾民⑫，引水围鄗，非社稷之神灵，即鄗几不守。先王忿之，其怨未能报也。今骑射之服，近可以备上党之形，远可以报中山之怨。而叔也顺中国之俗以逆简、襄之意，恶变服之名，而忘国事之耻，非寡人所望于子！"

公子成再拜稽首曰："臣愚不达于王之议，敢道世俗之（间）［闻］⑬。今欲继简、襄之意，以顺先王之志，臣敢不听令。"再拜，乃赐胡服。

赵文进谏曰："农夫劳［力］而君子养焉⑭，政之经也。愚者陈意而知者论焉，教之道也。臣无隐忠，君无蔽言，国之禄也。臣虽愚，愿竭其忠。"

王曰："虑无恶扰，忠无过罪，子其言乎。"

赵文曰："当世辅俗，古之道也。衣服有常，礼之制也。（修）［循］法无愆⑮，民之职也。三者，先圣之所以教。今君释此，而袭远方之服，变古之教，易古之道，故臣愿王之图之。"

王曰："子言世俗之（间）［闻］⑯。常民溺于习俗，学者沉于所闻。此两者，所以成官而顺政也，非所以观远而论始也。且夫三代不同服而王，五伯不同教而政。知者作教，而愚者制焉。

贤者议俗，不肖者拘焉。夫制于服之民，不足与论心；拘于俗之众，不足与致意。故势与俗化，而礼与变俱，圣人之道也。承教而动，循法无私，民之职也。知学之人，能与闻迁，达于礼之变，能与时化。故为己者不待人，制今者不法古，子其释之。”

赵造谏曰：“隐忠不竭，奸之属也；以私诬国，贼之类也。犯奸者身死，贱国者族宗。（反）［友］此两者[17]，先圣之明刑，臣下之大罪也。臣虽愚，愿尽其忠，无遁其死。”

王曰：“竭意不讳，忠也；上无蔽言，明也。忠不辟危，明不距人。子其言乎。”

赵造曰：“臣闻之，圣人不易民而教，知者不变俗而动。因民而教者，不劳而成功；据俗而动者，虑径而易见也。今王易初不循俗，胡服不顾世，非所以教民而成礼也。且服奇者志淫，俗辟者乱民。是以莅国者不袭奇辟之服，中国不近蛮夷之行，非所以教民而成礼者也。且循法无过，（修）［循］礼无邪，臣愿王之图之。”

王曰：“古今不同俗，何古之法？帝王不相袭，何礼之循？宓戏、神农教而不诛，黄帝、尧、舜诛而不怒。及至三王，观时而制法，因事而制礼，法度制令，各顺其宜；衣服器械，各便其用。故礼世不必一其道，便国不必法古。圣人之兴也，不相袭而王。夏、殷之衰也，不易礼而灭。然则反古未可非，而循礼未足多也。且服奇而志淫，是邹、鲁无奇行也[18]；俗辟而民易，是吴、越无俊民也[19]。是以圣人利身之谓服，便事之谓教，进退之谓节，衣服之制，所以齐常民，非所以论贤者也[20]。故圣与俗流，贤与变俱。谚曰：‘以书为御者，不尽于马之情[21]。以古制今者，不达于事之变。’故循法之功，不足以高世；法古之学，不足以制今。子其勿反也。”

【注释】

①肥义：赵国的贤臣。②念：追思。简、襄：简，赵简子，名鞅。襄，赵襄子，名无恤。③错质务明主之长：委身于君，致力于光大君主的长处。错，委也。④弟：即“悌”，尊敬兄长。⑤启：开拓。翟：同“狄”。⑥怨：原作“恐”，参曾本、《史记》改。⑦禹袒入裸国：禹入裸国随俗而“袒”。⑧谊：通“义”，道理。⑨被：或作“祝”，《史记》作“剪”，剪断义。错臂：指文身。左衽：衣襟向左开。瓯越：在今广东及海南。⑩“黑齿”句：染黑牙齿，在额头雕画，头戴鱼皮帽子，身穿缝纫粗拙的衣服，这是吴国的风俗。题，额头。秫缝，用草茎作丝线缝衣。⑪参胡：三胡。⑫系累：捆绑，掳掠。⑬闻：原作“间”，据姚校、鲍本等改，言论。⑭力：原无，据鲍本、于鬯等说补。“劳力”与下文“陈意”相对，指农夫之事。⑮循：原作“修”，据鲍本、于鬯等说改。循，遵循。下文“循礼无邪”改同。⑯闻：原作“间”，据鲍本、《史记》等改。⑰友：原作“反”，据鲍本等改。友，通“有”。⑱邹、鲁无奇行：邹鲁人冠顶长缨，可谓奇服，然而却产生孔子、孟子、颜回等有“奇行”的人。⑲吴、越无俊民：吴越曾经出现过季札、大夫种这些智多的人。⑳论：衡量。㉑不尽于马之情：不能完全了解马的性情。

【译文】

赵武灵王平日无事闲坐的时候，肥义在旁边站着，说：“大王您是不是在考虑目前时事的变化，权衡兵力的合理使用，思念先王简子、襄子的功业，盘算如何从胡、狄那里得到利益呢？”

赵武灵王回答说：“继承君位不忘祖先的功德，这是君王应遵循的原则；委身于君而致力于光大君主的长处，这是臣子应有的本分。所以贤明的君王在平时要制订教导百姓、便利百姓的政令；战时则要建立超越古代、盖世无双的功业。做臣子的，在不得志时要保持尊敬长辈谦虚退让的品德，地位显达时要做出有益于百姓和君王的贡献。这两个方面，是做君王和臣下的应尽职责。现在我想继承襄子的事业，开拓胡、狄居住的地区，但是我担心一辈子也没有人理解我的用心。进攻力量薄弱的胡、狄，我们付出的力量少而能取得的成果多，不使百姓疲惫，就会得到前世简子、襄子那样的功勋。建立盖世功勋的人，必然要遭受一些世俗小人的责难；而有独到见解的人，也必然遭到世俗人的怨恨。现在我准备教导民众穿着胡服练习骑马射箭，这样一来，一般人一定会有人非议批评我。”

肥义说：“我听说，做事情如犹豫不决就不会成功，行动如顾虑太多就没有成果。现在大王既然决心背弃世俗偏见，那就不要顾虑天下人的非议了。追求最高道德的人，不附和世俗之见；成就伟大功业的人，不与众人商议。从前舜跳有苗部族的舞蹈，禹光着身子进入不知穿衣服的部落，他们并不是想放纵情欲，怡乐心志，而是想借此宣扬道德，建立功业。愚蠢的人在事情发生之后还看不明白，而聪明的人却能在事情未发生之前就有所察觉，大王您就按您的想法去付诸实施吧。”

赵武灵王说：“我不是对‘胡服骑射’这件事有什么顾虑，而是担心天下人笑话我。狂狷的人觉得高兴的事，有理智的人会为此感到悲哀；愚蠢的人高兴的事，贤明者却对此担忧。如果一般人都支持我的话，那么改穿胡服的功效就不可估量。即使举世的人都讥笑我，北方胡地和中山国我也一定要得到。”

赵武灵王于是改穿胡装。武灵王派王孙緤去告诉公子成，说：“我已经改穿胡服了，而且将要穿着它上朝，我希望王叔也改穿胡服。在家听命于父母，在朝听命于君王，这是自古至今公认的道理；子女不能违背父母，臣子不能抗拒君王，这是先王定下的通则。现在我下令改穿胡服，如果王叔您不穿它，我担心天下的人对此会有所议论。治理国家有一定的原则，但要以有利于民众为根本；处理政事有一定的法则，但首要的是政令通行。所以，要想建立显著的政绩，必须考虑百姓的利益；要想贯彻政令，首先要使贵族能接受君命。现在我改穿胡服的目的，并不是想纵情恣欲只顾自己享乐。事情一旦开了头，就有成功的基础；等到事情成功以后，政绩才能显现出来。现在我担心王叔违背了从政的原则，以至助长贵族的非议。何况我曾听说过，只要事情有利于国家就没有错，依靠贵族办事法令就不会受阻碍。所以我希望借助王叔的威望，来促成改穿胡服这件事。我派王孙緤来拜见王叔，希望您也穿上胡服。”

公子成拜了两拜说："我本来已经听说大王要在全国推行胡服了，只是因我卧病在床，行动不便，因此没能及时进宫。现在大王您既然通知我，我就理应大胆地尽我一点愚忠。我听说，中原地区是聪明而有远见的人士居住的地方，是各种物资和财富聚集的地区，是圣贤对人进行教化的地方，是德政仁义普遍施行的地方，是读《诗》、《书》、礼、乐的地方，是各种奇巧技艺得以施展的地方，是远方诸侯前来观光的地方，是未开化部族效仿学习的地方。现在大王却放弃这些，而袭用落后部族的服装，这是改变古人的教导，改变古代的办法，违背众人的意愿，背离了先王之道，抛弃了中原的先进文化。我希望大王您慎重地考虑这一切。"

王孙緤把公子成的话报告给赵武灵王。武灵王说："我就知道王叔有病。"当即去公叔成家里，亲自向他阐述自己的观点："大凡衣服是为了穿用方便，礼制是为了办事方便。因此圣贤之人观察当地的习俗而因地制宜，根据具体的情况来制定礼法，这样做既有利于民众，也有益于国家。剪掉头发，文身，两臂交错而立，衣襟向左掩，这是瓯越人的风俗。染黑牙齿，在额头雕画，头戴鱼皮帽子，身穿缝纫粗拙的衣服，这是吴国人的风俗。礼制和服饰虽然不同，但求其利国便民却是一致的。因此，地方不同，所采取的措施、办法就不一样，情况不同，使用的礼制也就有所改变。因此，圣人治理国家，如果有利于百姓，采取的政策就不是一成不变的；如果可以方便行事，那么礼制就不强求划一。儒生虽都师从同一老师，可是传下来的礼法却各不相同；中原地区风俗相同，但各国的政教并不相同，更何况地处偏僻山区的人，怎能不因地制宜呢？所以说对于风俗礼制的取舍变化多端，即使聪明人也无法统一；不同地区的服式，即使圣贤君主也难以使其一致。偏僻的地方人们少见而多怪，孤陋寡闻的人喜欢争辩。不了解的事情不要轻易怀疑，不同于自己的意见不要轻易反对，这才是无私地追求真理的态度。现在王叔您所说的是有关适应风俗的意见；我所说的则是如何改变传统。现在，我国东面有黄河、薄洛之水，是和齐国、中山共同拥有的边境，但却没有水军防守。从常山到代郡、上党郡，东面与燕国、东胡接壤，西面与楼烦、秦国、韩国相邻，但我们没有骑兵防守。所以我准备制造战船，招募习于水战的居民组织水军，让他们来防守黄河、薄洛之水；改穿胡服，练习骑马射箭，以防备与燕国、东胡、楼烦、秦国、韩国接壤的边境。从前简子不把自己局限于晋阳和上党两个地方，襄子兼并了戎族和代郡，以抵御胡人，开拓边疆。这些道理不论是愚笨之人还是聪明之人都清楚明白。过去，中山国依仗齐国强大的军队，侵夺我国的土地，掳掠我国的人民，引水围灌鄗城，假若不是祖宗神灵的保佑，鄗城几乎被攻破。先王对此非常气愤，直至今日仇怨还没有能报。现在我们推行胡服骑射的政策，从近处说，可以扼守上党这样形势险要的地方；从远处说，可以报中山侵犯先王的仇恨。可王叔您却偏偏要因袭中原的旧俗，以违背简子和襄子的遗愿，反对改变服饰的命令，却忘记了国家曾遭受的耻辱，这绝不是我期望您做的啊！”

公子成听了，对武灵王大礼参拜谢罪，他说：“我太愚蠢了，竟没有体会到大王的良苦用心，大胆地说了一些世俗的言论。现在大王想要继承简子、襄子的意愿，以实现先王的遗志，我怎么敢不服从命令呢！”公子成又拜了两拜。于是赵武灵王就赐给他胡服。

赵文劝谏武灵王说：“农夫辛勤耕作以供养君子，这是治理国家的根本；愚笨的人表达意见，明智的人加以决策，这是教化的常规；做臣子的不隐瞒自己的意见，做君王的不阻塞言路，这是国家的福分。我虽然愚笨，但希望竭尽自己的忠心。”

武灵王说：“出谋划策的人不应苛责他的过失，竭尽忠心的人不能指责他的错误，您就直言吧。”

赵文说：“适应时势随合当地民俗，这是自古以来的法则；衣服款式有一定的常规，这是礼仪不变的制度；遵守法纪，不犯错误，这是老百姓的职责。这三个方面，都是古代圣贤的教导。现在大王弃之不顾，而改穿远方胡人的衣服，改变古代的教化，改变古代的法则，所以我希望大王认真地考虑。”

武灵王说：“你所说的只是世俗的言论。一般人只是一味地沉溺于习惯世俗之中，而读书人又总是拘泥于书本上的东西。这两种人，只能谨守职责，遵守法令而已，不能高瞻远瞩而改革创新。而且夏、商、周三个朝代虽然服装不同但却都统一了天下；春秋五霸政教各异却都能治理好国家。聪明人制订法令，愚蠢的人被法令制约；贤能的人移风易俗，而愚笨的人却拘泥于旧风陋俗。因此那些受世俗礼法制约而不知变通的人，不能和他们交流思想；那些拘泥于旧风陋俗的人，无法向他们说明你的意图。所以习俗随时势而变化，而礼法随着习俗的变化而变，这才是圣人治国的根本原则啊！接到国家的政令就行动，遵守法制而抛弃个人私念，这才是百姓的天职。真正有学问的人能跟着新见闻而改变旧观点，真正通晓礼法的人能跟着时代的变化而变化。因此为自己着想的人不兼顾他人，要改变时势就不能墨守成规，您就放心吧！"

赵造也劝谏赵武灵王说："不竭尽忠心，这是奸臣一类的人；为了私利而危害国家，这是贼害一类的人。犯了奸佞罪的人应该处死，危害国家的人应该诛灭宗族。犯有这两种罪的人，先圣明确规定要处刑，这是做臣子的大罪。我虽然愚笨，但愿尽自己的忠心，绝不畏死。"

武灵王说："做臣的毫不保留地说出意见而不加隐讳，这是忠心；为君的不阻塞言路，这是圣明。忠臣不避危险，明主不拒绝别人的意见。您就坦然地说吧！"

赵造说："我听说过，圣贤之人不变更百姓的意愿而教化他们，聪明的人不改变习俗而治理国家。根据民意进行教化，不费大力气就能收到成效；根据不同的习俗治理国家，考虑省便而易于见效。现在大王您改变原来的服饰而不遵循习俗，改穿胡服而不顾大众的议论，这不是按照礼仪法则教化民众的方式。而且奇装异服会惑乱人心，习俗怪僻会扰乱民心。所以做国君的人不应接受奇异怪僻的衣服，中原百姓不应效法蛮夷的行为，这不是用来教化百姓建立礼法制度的。况且遵循以往的法令不会出差错，遵循旧的礼俗不会走上邪路。我希望大王慎重考虑。"

武灵王说："自古至今，习俗都不同，我们要效法哪个古代的习俗呢？帝王的礼法也不是世代相承的，我们要遵循谁的礼法呢？伏羲和神农，对民众只是进行教化而不诛杀；黄帝、尧、舜，虽然有了死刑，但不诛连妻子儿女。到了夏、商、周三代圣王时，就观察当时的形势而建立法度，根据具体的情况来制定礼俗。法度、政令都各因时制宜，衣服器用都各便其用。所以治理国家不一定要同一种方法，只要对国家有利，不一定要效法古代。圣人兴起，不承袭旧法也可称王天下；夏朝和殷朝衰亡，正是因为不改变旧礼法而灭亡的。这样说来，违背古法未可厚非，谨守旧礼俗也未必值得称赞。再说，如果服饰奇异就会惑乱人心，那么最遵守礼法的邹国和鲁国就不会有行为怪僻的人了；如果习俗怪僻就会扰乱人心，那么吴、越地区就不会出现出类拔萃的人才了。所以圣人把有利于身体的称为衣服，把方便行事的称作教化，将规范行为举止的称为礼节。服饰上的规定，只是用来让普通百姓取得一致，而不是用来衡量贤明与否的。因此，圣明的人与习俗合流，有才能的人与时俱进。有句谚语说：'按照书本上的方法驾车的人，不了解马的性情，就不能充分发挥马的能力；采用古代的礼法来治理当今的国家，不符合当前形势的变化，就不能治理好国家。'所以，遵循古制，其功业不可能超过当世；效法古代的礼法，其理论不能用来治理现在的国家。您还是不要反对胡服骑射吧。"

王破原阳

王破原阳，以为骑邑。牛赞进谏曰："国有固籍[①]，兵有常经。变籍则乱，失经则弱。今王破原阳，以为骑邑，是变籍而弃经也。且习其兵者轻其敌，便其用者易其难[②]。今民便其用而王变之，是损君而弱国也。故'利不百者不变俗，功不什者不易器'。今王破卒散兵，以奉骑射，臣恐其攻获之利不如所失之费也。"

王曰："古今异利，远近易用[③]。阴阳不同道，四时不一宜。故贤人观时，而不观于时；制兵，而不制于兵。子知官府之籍，不知器械之利；知兵甲之用，不知阴阳之宜。故兵不当于用，何兵之不可易？教不便于事，何俗之不可变？昔者先君襄主与代交地[4]，城境封之[5]，名曰无穷之门，所以昭后而期远也。今重甲循兵，不可以逾险；仁义道德，不可以来朝。吾闻信不弃功，知不遗时[6]。今子以官府之籍乱寡人之事，非子所知。”

牛赞再拜稽首曰：“臣敢不听令乎？”（至）［王］遂胡服[7]，率骑入胡，出于遗遗之门，逾九限之固[8]，绝五径之险[9]，至榆中，辟地千里。

【注释】

①固：通“故”。②用：器用。易其难：不以为难。③易：异。④交地：接壤。⑤城境：在国界上筑城。封：加强。⑥知：通“智”，聪明。⑦王：原作“至”，据鲍本等改。⑧九限：金正炜疑本作“九阮”，即九原。今从之。⑨径：黄丕烈说：“此当是陉之假借耳。”五陉为地名。今从之。

【译文】

赵王攻下原阳，把它作为骑邑，赵将牛赞规劝赵王说：“国家有成文法典，军队有固定兵制。改变法典，国家就要混乱；抛弃兵制，军队就要削弱。现在大王攻下原阳，把它作为骑邑，这是改变法典，抛弃兵制。再说，熟悉以前的兵制，就容易克敌制胜，用惯了以前的兵器，就不会有什么困难。现在兵士都用惯了以前的各种兵器，而您又要完全改换，这是伤害群众，削弱国力。所以，‘没有百倍的利益，就不要改变习俗；没有十倍的功效，就不要改换器具’。现在大王抛弃本国的军事制度和兵器，而实行胡人骑射，我担心这样做，所得的利益补偿不了所失的费用呀！”

赵王说：“古与今对待利益各不相同，远与近使用器具也各不相同；阴阳变化不同道理，四时气候也各不统一。所以，贤能的人顺时俗而动，不为时俗所囿；操纵兵器，而不被兵器所操纵。你只知道官府的旧法典，而不知道器械要便于使用；只知道一般地使用兵器、铠甲，而不知道根据阴阳变化去使用它们。所以，只要兵器不方便使用，有什么兵器不可以换掉呢？只要教化不便于行事，有什么礼法不能改变呢？从前，先君襄主时与代国国界相接，在国界上筑城加强防卫，城门叫‘无穷之门’，以此昭示后世子孙，希望获得长远利益。现在穿着沉重的铠甲，拿着长长的武器，不便于越过险隘之地；讲究仁义道德，不可能让胡人来朝臣服。我听说：忠信不放弃建功，聪明不忘记时机。现在你拿官府的旧法典来破坏我的事业，这不是你所能了解的。”

牛赞再拜叩头，说：“我怎么敢不听从大王的命令呢？”于是赵王穿上胡服，率领骑兵，出了“遗遗之门”，跨过九原要隘，通过五陉险阻，来到榆中，扩地千里。

卷二十 赵三

赵惠文王三十年

赵惠文王三十年，相都平君田单问赵奢曰："吾非不说将军之兵法也，所以不服者，独将军之用众。用众者，使民不得耕作，粮食輓赁不可给也[①]。此坐而自破之道也，非单之所为也。单闻之，帝王之兵，所用者不过三万，而天下服矣。今将军必负十万、二十万之众乃用之，此单之所不服也。"

马服曰："君非徒不达于兵也[②]，又不明其时势。夫吴干之剑[③]，肉试则断牛马，金试则截盘匜[④]；薄之柱上而击之，则折为三，质之石上而击之，则碎为百。今以三万之众而应强国之兵，是薄柱、击石之类也。且夫吴干之剑材，难夫毋脊之厚[⑤]，而锋不入；无脾之薄[⑥]，而刃不断。兼有是两者，无钓罕镡蒙须之便[⑦]，操其刃而刺，则未入而手断。君无十余、二十万之众，而为此钓罕镡蒙须之便，而徒以三万行于天下，君焉能乎？且古者四海之内，分为万国。城虽大，无过三百丈者。人虽众，无过三千家者。而以集兵三万，距此奚难哉！今取古之为万国者，分以为战国七，能具数十万之兵，旷日持久，数岁，即君之齐已。齐以二十万之众攻荆，五年乃罢。赵以二十万之众攻中山，五年乃归。今者，齐、韩相方，而国围攻焉，岂有敢曰'我其以三万救是’者乎哉？今千丈之城，万家之邑相望也，而索以三万之众，围千丈之城，不存其一角，而野战不足用也，君将以此何之？”都平君喟然太息曰：“单不至也！”

【注释】

①輓赁：运输。輓，拉车。赁，即“任”，负载。给：供给。②非徒：不只，不仅。③吴干：指吴国干将宝剑。④匜（yí）：古代盥洗用具。⑤毋脊之厚：即脊薄。脊薄则剑末锋易卷。⑥脾：近刃的剑面。⑦钓：鲍本作“钩”，指剑头环。罕：指剑柄。镡（xín）：剑鼻。蒙须：剑绳。

【译文】

赵惠文王三十年，齐相安平君田单问赵奢说：“我并不是不喜欢将军的兵法，我所不佩服的，仅仅是将军用兵太多。用兵太多，使得百姓不能耕种，粮食运输也就供给不上。这是坐以待毙的办法，我不采用这样的办法。我听说：帝王用兵，所用的不过三万，而天下就能归服。现在将军一定要有十万、二十万才去运用，这就是我所不佩服的地方。”

马服君赵奢说：“您不仅不了解用兵之法，而且也不明了军事形势。吴国的干将宝剑，试肉可以砍断牛、马，试金可以截断盘匜。如果往柱子上击，宝剑就折为三段，如果往石上击，宝剑就碎为百片。现在用三万兵力去对付强国的军队，这就类似‘击柱’‘击石’那样。况且，很难有像吴国干将这样好的宝剑。如果剑脊薄，则剑刃易卷；剑近刃处厚，则剑刃不可断物。如果兼有剑脊厚、剑近刃处薄两个特点，但剑头上没有剑环、剑柄、剑珥、剑绳的便利，那只好握着剑刃去刺杀。这样，还没有刺别人，握剑的手已被割断。您如果没有十万、二十万的军队，即使有剑环、剑柄、剑珥、剑绳的便利，只凭三万人就想横行于天下，这怎么可能呢？而且，古代天下分为万国，都城虽大，城四周也没超过三百丈的；人虽多，也没有超过三千家的。如果用训练有素的三万军队去对付这样的国家，还有什么困难呢？现在，古代的万国已经分为战国七雄，都能组织起几十万的兵力，如果交战旷日持久，经过几年，恐怕您也会遭到当年燕昭王攻入齐都临淄那样的结局吧。从前齐国用二十万的兵力进攻楚国，经过五年才结束战争；赵国用二十万的兵力进攻中山国，经过五年才胜利返回。现在齐、韩两国势均力敌，两国相互围攻，怎么会有谁敢说‘我用三万兵力去救援他们’呢？现在，千丈的高城，万家的大邑，互相怨敌，而要求拿三万的兵力去包围千丈之城，那只能围住城的一个角，进行野战就不够用了，您还想用这点兵力干什么呢？”安平君田单长长叹息说：“我没有考虑到这一些啊！”

秦围赵之邯郸

秦围赵之邯郸，魏安釐王使将军晋鄙救赵[1]。畏秦，止于荡阴，不进。魏王使客将军新垣衍间入邯郸[2]，因平原君谓赵王曰：“秦所以急围赵者，前与齐闵王争强为帝[3]，已而复归帝，以齐故。今齐闵王已益弱。方今唯秦雄天下，此非必贪邯郸，其意欲求为帝。赵诚发使尊秦昭王为帝，秦必喜，罢兵去。”平原君犹豫未有所决。

此时鲁仲连适游赵，会秦围赵。闻魏将欲令赵尊秦为帝，乃见平原君曰：“事将奈何矣？”平原君曰：“胜也何敢言事？百万之众折于外，今又内围邯郸而不能去。魏王使将军辛垣衍令赵帝秦，今其人在是，胜也何敢言事？”鲁连曰：“始吾以君为天下之贤公子也，吾乃今然后知君非天下之贤公子也。梁客辛垣衍安在？吾请为君责而归之。”平原君曰：“胜请召而见之于先生。”平原君遂见辛垣衍曰：“东国有鲁连先生，其人在此，胜请为绍介而见之于将军。”辛垣衍曰：“吾闻鲁连先生，齐国之高士也。

衍，人臣也，使事有职。吾不愿见鲁连先生也。”平原君曰：“胜已泄之矣。”辛垣衍许诺。

鲁连见辛垣衍而无言。辛垣衍曰：“吾视居（北）［此］围城之中者[4]，皆有求于平原君者也。今吾视先生之玉貌，非有求于平原君者，曷为久居此围城之中而不去也？”鲁连曰：“世以鲍焦无从容而死者[5]，皆非也。今众人不知，则为一身[6]。彼秦者，弃礼义而上首功之国也[7]。权使其士，虏使其民[8]。彼则肆然而为帝，过而遂正于天下[9]，则连有赴东海而死矣。吾不忍为之民也！所为见将军者，欲以助赵也。”辛垣衍曰：“先生助之奈何？”鲁连曰：“吾将使梁及燕助之。齐、楚则固助之矣。”辛垣衍曰：“燕则吾请以从矣。若乃梁，则吾乃梁人也，先生恶能使梁助之耶？”鲁连曰：“梁未睹秦称帝之害故也，使梁睹秦称帝之害，则必助赵矣。”辛垣衍曰：“秦称帝之害将奈何？”鲁仲连曰：“昔齐威王尝为仁义矣，率天下诸侯而朝周。周贫且微，诸侯莫朝，而齐独朝之。居岁余，周烈王崩，诸侯皆吊，齐后往。周怒，赴于齐曰：‘天崩地坼，天子下席[10]。东藩之臣田婴齐后至，则斮之！’威王勃然怒曰：‘叱嗟，而母婢也。’卒为天下笑。故生则朝周，死则叱之，诚不忍其求也。彼天子固然，其无足怪。”

辛垣衍曰：“先生独未见夫仆乎？十人而从一人者[11]，宁力不胜、智不若耶？畏之也。”鲁仲连曰：“然梁之比于秦若仆耶？”辛垣衍曰：“然。”鲁仲连曰：“然，吾将使秦王烹醢梁王[12]。”辛垣衍怏然不悦曰：“嘻，亦太甚矣，先生之言也！先生又恶能使秦王烹醢梁王？”鲁仲连曰：“固也，待吾言之。昔者，鬼侯（之）、鄂侯、文王[13]，纣之三公也。鬼侯有子而好，故入之于纣，纣以为恶，醢鬼侯。鄂侯争之急，辨之疾，故脯鄂侯。文王闻之，喟然而叹，故拘之于牖里之车百日[14]，而欲舍之死。曷为与人俱称帝王，卒就脯醢之地也？齐闵王将之鲁，夷维子执策而从[15]，谓鲁人曰：‘子将何以待吾君？’鲁人曰：‘吾将以十太牢待子之君。’维子曰：‘子安取礼而来待吾君？彼吾君者，天子也。天子巡狩，诸侯辟舍，纳于筦键[16]，摄衽抱几[17]，视膳于堂下，天子已食，退而听朝也。’鲁人投其籥[18]，不果纳，不得入于鲁。将之薛，假途于邹[19]。当是时，邹君死，闵王欲入吊。夷维子谓邹之孤曰：‘天子吊，主人必将倍殡柩[20]，设北面于南方，然后天子南面吊也。’邹之群臣曰：‘必若此，吾将伏剑而死。’故不敢入于邹。邹、鲁之臣，生则不得事养，死则不得饭含[21]。然且欲行天子之礼于邹、鲁之臣，不果纳。今秦万乘之国，梁亦万乘之国。俱据万乘之国，交有称王之名，(赌)［睹］其一战而胜[22]，欲从而帝之，是使三晋之大臣不如邹、鲁之仆妾也。且秦无已而帝[23]，则且变易诸侯之大臣。彼将夺其所谓不肖，而予其所谓贤；夺其所憎，而与其所爱。彼又将使其子女谗妾为诸侯妃姬[24]，处梁之宫，梁王安得晏然而已乎？而将军又何以得故宠乎？”

于是辛垣衍起，再拜谢曰：“始以先生为庸人，吾乃今日而知先生为天下之士也。吾请去，不敢复言帝秦。”

秦将闻之，为却军五十里。适会魏公子无忌夺晋鄙军以救赵击秦，秦军引而去。于是平原君欲封鲁仲连，鲁仲连辞让者三，终不肯受。平原君乃置酒，酒酣，起前以千金为鲁连寿。鲁连笑曰：“所贵于天下之士者，为人排患、释难、解纷乱而无所取也。即有所取者，是商贾之人也，仲连不忍为也。”遂辞平原君而去，终身不复见。

【注释】

①安釐王：魏昭王子。公元前276～前243年在位。晋鄙：魏国大

将。②客将军：他国人在魏为将者。新垣衍：即下文之“辛垣衍”。间：微行，间道而入。③“前与”句：指周赧王二十七年，齐闵王东称帝，秦昭王西称帝。后因苏秦劝闵王放弃帝号以有伐宋之利，后秦亦去其帝号，故曰“以齐故”。④此：原作“北”，据鲍本、《史记》等改。⑤鲍焦：周时隐者，不满时政，廉洁自守，后抱树而死。⑥“今众人”句：指现在的普通人不知道义，以为他为个人考虑。⑦上首功：推崇能斩首者。上，同“尚”。⑧“权使”句：对士人使权术，视百姓如奴隶。⑨过：甚至。正：政也，施政。⑩下席：离开座席，即离开自己居住的宫室睡到草垫子上去守丧。⑪“十人”句：十个奴仆侍奉一个主人。⑫烹醢：残酷处死。煮死为烹，剁酱为醢。⑬鬼侯：赤狄首领。其地在今山西西北部一带。之，据鲍本、《史记》等删。鄂侯：鄂国首领。其地在今河南沁阳西北。文王：周国首领。其地在今陕西岐山之周原一带。⑭车：与“居”声近义通，居处。⑮夷维子：齐人。夷维，在今山东潍县，以地名为姓。执策：赶车。⑯筦键：钥匙。筦，同“管”。键，钥匙。⑰摄衽抱几：提起衣襟，跪坐捧案而食。此为卑者侍奉尊者之礼。⑱投其籥：下锁。意为不接纳。⑲假途：借道。⑳倍：即“背”。即不正面对着灵柩。古丧礼，未葬，灵柩停西阶，丧事主人则位于东，正面对着灵柩。天子吊：主人于西阶立，北向而哭。㉑饭含：两种丧礼。将米放于死人口中曰饭，放玉则叫含。㉒睹：原作“赌”，据鲍本等改。㉓无已：不加制止。㉔子女：这里独指女儿。谗妾：善进谗言之女。

【译文】

秦国围攻赵都邯郸，魏安釐王派将军晋鄙领兵救赵。晋鄙因惧怕秦国，就把军队驻扎在赵、魏两国交界的荡阴，按兵不进。魏王派客将军辛垣衍秘密到赵都邯郸，通过平原君赵胜告诉赵王说：“秦国之所以加紧围攻赵国，是因为以前秦王与齐闵王争夺帝的尊位，以后又因为齐王放弃帝号，秦王也不得不放弃帝号，由于齐王的缘故，秦王没有获得帝的尊位。现在齐国国势比闵王时更加衰弱。当今只有秦国称雄天下，秦国攻赵不是贪图邯郸，其意图是想得到帝的尊位，赵王果真派使臣拥戴秦王称帝，秦王必定高兴，也就会撤兵离去。”平原君很犹豫，还没有决定。

这时齐人鲁仲连正好到赵国，正好碰上秦军围攻邯郸。他听说魏国要让赵国拥戴秦王称帝，就会见平原君，问他：“战事怎么样了?”平原君说：“我怎么敢谈战事呢?百万大军已损失在国外，现在秦军深入国内围困邯郸又不退兵。魏王派将军辛垣衍要赵国拥戴秦王称帝，辛垣衍就在这里，我怎么还敢谈战事呢?”鲁仲连说：“当初，我认为您是天下贤能的公子，现在我才知道您并不是天下贤能的公子。魏国客人辛垣衍在哪儿呢?让我为您责令他回去。”平原君说：“我去请他来见先生。”平原君就会见辛垣衍，说：“齐国鲁仲连先生在这里，让我介绍他来会见将军。”辛垣衍说：“我听说鲁仲连先生是齐国品德高尚之士；我是人臣，出使贵国，有公务在身。我不想见鲁仲连先生。”平原君说：“我已把您在这里的事泄露给他了。”辛垣衍这才答应见鲁仲连。

鲁仲连见到辛垣衍，一言不发。辛垣衍说：“我看住在这座围城里的人，都是有求于平原君的。但看先生的样子，并不像有求于平原君，为什么您要久待在这围城里不离开呢?”鲁仲连说：“一般人都认为鲍焦是因为心胸狭窄才死的，这都错了。现在的普通人不了解他，以为他是为了个人打算。那个秦国，是一个抛弃礼义崇尚战功的国家，对士人耍尽手腕，把老百姓当奴隶使用；如果秦王肆无忌惮地称帝，甚而竟然统治了天下，我宁愿跳入东海而死，也不做他的顺民！我之所以要求会见将军，是想来帮助赵国。”辛垣衍说：“先生怎样来帮助赵国呢?”鲁仲连说：“我要魏国和燕国来帮助它，齐、楚两国本来就要帮助赵国的。”辛垣衍说：“燕国吗，我想他是会听从您的；至于魏国，我就是魏国人，先生怎样使魏国帮助赵国呢?”鲁连仲说：“只因魏国还没有看到秦国称帝的危害，如果魏国看到这种危害，就一定会来帮助赵国。”辛垣衍说：“秦国称帝有什么危害呢?”鲁仲连说：“从前，齐威王曾经实行过仁义之道，率领天下诸侯去朝拜周天子，当时周天子既贫且弱，诸侯都不愿去朝拜，只有齐国去朝拜。过了一年多，周烈王死了，诸侯都去吊丧，齐国最后到。周王生气，在讣告中对齐国说：‘周天子驾崩了，新君离宫睡席守丧，东藩之臣田婴齐却晚到，将他斩首。’齐威王知道后勃然大怒，说：‘呸，你妈那个贱婢！’他这样说，终于被诸侯所耻笑。所以，在周天子生前就去朝拜他，死了，却又斥骂他，这实在是因为齐威王受不了周王对他的苛求。周王，是天子，本来就是这样作威作福，这也不足为怪。”

辛垣衍说：“先生难道没有见过仆人吗？十个仆人得听从一个主人的。这哪里是因为仆人力量不够、智力不如呢？是因为害怕主人。”鲁仲连说：“是的。那么魏国对秦国来说，像是仆人吗？”辛垣衍说：“是的。”鲁仲连说：“既然这样，我就要让秦王去烹杀魏王，把他剁成肉酱。”辛垣衍很不高兴地说：“嘻，您说的也未免太过分了。先生又怎么能让秦王烹杀魏王，把他剁成肉酱呢？”鲁仲连说：“本当如此，您听我说：从前鬼侯、鄂侯和文王都是纣王的三个诸侯。鬼侯有个女儿很美丽，因此献给了纣王，纣王认为她难看，就把鬼侯处以剁成肉酱的酷刑。鄂侯一再规劝纣王，竭力为鬼侯辩护，纣王又把鄂侯杀死，做成了肉干。文王听说后，悲痛地长叹，纣王因此把文王囚禁在牖里一百天，要置文王于死地。为什么魏国与秦国都是称王的国家，竟然甘心居于被杀、被剁的地位呢？齐闵王要去鲁国，闵王的侍从夷维子拿着马鞭跟在后面。他对鲁国人说：‘你们准备怎样来迎接我们的国君呢？’鲁国人说：‘我们准备用牛、羊、猪各十只来款待你们的国君。’夷维子说：‘你们怎能用这样的礼节款待我们的国君呢？我们的国君是天子。天子视察诸侯国，诸侯应当离开正朝而避居在外，要交出钥匙，铺好床席，放好倚身的玉几，在旁侍候天子吃饭；等天子吃完饭，再去上朝听政。’鲁国人听完后，便锁上城门，拒绝齐闵王入境，所以他没能到鲁国去。他又准备借道邹国，到薛国去。当时，邹国的国君刚死，齐闵王想要去吊丧。夷维子对已故邹君的儿子说：‘天子来吊唁诸侯，主人一定要把灵柩移到相反的方位去，放在坐南朝北的地方，然后好让天子面向南方吊丧。’邹国的群臣说：‘如果一定要这样做，我们都将伏剑自杀。’所以，齐闵王又不能进入邹国。尽管邹、鲁两国的大臣，国君活着时未能很好奉养，国君死了穷得不能饭含，可是，当齐国想让邹、鲁之臣对齐王行天子之礼时，竟拒绝齐闵王入境。现在秦国是万乘大国，魏国也是万乘大国，两国都是万乘大国，彼此都有称王的名分。只是看秦国打了一次胜仗，就想顺从而尊他为帝。这么说来，韩、赵、魏三国的大臣，还比不上邹、鲁的子臣啊！况且秦国不达到称帝的目的决不罢休，到那时，他就要撤换诸侯的大臣。秦国撤换那些他认为不称职的，任命他认为称职的；撤换他所讨厌的，任命他所喜爱的。他还会让他的女儿及善进谗言之妾去做诸侯的妃妾，住在魏宫。魏王能够就这样平安无事地过日子吗？而将军又怎能得到过去那样的宠信呢？”

于是辛垣衍起身，再三拜谢，说：“当初我认为先生是个庸人，现在才了解您是天下有才之士啊！我现在就要离开这里，不敢再提尊秦为帝的事了。”

秦将听说辛垣衍被鲁仲连说服了，因此军队后退五十里。正赶上魏公子无忌夺了魏将晋鄙的军权，救赵攻秦，秦军就撤退而去。在这时，平原君想封赏鲁仲连，鲁仲连再三辞谢，始终不肯接受。平原君就设宴款待他，当酒兴正浓时，平原君起身上前，将千金重礼献给鲁仲连作报酬。鲁仲连笑着说：“天下的贤士可贵之处，就在于为人家排除祸患，解决困难，平息纠纷，而不取报酬。如果接受人家的报酬，这就成了唯利是图的商人，我鲁仲连不能这样做。”他便辞别平原君而去，毕生没有与平原君再相见。

郑同北见赵王

郑同北见赵王。赵王曰：“子南方之传士也，何以教之？”郑同曰：“臣南方草鄙之人也，何足问？虽然，王致之于前，安敢不对乎？臣少之时，亲尝教以兵。”赵王曰：“寡人不好兵。”郑同因抚手仰天而笑之曰：“兵固天下之狙喜也，臣故意大王不好也。臣亦尝以兵说魏昭王，昭王亦曰：‘寡人不喜。’臣曰：‘王之行能如许由乎？许由无天下之累，故不受也。今王既受先王之传[①]，欲宗庙之安，壤地不削，社稷之血食乎？’王曰：‘然。’今有人操随侯之珠，持丘之环，万金之财，时宿于野[②]，内无孟贲之威，荆庆之断，外无弓弩之御，不出宿夕，人必危之矣。今有强贪之国，临王之境，索王之地，告以理则不可，说以义则不听。王非战国守圉之具，其将何以当之？王若无兵，邻国得志矣。”赵王曰：“寡人请奉教。”

【注释】

①传：指世袭的江山或王位。②时：或作“特”，古通用，指单独。

【译文】

郑同北上拜见赵王，赵王说：“您是南方的博学之士，来这里有何见教？”郑同回答说：“我是南方鄙陋无知之人，没什么值得您向我请教。即使如此，大王您已经把问题摆在了我面前，我怎敢不回答呢？我年轻的时候，父亲曾教给我兵法。”赵王说：“我不喜欢兵法。”郑同听了这话拍手仰天大笑，说：“兵法本来就是天下狡诈之人喜欢的东西，我原来就猜想大王您不喜欢它。我早先也曾用兵法游说过魏昭王，昭王也说：‘我不喜欢。’我就说：‘大王的行为能比得上许由吗？许由没有想得天下这种欲望的牵累，所以不接受尧的禅让。可是现在大王已经接受了先王世袭的江山，您想要保持祖先的灵魂平安无事，国土不被侵占，社稷之神得到祭祀吗？’魏昭王说：‘是的。’现在如果有人带着随侯之珠，持丘出产的美玉，揣着万金之财，独自在野外露宿，本身没有勇士孟贲那样的威力、荆庆那样的果断，身边又没有强弓利箭来防御，那么不超过一个晚上，别人必定会谋害他。现在有强大贪婪的国家进逼大王的边境，向大王索取疆土，晓之以理没有用，动之以义也不会听从。大王如果没有争战之国所具有的防御装备，又将用什么去抵御他们呢？大王您如果不讲求用兵的策略，那么邻国的野心就得逞了。”赵王说：“寡人愿意领教。”

卷二十一　赵四

五国伐秦无功

五国伐秦无功[①]，罢于成皋。赵欲搆于秦，楚与魏、韩将应之，（秦）［齐］弗欲[②]。苏代谓齐王曰[③]："臣以为足下见奉阳君矣。臣谓奉阳君曰：天下散而事秦，秦必据宋。魏冉必妒君之有阴也[④]。秦王贪，魏冉妒，则阴不可得已矣。君无搆，齐必攻宋。齐攻宋，则楚必攻宋，魏必攻宋，燕、赵助之。五国据宋，不至一二月，阴必得矣。得阴而搆，秦虽有变，则君无患矣。若不得已而必搆，则愿五国复坚约。愿得赵，足下雄飞，与韩氏大吏东免[⑤]，齐王必无召眠也。使臣守约，若与有倍约者，以四国攻之。无倍约者，而秦侵约，五国复坚而宾之[⑥]。今韩、魏与齐相疑也，若复不坚约而讲，臣恐与国之大乱也。齐、秦非复合也，必有踦重者矣。后合与踦重者[⑦]，皆非赵之利也。且天下散而事秦，是秦制天下也。秦制天下，将何以天下为？臣愿君之蚤计也。

"天下争秦有六举，皆不利赵矣。天下争秦，秦王受负海内之国，合负亲之交，以据中国，而求利于三晋，是秦之一举也。秦行是计，不利于赵，而君终不得阴，一矣。

"天下争秦，秦王内韩眠于齐，内成阳君于韩，相魏怀于魏，复合（衍）［衡］交两王[⑧]，王贲、韩他之曹，皆起而行事，是秦之一举也。秦行是计也，不利于赵，而君又不得阴，二矣。

“天下争秦，秦王受齐受赵，三（疆）［强］三亲[⑨]，以据魏而求安邑，是秦之一举也。秦行是计，齐、赵应之，魏不待伐，抱安邑而（信）［倍］秦[⑩]，秦得安邑之饶，魏为上交，韩必入朝秦，过赵已安邑矣，是秦之一举也。秦行是计，不利于赵，而君必不得阴，三矣。

“天下争秦，秦坚燕、赵之交，以伐齐收楚，与韩呡而攻魏，是秦之一举也。秦行是计，而燕、赵应之。燕、赵伐齐，兵始用，秦因收楚而攻魏，不至一二月，魏必破矣。秦举安邑而塞女戟，韩之太原绝[⑪]，下轵道、南阳、高，伐魏，绝韩，包二周，即赵自消烁矣[⑫]。国燥于秦，兵分于齐，非赵之利也。而君终身不得阴，四矣。

“天下争秦，秦坚三晋之交攻齐，国破（曹）［财］屈[⑬]，而兵东分于齐，秦按兵攻魏，取安邑，是秦之一举也。秦行是计也，君按救魏，是以攻齐之已弊，救与秦争战也；君不救也，韩、魏焉免西合？国在谋之中，而君有终身不得阴，五矣。

“天下争秦，秦按为义，存亡继绝，固危扶弱，定无罪之君，必起中山与（胜）［滕］焉[⑭]。秦起中山与（胜）［滕］，而赵、宋同命，何暇言阴？六矣。故曰君必无讲，则阴必得矣。”

奉阳君曰：“善。”乃绝和于秦，而收齐、魏以成取阴。

【注释】

①五国伐秦无功：赵、燕、韩、魏、齐五国攻秦，因各国观望、猜疑，故无功。②齐：原作“秦”，据鲍本改。③苏代谓齐王：据《战国纵横家书》等，可知此“苏代”当是“苏秦”之误。④阴：学者据史实考证，“阴”字为“陶”字之误。下文诸“阴”字误同。译文从之。⑤免：通“勉”，勉力。⑥宾：排斥。⑦后合：鲍本等作“复合”。⑧衡：原作

“衍”，据金正炜说改，衡同“横”，指连横。⑨强：原作“疆”，据鲍本及《札记》改。⑩倍：原作“信”，据鲍本改，益也。⑪太原：《史记正义》引作“太行”，当是。⑫消烁：同“销铄”，熔化，消除。这里指削弱。⑬财：原作“曹”，据鲍本等改。屈：尽也。⑭起：立也。滕：原作“胜”，据郭人民等说改。滕国灭于宋，中山灭于赵，秦复起二国，故下文称“赵宋同命”。

【译文】

赵、魏、韩、燕、齐五国联合攻打秦国，没有取得成功，罢兵休战而驻兵在成皋。赵国想与秦国讲和，楚、魏、韩三国准备响应，但齐国不愿这样做。苏秦对齐王说：“我已经为您会见了奉阳君李兑。我对奉阳君说：各诸侯国离散合纵联盟去事奉秦国，秦国一定会占据宋国，魏冉必定会妒忌您得到陶邑。秦王贪得无厌，魏冉又非常妒忌，那么您是不可能得到陶邑了。假如您不与秦国讲和，齐国必定进攻宋国。齐国一旦进攻宋国，那么楚必定进攻宋国，魏国必定进攻宋国，燕、赵二国也会相助。五国军队进攻宋国，不出一两个月，必然拿下陶邑之地。拿下陶邑然后与秦国讲和，秦国即使有什么变故，那么您也就没有什么忧患了。如果不得已而一定要与秦国讲和，那么就希望五国坚守旧约。希望能由赵国和您一起领导大家，和韩国的重臣一起去鼓励齐王合纵，齐国就肯定不会召回亲秦的韩珉。您就让我来监督盟约的执行，如果盟国中有违背盟约的，就让其他四国共同攻打它。如果五国没有违背盟约的，而秦国侵略同盟国家，五国就坚守盟约以共同抗拒秦国。现在，韩、魏两国与齐国互相猜疑，如果五国不坚守盟约而贸然与秦国讲和，我担心盟国会出现大的内乱。其结果不是齐、秦两国联合，就是各诸侯国要么倚重于秦，要么依附于齐。齐、秦联合或诸侯国倚附其中一国，都对赵国不利。再说，诸侯国解散合纵联盟而侍奉秦国，那么秦国就能控制天下。秦国一旦控制了天下，那么还有什么诸侯国可言呢？我希望您尽早考虑这件事。

“各诸侯国竞相侍奉秦国，有六种情形，都对赵国不利。诸侯竞相侍奉秦国，秦国接受齐国结盟，并与背信弃义的各国恢复交往，以此控制中原地区，那么就会向赵、魏、韩三国索取利益，这是秦国可采取的一种举措。秦国实行这种举措，会对赵国不利，而您最终得不到陶邑，这是其一。

“天下诸侯竞相侍奉秦国，秦王就会让韩呡去齐国任事，让成阳君执掌韩国事务，让魏怀当魏国的国相，恢复连横阵线，与赵、燕两国交好，像王贲、韩他等人都再度被起用掌权，这是秦国可采取的一种举措。秦国实行这种举措，对赵国不利，而您又得不到陶邑，这是其二。

“各国诸侯竞相侍奉秦国，秦王接受齐国和赵国，三个强国结盟以后，就会控制魏国而索取安邑，这是秦国可采取的一种举措。秦国实行这种举措，齐、赵两国都会响应，魏国不等秦军进攻就会主动献出安邑来争取秦国的谅解。秦国取得安邑这样富饶的地方，又和魏国交好，那么韩国必定向秦国称臣。秦国会以魏国献安邑相比，要求赵国割地。这是秦国可采取的一种举措。秦国这样做，会对赵国不利，而您一定得不到陶邑，这是其三。

“天下诸侯竞相侍奉秦国，秦国就加强与燕、赵两国的邦交关系，并联合楚国进攻齐国，联合韩呡进攻魏国，这是秦国可采取的一种举措。秦国实行这种举措，燕国和赵国响应。燕、赵两国去进攻齐国，战争刚一开始，秦国就会趁机联合楚国进攻魏国，不到一两个月，魏国肯定会破亡。秦国占领安邑，堵塞女戟，韩国在太行的地盘就被隔绝。秦军经轵道、南阳、高，进攻魏国，断绝韩国的后路，包抄东周和西周，那么赵国就自然而然被削弱了。国家被秦国削弱，军队被分去进攻齐国，这对赵国不利，而您终身得不到陶邑，这是其四。

“天下诸侯竞相侍奉秦国，秦国加强与赵、魏、韩三国的邦交关系以进攻齐国，使其国势削弱财力耗尽，而军队又分散到东边的齐国，秦国于是出兵进攻魏国，夺取安邑，这是秦国可采取的一种举措。秦国实行这种举措，您于是去援救魏国，这样就是以进攻齐国已疲惫的军队，去与秦军交战；您如不去援救魏国，韩、魏两国怎么能避免与秦国联合呢？您的国家正在被别人算计，而您又终身得不到陶邑，这是其五。

“天下诸侯竞相侍奉秦国，秦国于是假装仁义，复兴灭亡的国家，接续绝祀的国家，巩固面临危险的国家，扶持衰弱的国家，审定无罪的君王，一定会恢复中山国和滕国。秦国复兴中山和滕，赵国的命运就会同宋国一样了，哪有闲工夫去考虑陶邑？这是其六。所以说您一定不要与秦国讲和，那么陶邑一定能得到。”

奉阳君说：“好。”于是放弃与秦国讲和，联合齐国和魏国，以求实现取得陶邑的计划。

冯忌请见赵王

冯忌请见赵王，行人见之。冯忌接手免首①，欲言而不敢。王问其故，对曰：“客有见人于服子者，已而请其罪。服子曰：‘公之客独有三罪：望我而笑，是狎也；谈语而不称师，是倍也②；交浅而言深，是乱也。’客曰：‘不然。夫望人而笑，是和也；言而不称师，是庸说也；交浅而言深，是忠也。昔者尧见舜于草茅之中，席陇亩而荫庇桑，阴移而授天下传。伊尹负鼎俎而干汤，姓名未著而受三公。使夫交浅者不可以深谈，则天下不传，而三公不得也。’”赵王曰：“甚善。”冯忌曰：“今外臣交浅而欲深谈，可乎？”王曰：“请奉教。”于是冯忌乃谈。

【注释】

①接手：交两手，指拱手。免：通“俛”，俯。②倍：背其师说。

【译文】

冯忌求见赵王，管礼宾的人让他见赵王。冯忌见了赵王，拱手低头，想说又不敢说。赵王问他是什么缘故，冯忌说：“我介绍一个人见服子，不久就向服子请罪。服子说：‘你介绍的那个人竟然有三个错误：看着我笑，这是轻慢；谈论道理却不称颂老师，这是背叛；和他交情浅薄却深谈，这是惑乱。’我说：‘不是这样。望人而笑，这是和颜悦色；说话不称颂老师，那是说话随便；交情浅薄却深谈，这是忠诚恳切。从前尧帝在草屋之中见到虞舜，坐在田头而歇于桑下，很快就把天下交给了虞舜。伊尹背着鼎俎求见商汤，姓名还未及显著，很快就任命为三公。如果交情浅薄就不能深谈，那么尧帝就不会把天下传给虞舜，商汤就不会任命伊尹为三公。’”赵王说：“很好。”冯忌说：“我现在和大王交情浅薄，却想深谈，可以吗？”赵王说：“请赐教。”于是冯忌就谈了起来。

客见赵王

客见赵王曰：“臣闻王之使人买马也，有之乎？”王曰：“有之。”“何故至今不遣？”王曰：“未得相马之工也[①]。”对曰：“王何不遣建信君乎？”王曰：“建信君有国事，又不知相马。”曰：“王何不遣纪姬乎[②]？”王曰：“纪姬，妇人也，不知相马。”对曰：“买马而善，何补于国？”王曰：“无补于国。”“买马而恶，何危于国？”王曰：“无危于国。”对曰：“然则买马善而若恶[③]，皆无危补于国。然而王之买马也，必将待工。今治天下，举错非也[④]，国家为虚戾，而社稷不血食，然而王不待工，而与建信君，何也？”赵王未之应也。

客曰：“《郭燕之法》有所谓柔痈者[⑤]，王知之乎？”王曰：“未之闻也。”“所谓柔痈者，便辟左右之近者，及夫人优爱孺子也[⑥]。此皆能乘王之醉昏，而求所欲于王者也。是能得之乎内，则大臣为之枉法于外矣。故日月晖于外，其贼在于内[⑦]，谨备其所憎，而祸在于所爱。”

【注释】

①工：指行家。②纪姬：赵王宠姬。③若：犹或。④举错：亦作“举措”。⑤痈：即痈疽之痈。便辟左右、夫人孺子皆柔媚其君而为患于内，故曰柔痈。⑥优爱孺子：宠爱的少年美女；一说，优，倡优。⑦贼：害，毛病。

【译文】

有位客人拜见赵王说：“我听说大王派人去买马，有这回事吗？”赵王说：“有这回事。”“为什么到现在还不派人呢？”赵王说：“没有找到相马的行家。”客问：“大王为什么不派建信君去呢？”赵王说：“建信君有公事，他又不懂得相马。”客人说：“大王为什么不派纪姬呢？”赵王说：“纪姬是女人，又不懂得相马。”客人问：“买到好马，对国家有什么帮助？”赵王说：“对国家没有什么帮助。”“买到坏马，对国家有什么危害？”赵王说：“对国家没有什么危害。”客人问：“既然买到好马或坏马，对国家没有帮助或危害，然而大王买马却一定要等待相马的行家。现在您治理国家，政治措施不当，国家衰败，将成废墟，甚至不能继续祭祀，可是大王不等待行家，却把大权交给了建信君，这是为什么？”赵王无言答对。

客人说：“《郭偃之法》有所谓‘柔痈’的说法，大王知道吗？”赵王说：“没有听说过。”“所谓‘柔痈’就是指国君所宠爱的左右亲近、国君的夫人、宠爱的艺人和年轻的美女。这些人都能乘国君醉昏之时，对国君任意提出要求。这些人能得之于内，那么大臣就能在外枉法作奸。所以，太阳和月亮如果被蚀，它四周仍有光辉，其祸害往往在于内部；总能小心戒备所憎恶的人，但是祸害往往发生在‘所爱’的人身上啊！”

赵太后新用事

赵太后新用事，秦急攻之。赵氏求救于齐。齐曰：“必以长安君为质，兵乃出。”太后不肯，大臣强谏。太后明谓左右：“有复言令长安君为质者，老妇必唾其面。”

左师触（詟）［龙言］愿见太后[①]。太后盛气而揖之。入而徐趋，至而自谢，曰：“老臣病足，曾不能疾走，不得见久矣。窃自恕，而恐太后玉体之有所郄也[②]，故愿望见太后。”太后曰：“老妇恃辇而行[③]。”曰：“日食饮得无衰乎？”曰：“恃粥耳。”曰：“老臣今者殊不欲食，乃自强步，日三四里，少益耆食，和于身也。”太后曰：“老妇不能。”太后之色少解。

左师公曰：“老臣贱息舒祺[④]，最少，不肖。而臣衰，窃爱怜之。愿令得补黑衣之数[⑤]，以卫王官，没死以闻[⑥]。”太后曰：“敬诺。年几何矣？”对曰：“十五岁矣。虽少，愿及未填沟壑而托之。”太后曰：“丈夫亦爱怜其少子乎？”对曰：“甚于妇人。”太后笑曰：“妇人异甚。”对曰：“老臣窃以为媪之爱燕后贤于长安君。”曰：“君过矣，不若长安君之甚。”左师公曰：“父母之爱子，则为之计深远。媪之送燕后也，持其踵而为之泣，念悲其远也，亦哀之矣。已行，非弗思也，祭祀必祝之，祝曰：‘必勿使反。’岂非计久长，有子孙相继为王也哉？”太后曰：“然。”

左师公曰：“今三世以前，至于赵之为赵，赵主之子孙侯者，其继有在者乎？”曰：“无有。”曰：“微独赵，诸侯有在者乎？”

曰："老妇不闻也。""此其近者祸及身，远者及其子孙。岂人主之子孙则必不善哉？位尊而无功，奉厚而无劳，而挟重器多也。今媪尊长安君之位，而封之以膏腴之地，多予之重器，而不及今令有功于国。一旦山陵崩[⑦]，长安君何以自托于赵？老臣以媪为长安君计短也，故以为其爱不若燕后。"太后曰："诺，恣君之所使之[⑧]。"于是为长安君约车百乘质于齐，齐兵乃出。

子义闻之曰："人主之子也，骨肉之亲也，犹不能恃无功之尊，无劳之奉，而守金玉之重也，而况人臣乎？"

【注释】

①触耆：当作"触龙言"，据黄丕烈等说改。②郄：通"隙"，指身体不适。③辇：人拉的车。④贱息：谦称自己的儿子。息，子。⑤黑衣：原指王宫卫士穿的黑色衣服，此处代指卫士。⑥没死：冒死罪。没，同"昧"。⑦山陵崩：比喻地位高的人逝世，像山陵崩倒一样。⑧恣：任凭，听随。

【译文】

赵太后刚主持国政，秦国就猛攻赵。赵国向齐国请求救援。齐国说："必须让长安君来做人质，才会出兵。"赵太后不同意，大臣们都极力劝谏。赵太后明确地告诫左右大臣们："谁要是再提起叫长安君做人质的事，我一定吐他一脸唾沫。"

左师触龙言说自己想拜见太后，太后怒气冲冲地等他。触龙进宫后慢慢走上前去，走到太后跟前就向她谢罪，说："老臣的脚有毛病，一直无法快走，很久没有拜见太后您了。虽然我私下原谅自己，但仍然担心太后您的身体欠安，所以希望能拜见太后。"赵太后说："我只能靠车子行动了。"触龙问："每天饮食该不会减少吧？"太后说："靠喝点粥维持。"触龙说："老臣最近很不想吃东西，就勉强步行，每天走上三四里，渐渐想吃东西了，身子舒服了点。"太后说："我老婆子做不到啊。"太后的脸色稍微缓和了些。

左师触龙说："老臣我有个儿子叫舒祺，年龄最小，没什么出息。我已经年老体衰了，私下里很疼爱他。希望能让他补充进黑衣侍卫的队伍里，来保卫王宫，因此我冒死来向太后提出这一请求。”太后说：“好吧。他今年多大了？”触龙答道：“十五岁了。虽然年纪尚小，老臣还是想趁着自己没死之前把他托付给您。”太后说：“男子汉也疼爱自己的小儿子吧？”触龙答道：“比妇人家还厉害。”太后笑着说：“妇人家疼爱小儿子才特别厉害呢。”触龙说：“老臣私下里还认为您疼爱燕后要超过长安君呢。”太后说：“你错了，比起长安君差得远。”触龙说：“为人父母的疼爱子女，就应该替他们做长远打算。您送别燕后时，在车下握着她的脚后跟掉泪，为她远嫁而悲伤，也是为之伤心啊！燕后走了以后，您并不是不想念她，祭礼时总是要替她祷告说：‘千万别让她回来。’这难道不是替她做长远打算，希望她的子孙世代为王吗？”太后说：“正是这样。”

左师触龙问：“从现在起，上推到三代以前，甚至推到赵氏立国的时候，赵王子孙被封侯的，他们的后代还有在侯位的吗？”太后答道：“没有。”触龙又问：“不单是赵国，就是其他诸侯的子孙，他们的后代还有在侯位的吗？”太后答道：“老婆子没有听说过。”触龙就说：“这些人，近的自身遭祸；远的子孙遭祸。难道说君主的子孙做侯的就一定不好吗？只是因为他们地位尊贵却无功于国，俸禄丰厚但没有为国出力，并拥有大量的金玉重器。现在您使长安君的地位很尊贵，又封给他肥沃的土地，给他很多金玉重器，却不趁现在让他为国立功。有朝一日太后您不幸去世，长安君将依仗什么在赵国立足呢？老臣认为您替长安君打算得不够长远，所以说您疼爱长安君不如疼爱燕后。”太后说：“好吧，那就任凭您怎样安排他吧！”于是替长安君准备一百辆随行的车辆，送他到齐国做人质，齐国这才出兵援救。

子义听说了这件事，感叹道：“君主的儿子，是骨肉之亲，尚且不能倚仗无功而得来的高位，无劳而得来的俸禄，来守住金玉重器，更何况是做臣子的呢？”

卷二十二　魏一

知伯索地于魏桓子

知伯索地于魏桓子，魏桓子弗予。任章曰：“何故弗予？”桓子曰：“无故索地，故弗予。”任章曰：“无故索地，邻国必恐；重欲无厌[①]，天下必惧。君予之地，知伯必㤭[②]。㤭而轻敌，邻国惧而相亲。以相亲之兵，待轻敌之国，知氏之命不长矣！《周书》曰：‘将欲败之，必姑辅之；将欲取之，必姑与之。’君不如与之，以骄知伯。君何释以天下图知氏[③]，而独以吾国为知氏质乎[④]？”君曰：“善。”乃与之万家之邑一。知伯大说[⑤]，因索蔡、皋梁于赵[⑥]，赵弗与，因围晋阳。韩、魏反于外，赵氏应之于内，知氏遂亡。

【注释】

①重：多。厌：满足。②㤭：通“骄”。③释：舍弃。图：谋取。④质：准的，指目标。⑤说：通“悦”，高兴。⑥皋梁：即“皋狼”，也作“郭狼”，在今山西离石西。

【译文】

知伯向魏桓子索要土地，魏桓子不给。任章说：“为什么不给他呢？”桓子说：“无缘无故来索要土地，所以不给。”任章说：“没有缘由就索取土地，邻国一定害怕；胃口太大不知满足，诸侯一定都害怕。如果你给他土地，知伯必定越发骄横。一骄横就会轻敌，邻国害怕就自然会团结。用团结的军队来对付轻敌的国家，知伯的命就不长了！《周书》上说：‘想要打败他，一定暂且推动他一下；想要夺取他，一定暂且给他一点。’所以您不如把土地给他，以使知伯越发骄横。您怎么能放弃和天下诸侯共同图谋知伯的机会，而让我国独自成为知伯的攻击对象呢？”魏桓子说：“好吧。”于是就把一个有万户人家的城邑给了知伯。知伯很高兴，于是就又向赵国索取蔡、皋狼等地，赵国不答应，知伯就围攻晋阳。韩、魏从外面倒戈反击，赵氏从国内响应，知伯于是很快就灭亡了。

西门豹为邺令

西门豹为邺令①，而辞乎魏文侯。文侯曰：“子往矣，必就子之功，而成子之名。”西门豹曰：“敢问就功成名亦有术乎？”文侯曰：“有之。夫乡邑老者而先受坐之②，士子入而问其贤良之士而师事之③，求其好掩人之美而扬人之丑者而参验之。夫物多相类而非也，幽莠之幼也似禾④，骊牛之黄也似虎⑤，白骨疑象⑥，武夫类玉⑦，此皆似之而非者也。”

【注释】

①西门豹：西门为复姓，名豹，魏文侯时为邺令。邺：魏国邑名，在今河北临漳西南邺镇。②先受坐之：指年老的人在众人之前先坐，故言“先受坐之”。③师事之：用对待师长的礼节来对待他们。④幽莠：深色的狗尾草。⑤骊牛：黑黄色的牛。⑥疑：疑似。象：指象牙。⑦武夫：也作“碔砆”，似玉的美石。

【译文】

西门豹出任邺令，向魏文侯辞行。魏文侯说：“你去吧，一定使你成功、成名。”西门豹说：“请问成功、成名也有方法吗？”文侯说：“有方法。对乡邑中的老年人，要让他们先坐，以示尊老；对待读书人，就聘请德才兼备的尊他们为老师；对那些喜好掩盖别人优点、宣扬别人缺点的人，要根据实际进行考察。事物总是似是而非的。莠草的幼苗像禾苗，骊牛的毛色像老虎，白骨好似象牙，武夫好似玉石。这些都是所谓似是而非的事物啊！”

魏武侯与诸大夫浮于西河

魏武侯与诸大夫浮于西河，称曰：“河山之险，岂不亦信固哉！”王钟侍王[①]，曰：“此晋国之所以强也[②]。若善修之，则霸王之业具矣。”吴起对曰：“吾君之言，危国之道也；而子又附之，是［重］危也[③]。”武侯忿然曰：“子之言有说乎？”

吴起对曰：“河山之险，信不足保也[④]；是伯王之业，不从此也。昔者三苗之居[⑤]，左彭蠡之波[⑥]，右有洞庭之水，文山在其南，而衡山在其北。恃此险也，为政不善，而禹放逐之。夫夏桀之国，左天门之阴，而右天溪之阳[⑦]，庐、睪在其北，伊、洛出其南。有此险也，然为政不善，而汤伐之。殷纣之国，左孟门而右漳、釜[⑧]，前带河，后被山。有此险也，然为政不善，而武王伐之。且君亲从臣而胜降城，城非不高也，人民非不众也，然而可得并者，政恶故也。从是观之，地形险阻，奚足以霸王矣！”

武侯曰：“善。吾乃今日闻圣人之言也！西河之政，专委之子矣。”

【注释】

①王钟：一本作“王错”。②晋国：指魏国。③重：加重。据鲍本补。④保：依恃，依靠。⑤三苗：古族名。⑥彭蠡：古泽名，即今江西鄱阳湖。⑦天溪：指黄河与济水。⑧釜：即滏水。

【译文】

魏武侯与诸位大夫乘船游荡在西河之上，武侯赞叹说：“河山如此险要，难道不是真正很巩固了吗？”王钟陪坐在旁，说：“这正是魏国强盛的原因。如果好好地治理，那么成就霸王之业的条件就具备了。”吴起回答说：“我们国君的话，是把国家引向危险的道路；而您又附和他，这就加重危险了。”武侯怒容满面地说：“你这话有什么理由可说吗？”

吴起回答说：“河山地势的险要，实在不能依靠，而称霸称王的功业并非由此产生的啊。从前三苗部落所居之地，左有鄱阳湖，右有洞庭湖，文山在其南，衡山在其北；依靠这样险要的地势，国家治理不好，结果禹王把他们放逐了。夏桀的国都，左有天门，右有天溪，庐、睪二山在北，伊、洛二水在南；有这样险要的地势，国家治理不好，商汤王就讨伐他。殷纣的国都，左有孟门险隘，右有漳、滏二水，前有黄河环绕，后有太行遮蔽；有这样险阻的地势，国家治理不好，结果周武王把它消灭了。而且君王亲自和我一道迫使敌方的城邑投降，敌人的城墙并非不高，人民并非不多啊，可是我们能够兼并他们，就是因为他们政治腐败的缘故。由此看来，依靠地势险阻，怎么能够成就霸王的功业呢！”

武侯说：“说得好。我现在才算听到了圣人之言啊！治理西河的政事，我就完全委托给你了！”

魏公叔痤为魏将

魏公叔痤为魏将，而与韩、赵战浍北，禽乐祚①。魏王说②，迎郊，以赏田百万禄之。公叔痤反走，再拜辞曰："夫使士卒不崩，直而不倚③，挠拣而不辟者④，此吴起余教也，臣不能为也。前脉形地之险阻⑤，决利害之备，使三军之士不迷惑者，巴宁、爨襄之力也。悬赏罚于前，使民昭然信之于后者，王之明法也。见敌之可也鼓之不敢怠倦者，臣也。王特为臣之右手不倦赏臣，何也？若以臣之有功，臣何力之有乎？"王曰："善。"于是索吴起之后，赐之田二十万。巴宁、爨襄田各十万。

王曰："公叔岂非长者哉！既为寡人胜强敌矣，又不遗贤者之后，不掩能士之迹，公叔何可无益乎？"故又与田四十万，加之百万之上，使百四十万。故《老子》曰："圣人无积。尽以为人，己愈有；既以与人⑥，己愈多。"公叔当之矣。

【注释】

①禽：同"擒"，俘虏。②说：同"悦"。③直而不倚：直前而不斜行。④辟：同"避"。拣：何建章认为是"挠"之误衍。⑤脉：视。⑥既：尽。

【译文】

魏国公叔痤出任魏将，与韩、赵两国战于浍北，俘虏赵将乐祚。魏王很高兴，亲自郊迎，赐给他"赏田"百万作为俸禄。公叔痤反走表示礼让，一再推辞，说："使士卒不溃不散，勇猛向前，百折不挠，这是吴起教导的影响啊，我是做不到的。事前视察了解复杂险阻的地形，决定得失利害的调度安排，使三军将士不致迷惑，这是巴宁、爨襄的功劳啊。订立赏罚制度于前，使人民明信遵守于后，这是君王明确的法规。看见敌人可以进攻，就击鼓前进，不敢懈怠，这是我的职责。大王只为我不敢懈怠击鼓的右手而赏赐我，就可以了，如果认为我有功，我又有什么功劳呢？”魏王说：“好。”于是找到吴起的后人，赏赐他们田二十万；又赏赐巴宁、爨襄田各十万。

魏王说：“公叔难道不是一位道德高尚的长者吗？他既为我战胜了强敌，又不忘记贤者的后代，不埋没能人巴宁、爨襄的功绩，为什么不可以给公叔增加赏赐呢？”因此又给了公叔痤田四十万，加上以前的一百万，为一百四十万。因此《老子》说：“圣人不为自己积蓄。全部给别人，自己就更加富有；全部给别人，自己也就更加多了。”公叔痤算得上是这样的人了。

苏子为赵合从说魏王

苏子为赵合从，说魏王曰：“大王之地，南有鸿沟、陈、汝南，有许、鄢、昆阳、邵陵、舞阳、新郪；东有淮、颍、沂、黄、煮枣、海盐、无踈；西有长城之界；北有河外、卷、衍、燕、酸枣，地方千里。地名虽小，然而庐田庑舍，曾无所刍牧牛马之地。人民之众，车马之多，日夜行不休已，无以异于三军之众。臣窃料之，大王之国，不下于楚。然横人谋王[①]，外交强虎狼之秦，以侵天下，卒有国患，不被其祸。夫挟强秦之势，以内劫其主，罪无过此者。且魏，天下之强国也；大王，天下之贤主也。今乃有意西面而事秦，称东藩，筑帝宫，受冠带，祠春秋，臣窃为大王媿之[②]。臣闻越王勾践以散卒三千，禽夫差于干遂；武王卒三千人，革车三百乘，斩纣于牧之野。岂其士卒众哉！诚能振其威也。今窃闻大王之卒，武力二十余万，苍头二（千）［十］万[3]，奋击二十万[4]，厮徒十万[5]，车六百乘，骑五千匹。此其过越王勾践、武王远矣。今乃劫于辟臣之说[6]，而欲臣事秦。夫事秦必割地效质，故兵未用而国已亏矣。凡群臣之言事秦者，皆奸臣，非忠臣也。夫为人臣，割其主之地以求外交，偷取一旦之功而不顾其后，破公家而成私门，外挟强秦之势以内劫其主，以求割地，愿大王之熟察之也。《周书》曰：'绵绵不绝，缦缦奈何；毫毛不拔，将成斧柯。[7]'前虑不定，后有大患。将奈之何？大王诚能听臣，六国从亲，专心并力，则必无强秦之患。故敝邑赵王使使臣献愚计，奉明约，在大王诏之[8]。"

魏王曰："寡人不肖，未尝得闻明教。今主君以赵王之诏诏之，敬以国从。"

【注释】

①横人：主张连横的人。②媿：同"愧"，羞愧。③十：原作"千"，据鲍本及黄丕烈说等改。④奋击：奋力杀敌的战士。⑤厮徒：杂差，杂役。⑥辟：鲍本、《史记》作"群"，义顺，译文从之。⑦"《周书》曰"句：此四句见《逸周书·和寤解》。缦缦：谓长大。成：《史记》作"用"。⑧诏：教。

【译文】

苏秦为赵国组织合纵联盟，游说魏王说："大王的国土，南边有鸿沟、陈、汝南，又有许、鄢、昆阳、邵陵、舞阳、新郪等地；东边有淮、颍水，沂、黄、煮枣、海盐、无踈等地；西边有长城为其边界；北边有河外、卷、衍、燕、酸枣等地，国土方圆千里。地方的名声虽小，然而到处都是茅屋草舍，竟然连割草放牧牛马的地方都没有。人民之众，车马之多，日日夜夜，来来往往，从不停息，与三军之众无异。我私下估计，大王的国家，并不比楚国差。但是那些主张连横的人为大王出谋划策，对外交结如狼似虎的秦国，去侵犯诸侯，终于使魏国遭到祸害，他们自己则不遭其祸害。依靠强秦的势力，对内胁迫自己的国君，他们的罪过没有比这更大的了。而且，魏国是天下的强国；大王是天下的贤君。现在竟然存心向西去侍奉秦国，让魏国成为秦国的东方藩属，还为秦王修建行宫，接受秦国的衣服、制度，春、秋纳贡助秦国祭祀，我私下真为大王感到羞愧。我听说，越王勾践靠了三千残兵败将，终于在干遂俘虏了吴王夫差；周武王凭士兵三千人，战车三百辆，在牧野斩了殷纣王的头。这难道是因为士卒众多吗！实因为能够振作士气，发挥其威力。现在我听说大王的兵力，有精锐部队二十余万，普通部队二十万，敢死队二十万，杂役十万，战车六百辆，战马五千匹。这远远超过了越王勾践和周武王。现在您却被群臣的主张所胁迫，而要臣服于秦国。要臣服于秦国，就必须割地送子做人质；所以，还没有用兵，国家却已亏损了。大凡主张侍奉秦国的人，都是一些奸臣，不是忠臣。作为人臣，割取国君的土地去和外国勾结，窃取一时的功绩，而不顾其后果，损失国家的利益而成就自己的功绩，对外依靠强秦的力量，对内胁迫其国君，要求割让土地，希望大王对此要仔细观察啊。《周书》上说：‘萌芽时不除掉，长大了就无可奈何；细微时不拔掉，长大了就要用斧钺。’事前不当机立断，事后必定有大祸，这将怎么办呢？大王如果能听从臣下的，六国合纵联盟，齐心协力，那么就不会有强秦的祸害。所以敝国赵王特派我来献上愚计，遵奉盟约，任凭大王决定。”

魏王说：“寡人无才无德，从来也没有听到过这样英明的教导。如今您以赵王的旨意来教诲我，我敬率国参加合纵联盟。”

卷二十三　魏二

庞葱与太子质于邯郸

庞葱与太子质于邯郸[①]，谓魏王曰："今一人言市有虎，王信之乎？"王曰："否。""二人言市有虎，王信之乎？"王曰："寡人疑之矣。""三人言市有虎，王信之乎？"王曰："寡人信之矣。"庞葱曰："夫市之无虎明矣，然而三人言而成虎。今邯郸去大梁也远于市[②]，而议臣者过于三人矣。愿王察之矣。"王曰："寡人自为知[③]。"于是辞行，而谗言先至。后太子罢质，果不得见。

【注释】

①庞葱：魏臣。太子：魏太子。②大梁：在今河南开封。③自为知：指不信别人的话。

【译文】

庞葱和魏国太子要到赵国做人质。庞葱对魏惠王说："现在有一个人说集市上有老虎，大王相信吗？"魏王说："不信。""有两个人说集市上有老虎，大王相信吗？"魏王说："寡人有些怀疑了。""有三个人说集市上有老虎，大王相信吗？"魏王说："寡人相信了。"庞葱说："集市上没有老虎是明明白白的，可是三个人说有老虎，就像真的有老虎了。现在邯郸离大梁比集市远，而议论臣下的人要远远超过三个人，希望大王能对此明察。"魏王说：“寡人自己知道分辨。”于是庞葱辞别上路，而毁谤他的话很快传到魏王那里。后来太子不做人质回到魏国，庞葱果然没能再得到魏王召见。

梁王魏婴觞诸侯于范台

梁王魏婴觞诸侯于范台。酒酣，请鲁君举觞。鲁君兴，避席择言曰[①]：“昔者帝女令仪狄作酒而美，进之禹，禹饮而甘之[②]，遂疏仪狄，绝旨酒，曰：‘后世必有以酒亡其国者。’齐桓公夜半不嗛[③]，易牙乃煎敖燔炙，和调五味而进之，桓公食之而饱，至旦不觉，曰：‘后世必有以味亡其国者。’晋文公得南之威[④]，三日不听朝，遂推南之威而远之，曰：‘后世必有以色亡其国者。’楚王登强台而望崩山，左江而右湖，以临彷徨，其乐忘死，遂盟强台而弗登，曰：‘后世必有以高台陂池亡其国者。’今主君之尊，仪狄之酒也；主君之味，易牙之调也；左白台而右闾须，南威之美也；前夹林而后兰台，强台之乐也。有一于此，足以亡其国。今主君兼此四者，可无戒与！”梁王称善相属[⑤]。

【注释】

①择言：择善言而祝酒。②甘：认为甘美，动词。③嗛：通“慊”，快意。④南之威：古代美女。⑤相属：相连。

【译文】

梁惠王魏婴在范台宴请各诸侯。当酒兴正浓时，梁惠王向鲁共公劝酒。鲁君站起来，离开席位，恭敬地祝酒说：“从前，尧帝的女儿让仪狄造酒，味道很美，进献给大禹，大禹喝了感到味道甘美，就疏远了仪狄，并戒绝美酒，说：‘后世必有因嗜酒而亡其国的。’齐桓公半夜不快，易牙就烹熬烧烤，做出五味调和的菜肴献给齐桓公，桓公吃了感到很满足，睡到第二天早晨还没醒，他说：‘后世必有因贪味而亡其国的。’晋文公得到美女南之威，一连三天因迷恋美色不理朝政，于是推开南之威，疏远了她，说：‘后世必有因好色而亡其国的。’楚王登上强台，远望崩山，俯瞰左边是长江，右边是洞庭，下临彷徨大泽，以致乐而忘死，于是他发誓不再登上强台，说：‘后世必有因陶醉于高台、美池而亡其国的。’现在主君的杯子里，装的是像仪狄酿的美酒，吃的是像易牙烹调的美味佳肴，左手抱着美女白台，右手搂着美女闾须，都像南之威那样美丽；您前面拥有夹林，后边拥有兰台，都像强台那样的乐苑。这只要有其中之一，就足以亡国，现在主君对这四种兼而有之，能不引以为戒吗？”梁惠王连连称善不已。

卷二十四　魏三

秦败魏于华，魏王且入朝于秦

秦败魏于华，魏王且入朝于秦。周䜣谓王曰："宋人有学者[①]，三年反而名其母。其母曰：'子学三年，反而名我者，何也？'其子曰：'吾所贤者，无过尧、舜，尧、舜名。吾所大者，无大天地，天地名。今母贤不过尧、舜，母大不过天地，是以名母也。'其母曰：'子之于学者，将尽行之乎？愿子之有以易名母也。子之于学也，将有所不行乎？愿子之且以名母为后也。'今王之事秦，尚有可以易入朝者乎？愿王之有以易之，而以入朝为后。"魏王曰："子患寡人入而不出邪？许绾为我祝曰[②]：'入而不出，请殉寡人以头。'"周䜣对曰："如臣之贱也，今人有谓臣曰：'入不测之渊而必出，不出，请以一鼠首为女殉者。'臣必不为也。今秦不可知之国也，犹不测之渊也；而许绾之首，犹鼠首也。内王于不可知之秦，而殉王以鼠首，臣窃为王不取也。且无梁孰与无河内急？"王曰："梁急。""无梁孰与无身急？"王曰："身急。"曰："以三者，身，上也；河内，其下也。秦未索其下，而王效其上[③]，可乎？"

王尚未听也。支期曰："王视楚王。楚王入秦，王以三乘先之；楚王不入，楚、魏为一，尚足以捍秦。"王乃止。王谓支期曰："吾始已诺于应侯矣，今不行者欺之矣。"支期曰："王勿忧也。臣使长信侯请无内王，王待臣也。"

支期说于长信侯曰："王命召相国。"长信侯曰："王何以臣为？"支期曰："臣不知也，王急召君。"长信侯曰："吾内王于秦者，宁以为秦邪？吾以为魏也。"支期曰："君无为魏计，君其自为计。且安死乎？安生乎？安穷乎？安贵乎？君其先自为计，后为魏计。"长信侯曰："楼公将入矣，臣今从。"支期曰："王急召君，君不行，血溅君襟矣。"

长信侯行，支期随其后。且见王，支期先入谓王曰："伪病者乎而见之，臣已恐之矣。"长信侯入见王，王曰："病甚！奈何？吾始已诺于应侯矣，意虽道死，行乎！"长信侯曰："王毋行矣！臣能得之于应侯，愿王无忧。"

【注释】

①学者：求学的人。②祝：诅也，发誓。③效：献上。

【译文】

秦国在华阳战败了魏国，魏安釐王准备到秦国朝拜秦王。周䜣对魏王说："宋国有出外求学的人，三年后回家，直呼他母亲的名字，他母亲问：'你求学三年，回来反而叫我的名字，为什么呢？'她的儿子说：'我认为的贤人，没有超过尧、舜的，可是人们都直呼尧、舜之名；我认为最大的，没有超过天、地的，人们也都直呼天、地之名。如今母亲的贤德超不过尧、舜，母亲的伟大超不过天、地，所以我直呼母亲的名字。'他母亲说：'你对你所学的，准备都实行吗？那就希望你用别的称呼来称呼母亲的名字；你对你所学的，准备不都实行吗？那就希望你晚一点称呼母亲的名字。'现在大王去侍奉秦王，如果还有可以代替'朝拜秦王'这个办法的，那就希望大王换一种办法，把'朝拜秦王'放晚一点。"魏王说："你担心我进入秦国就出不来吗？许绾对我发誓说：'进入秦国而不能返回魏国，就割下我的脑袋。'周䜣回答说："像我这样卑贱的人，如果有人对我说：'进入不可测量的深渊，一定会出来，如果出不来，就为你割下一只老鼠的脑袋。’我一定不肯进深渊。现在秦国是个难以预料的国家，就像不可测量的深渊一样；而许绾的脑袋，就像老鼠的脑袋一样。把大王送进不可预料的秦国，去赌一只老鼠的脑袋，我私下认为大王不可取。况且失掉大梁与失掉河内，哪个更紧要呢？”魏王说：“失掉大梁紧要。”周䜣说：“失掉大梁和失掉生命，哪个更紧要呢？”魏王说：“失掉生命更紧要。”周䜣说：“这三者，生命最要紧，河内则最不要紧。秦国还没有索要最不要紧的，而大王却献上最要紧的，可以吗？”

魏王还是不听从。近臣支期对魏王说：“大王看楚王。楚王如果到秦国去，大王就乘三辆轻便使车，抢在楚王的前头；楚王如果不到秦国去，楚国和魏国团结一致，还可以对抗秦国。”魏王这才停止。魏王对支期说：“我当初已经答应秦相国应侯范睢了。现在不去，是欺骗他了。”支期说：“大王不必担忧，我要长信侯去请求不让大王去秦国，大王等着我的消息吧。”

支期游说长信侯说：“魏王派我来邀请相国。”长信侯说：“魏王要我去干什么？”支期说：“我不知道，大王紧急召见您。”长信侯说：“我送大王到秦国去，难道是为了秦国吗？我是为了魏国呀。”支期说：“您不要为魏国打算，还是先为您自己打算。您是打算死还是活，打算贫贱还是富贵？您还是先为自己打算，然后再为魏王打算吧。”长信侯说：“楼缓要来，我要与他商议。”支期说：“大王急着邀您去，您要不走，鲜血就要溅到你的衣襟上了。”

长信侯这才起身，支期跟在他的后面。将要见魏王时，支期先进去，对魏王说：“您假装带病接见他，我已经吓唬了他一番。”当长信侯进来拜见魏王时，魏王说：“我病得厉害，怎么办呢？我当初已经答应应侯了，估计要死在半路上，还得去吗？”长信侯说：“大王不必去了，我能让应侯同意您不入秦，希望您不必忧虑。”

华军之战

华（军）［阳］之战①，魏不胜秦。明年，将使段干崇割地而讲。孙臣谓魏王曰：“魏不以败之上割②，可谓善用不胜矣；而秦不以胜之上割，可谓不能用胜矣。今处期年乃欲割，是群臣之私而王不知也。且夫欲玺者，段干子也，王因使之割地；欲地者，秦也，而王因使之受玺。夫欲玺者制地，而欲地者制玺，其势必无魏矣。且夫奸臣固皆欲以地事秦。以地事秦，譬犹抱薪而救火也，薪不尽，则火不止。今王之地有尽，而秦之求无穷，是薪火之说也。”魏王曰：“善。虽然，吾已许秦矣，不可以革也③。”对曰：“王独不见夫博者之用枭邪？欲食则食，欲握则握④。今君劫于群臣而许秦，因曰不可革，何用智之不若枭也？”魏王曰：“善。”乃案其行⑤。

【注释】

①阳：原作“军”，据鲍本改。华阳，韩邑，在今河南新郑东南。②上：谓当其时。③革：更改。④“欲食”句：指得枭者当食其子，不食则行棋；想停棋不走就不走。食，行棋。握，止。⑤案：停止。

【译文】

在华阳战役中，魏军败给了秦军。第二年，魏将派段干崇割地与秦讲和。孙臣对魏王说：“魏国不在战败的当时给秦国割地，真可算得善于应付战败这种劣势了；秦国不在战胜的当时要求魏国割地，真是不善于利用战胜这种时机啊。现在已过了一整年才打算割地，这是群臣有私心而大王不了解。再说，想得到印玺的是段干崇，大王派他去给秦国割地；想得到土地的是秦国，大王让秦国授印玺。想得到印玺的掌握着割地权力，想要得到土地的掌握着授印玺的权力。在这种形势下，魏国必然灭亡。再说，奸臣们都想用土地去讨好秦国。用土地讨好秦国就如同抱着干柴去救火，干柴不烧完，火就灭不了。如今大王的土地有限，而秦国的要求却无穷无尽，这就像抱着干柴去救火一样。”魏王说：“好。即使如此，我已答应秦国，不能改变了。”孙臣回答说：“大王难道没有看到过下棋的人善于使用枭棋吗？掷得枭棋的人，想走就走，想停就停。如今您被群臣胁迫而答应割地给秦国，于是说‘不能改变’，为什么大王的智慧还不如下棋时‘用枭棋’的人呢？”魏王说：“好。”就停止了段干崇的秦国之行。

卷二十五　魏四

魏王问张旄

魏王问张旄曰："吾欲与秦攻韩，何如?"张旄对曰："韩且坐而胥亡乎①？且割而从天下乎②?"王曰："韩且割而从天下。"张旄曰："韩怨魏乎？怨秦乎?"王曰："怨魏。"张旄曰："韩强秦乎？强魏乎?"王曰："强秦。"张旄曰："韩且割而从其所强与所不怨乎？且割而从其所不强与其所怨乎?"王曰："韩将割而从其所强，与其所不怨。"张旄曰："攻韩之事，王自知矣。"

【注释】

①胥：等待。②从：讲和。

【译文】

魏王问张旄说："我想和秦国一起攻打韩国，怎么样?"张旄回答说："韩国是准备坐等亡国呢？还是割地与诸侯结盟呢?"魏王说："韩国准备割地与诸侯结盟。"张旄说："韩国怨恨魏国呢？还是怨恨秦国呢?"魏王说："怨恨魏国。"张旄说："韩国认为秦国强？还是认为魏国强呢?"魏王说："认为秦国强。"张旄说："韩国准备与他认为的强国和无怨恨的国家割地结盟呢？还是与他认为的不强的和有怨恨的国家割地结盟呢?"魏王说："韩国准备与他认为的强国和无怨恨的国家割地结盟。"张旄说："那么攻打韩国的结果怎样，大王自己已经明白了。"

魏王欲攻邯郸

魏王欲攻邯郸，季梁闻之[①]，中道而反[②]，衣焦不申[③]，头尘不去，往见王曰："今者臣来，见人于大行[④]，方北面而持其驾，告臣曰：'我欲之楚。'臣曰：'君之楚，将奚为北面？'曰：'吾马良。'臣曰：'马虽良，此非楚之路也。'曰：'吾用多[⑤]。'臣曰：'用虽多，此非楚之路也。'曰：'吾御者善。'此数者愈善，而离楚愈远耳。今王动欲成霸王，举欲信于天下。恃王国之大，兵之精锐，而攻邯郸，以广地尊名，王之动愈数，而离王愈远耳，犹至楚而北行也。"

【注释】

①季梁：魏国人。②反：同"返"。③焦：卷曲，皱折。申：同"伸"。④大行：大路。⑤用：指路费。

【译文】

魏王准备攻打邯郸，季梁听到这件事，半路上就返回来，衣服皱折不舒展，头上的尘土也没有洗，就匆忙去谒见魏王，说："今天我来的时候，在大路上遇见一个人，正在向北赶他的车，他告诉我说：'我想到楚国去。'我说：'您到楚国，为什么往北走呢？'他说：'我的马好。'我说：'马即使好，但这不是去楚国的路啊！'他说：'我的路费多。'我说：'路费即使多，但这不是去楚国的路啊。'他又说：'我的车夫善于赶车。'这几样越好，离楚国就越远！如今大王的每一个举动都想建立霸业，每一个举动都想在天下取得威信；然而依仗魏国的强大，军队的精良，而去攻打邯郸，从而扩张土地提高名声，大王这样的行动越多，那么距离大王的事业就越远，和那位想到楚国却向北走的人一样啊。”

信陵君杀晋鄙

信陵君杀晋鄙，救邯郸，破秦人，存赵国，赵王自郊迎[1]。唐且谓信陵君曰：“臣闻之曰，事有不可知者，有不可不知者；有不可忘者，有不可不忘者。”信陵君曰：“何谓也？”对曰：“人之憎我也，不可不知也；吾憎人也，不可得而知也。人之有德于我也，不可忘也；吾有德于人也，不可不忘也。今君杀晋鄙，救邯郸，破秦人，存赵国，此大德也。今赵王自郊迎，卒然见赵王[2]，臣愿君之忘之也。”信陵君曰：“无忌谨受教。”

【注释】

①郊迎：郊外远迎。以示尊重。②卒然：猝然。卒，同“猝”。

【译文】

信陵君杀了魏将晋鄙，挽救了邯郸，打败了秦军，保全了赵国，赵王亲自到郊外迎接信陵君。唐且对信陵君说：“我听人说：事情有不能知道的，也有不能不知道的；有不能忘记的，也有不能不忘记的。”信陵君说：“这话什么意思？”唐且回答说：“别人憎恨我，不能不知道；我憎恨别人，不能让人知道。别人对自己有恩惠，不能忘记；我对别人有恩惠，不可不忘记。现在您杀了晋鄙，挽救了邯郸，打败了秦军，保全了赵国，这对赵国是很大的恩惠。现在赵王亲自到郊外迎接您，忽然见到赵王，我希望您忘掉救赵的事。”信陵君说：“我敬遵您的教诲。”

魏王与龙阳君共船而钓

魏王与龙阳君共船而钓[①]，龙阳君得十余鱼而涕下。王曰："有所不安乎？如是，何不相告也？"对曰："臣无敢不安也。"王曰："然则何为涕出？"曰："臣为臣之所得鱼也。"王曰："何谓也？"对曰："臣之始得鱼也，臣甚喜，后得又益大，今臣直欲弃臣前之所得矣。今以臣凶恶[②]，而得为王拂枕席。今臣爵至人君，走人于庭[③]，辟人于途，四海之内，美人亦甚多矣，闻臣之得幸于王也，必褰裳而趋王[④]。臣亦犹曩臣之前所得鱼也[⑤]，臣亦将弃矣，臣安能无涕出乎？"魏王曰："误！有是心也，何不相告也！"于是布令于四境之内曰："有敢言美人者族。"

由是观之，近习之人，其挚谄也固矣[⑥]，其自纂繁也完矣[⑦]。今由千里之外，欲进美人，所效者庸必得幸乎？假之得幸，庸必为我用乎？而近习之人相与怨，我见有祸，未见有福；见有怨，未见有德，非用知之术也。

【注释】

①龙阳君：魏王宠信之臣。②凶恶：指面貌丑陋。③走人于庭：指人们在朝廷上看到龙阳君要趋步而行，以示敬重。④褰裳：提着衣裙。褰，揭起，撩起。⑤曩：以往，从前。⑥挚：握持，指施展。⑦纂繁：鲍本作"纂繫"，吴师道等改同，固结之义，指稳固自己。

【译文】

魏王与宠臣龙阳君同坐在一条船上钓鱼，龙阳君钓了十几条鱼便流泪

了。魏王说：“你有什么不称心的事吗？为什么不告诉我呢？”龙阳君回答说：“我没有什么不称心的事。”魏王说：“那么，为什么要流泪呢？”回答说：“我为我所钓到的鱼而流泪。”魏王说：“什么意思？”回答说：“我开始钓到鱼，很高兴；后来钓到更大的鱼，便只想把以前钓到的鱼扔掉。如今凭着我丑陋的面孔，能有机会侍奉在大王的左右。我的爵位被封为龙阳君，在朝廷中，大臣们都趋步敬我；在路上，人们也为我让道。天下的美人很多，知道我得到大王的宠信，她们也一定会提起衣裳跑到大王这里来。到那时，我比不上他们，就成了最初钓的鱼，也是会被扔掉的，我怎么不流泪泥？”魏王说：“贤卿错了！你既然有这种心思，为什么不早告诉我啊！”于是下令全国，说：“有谁敢说‘美人’的，罪灭九族。”

由此看来，帝王身边所宠爱的人，他们施展谄媚阿谀的手段，也是理所当然的；他们稳固自己的办法，也是非常完备的。现在从千里之外有人想进献美人，可献来的美人，难道一定能够受到宠爱吗？假如能够得到宠爱，国君也未必都会听从那些进献美人的人。而国君身边受宠幸的人，都抱怨那个进献美人的人，他们只见到有祸，而没有见到有福；只见到有怨恨，而没有看到恩惠，这并不是运用智谋的办法。

秦王使人谓安陵君

秦王使人谓安陵君曰：“寡人欲以五百里之地易安陵，安陵君其许寡人？”安陵君曰：“大王加惠，以大易小，甚善。虽然，受地于先王，愿终守之，弗敢易。”秦王不说。安陵君因使唐且使于秦。

秦王谓唐且曰：“寡人以五百里之地易安陵，安陵君不听寡人，何也？且秦灭韩亡魏，而君以五十里之地存者，以君为长者，故不错意也①。今吾以十倍之地请广于君，而君逆寡人者，轻寡人与？”唐且对曰：“否，非若是也。安陵君受地于先王而守之，虽千里不敢易也，岂直五百里哉！”

秦王怫然怒，谓唐且曰：“公亦尝闻天子之怒乎？”唐且对曰：“臣未尝闻也。”秦王曰：“天子之怒，伏尸百万，流血千里。”唐且曰：“大王尝闻布衣之怒乎？”秦王曰：“布衣之怒，亦免冠徒跣②，以头抢地尔。”唐且曰：“此庸夫之怒也，非士之怒也。夫专诸之刺王僚也，彗星袭月③；聂政之刺韩傀也，白虹贯日；要离之刺庆忌也，仓鹰击于殿上。此三子者，皆布衣之士也，怀怒未发，休祲降于天④，与臣而将四矣。若士必怒，伏尸二人，流血五步，天下缟素，今日是也。”挺剑而起。秦王色挠⑤，长跪而谢之曰⑥：“先生坐，何至于此，寡人谕矣。夫韩、魏灭亡，而安陵以五十里之地存者，徒以有先生也。”

【注释】

①错：同“措”。②徒跣：赤脚。③彗星袭月：指扫帚星光侵掩月光。④休：吉兆。祲：凶兆。⑤挠：通“桡”。弯曲。这里引申为屈服。⑥长跪：挺直身躯而跪。

【译文】

秦王派人对安陵君说：“我打算用五百里的土地来换安陵，安陵君大概会答应吧？”安陵君说：“承蒙大王给我恩惠，用大换小，当然是太好了。虽然如此，不过我是继承先王的土地，希望一直守住它，不敢拿来交换。”秦王听了很不高兴。安陵君于是派唐且出使秦国。

秦王对唐且说：“我用五百里的土地来换安陵，安陵君不答应我，为什么呢？何况秦国已灭掉了韩国和魏国，而安陵君仅凭着五十里大小的地方还能保存下来，是因为我认为安陵君是个忠厚老成的人，所以没有放在心上。现在我以十倍的土地来扩大安陵君的领土，他竟然违抗我，这不是轻视我吗？”唐且回答说：“不，不是这样。安陵君继承先王的土地，就要守住它，即使是拿一千里土地也不敢交换，何况只有五百里呢！”

秦王勃然大怒，对唐且说：“先生可曾听说过天子发怒吗？”唐且回答说：“我不曾听说过。”秦王说：“天子一发怒，就会尸横百万，血流千里。”唐且说：“大王可曾听说过平民发怒吗？”秦王说：“平民发怒，也不过是脱下帽子，光着脚板，用头撞地罢了。”唐且说：“这是庸人的发怒，不是侠士的发怒。当年专诸刺杀吴王僚时，扫帚星光遮掩了月亮；聂政刺杀韩相傀时，白虹穿过了太阳；要离刺杀王子庆忌时，苍鹰飞扑在殿上，这三个人都是平民侠士，当胸中怀着愤怒还未发作的时候，上天降下祥瑞的征兆，加上我，就会是四个人了。如果侠士真的发起怒来，就会使两具尸体同时倒下，血流五步之内，天下的人都穿白戴孝，今天就是这样的时候。”唐且说着，拔出佩剑挺起身来。秦王面有惧色，挺直上身跪着，向唐且道歉说：“先生请坐，何至于到这种地步呢！我明白了，韩国和魏国都灭亡，可安陵却凭着五十里的地盘还能保存下来，只因为有先生您啊！”

卷二十六　韩一

申子请仕其从兄官

申子请仕其从兄官，昭侯不许也。申子有怨色。昭侯曰："非所谓学于子者也？听子之谒而废子之道乎[①]？又亡其行子之术而废子之谒乎？子尝教寡人循功劳，视次第[②]。今有所求，此我将奚听乎？"申子乃辟舍请罪[③]，曰："君真其人也！"

【注释】

①谒：私请。②次第：指强弱的顺序。③辟舍：避居在外，这里指不敢入正室。辟，同"避"。

【译文】

韩相国申不害为他的堂兄向韩昭侯求官做，韩昭侯不同意。申不害脸上露出怨气。韩昭侯说："我这不是从您那儿学的吗？我是答应您的要求而废弃您的主张呢？还是实行您的主张而不答应您的要求呢？您曾教我，根据功劳的大小授予奖赏，根据能力的强弱委任官职。现在您有所求，这将让我听从什么呢？"申不害不敢入正室，而请求惩处，说："您真是人们理想的好国君啊！"

苏秦为楚合从说韩王

苏秦为楚合从，说韩王曰[①]：“韩北有巩、洛、成皋之固[②]，西有宜阳、常阪之塞[③]，东有宛、穰、洧水[④]，南有陉山，地方千里，带甲数十万。天下之强弓劲弩，皆自韩出。溪子、少府、时力、距（来）［黍］[⑤]，皆射六百步之外。韩卒超足而射，百发不暇止，远者达胸，近者掩心。韩卒之剑戟，皆出于冥山、棠溪、墨阳、合伯[⑥]。邓师、宛冯、龙渊、大阿[⑦]，皆陆断马牛，水击鹄雁，当敌即斩坚。甲、盾、鞮、鍪、铁幕、革抉、㕹、芮[⑧]，无不毕具。以韩卒之勇，被坚甲，蹠劲弩，带利剑，一人当百，不足言也。夫以韩之劲，与大王之贤，乃欲西面事秦，称东藩，筑帝宫，受冠带，祠春秋，交臂而服焉。夫羞社稷而为天下笑，无过此者矣。是故愿大王之熟计之也。大王事秦，秦必求宜阳、成皋。今兹效之，明年又益求割地。与之，即无地以给之；不与，则弃前功而后更受其祸。且夫大王之地有尽，而秦之求无已。夫以有尽之地，而逆无已之求，此所谓市怨而买祸者也，不战而地已削矣。臣闻鄙语曰：‘宁为鸡口，无为牛后。’今大王西面交臂而臣事秦，何以异于牛后乎？夫以大王之贤，挟强韩之兵，而有牛后之名，臣窃为大王羞之。”

韩王忿然作色，攘臂按剑，仰天太息曰：“寡人虽死，必不能事秦。今主君以楚王之教诏之，敬奉社稷以从。”

【注释】

①楚：据鲍本等说，似应作赵。下同。韩王：指韩宣惠王。②巩：在今河南巩县。洛：在今河南洛阳。③常阪：《史记》作商阪，即商洛山，在今陕西商县东南。④穰：在今河南邓县南。⑤距黍：原作“距来”，据王念孙、何建章等说改。古代的良弓。⑥棠溪：在今河南郾城西北部。墨阳：地名，莫邪剑出于此地。合伯：地名，产利剑。⑦宛冯：宛人在冯池铸剑，因称其剑曰宛冯。龙渊、大阿：《吴越春秋》载，楚王命差人干将，赵人欧冶子铸剑，一把名作龙渊，一把名作大阿。⑧铁幕：以铁铠覆于衣外。革抉：用革所做的戴在右手大拇指上用以钩弦发箭的扳指。㕹：盾牌。芮：系盾的带子。

【译文】

苏秦为赵国组织合纵联盟，游说韩王说：“韩国北面有巩地、洛邑、成皋这样坚固的边城，西面有宜阳、常阪这样险要的关塞，东面有宛地、穰地和洧水，南面有陉山，土地纵横千里，士兵数十万。普天之下的强弓劲弩，都是韩国的产物。比如溪子、少府、时力和距黍，这些良弓都能射到六百步以外。韩国士兵用脚踏弩发射，连续发射多次也不停歇，远处的可射中胸膛，近处可射穿心胸。韩国士兵使用的剑和戟都出自冥山、棠溪、墨阳、合伯等地。邓师、宛冯、龙渊、大阿等宝剑，在陆地上都能砍杀牛马，在水里截击天鹅和大雁，对付敌人可击溃强敌。铠甲、盾牌、皮靴、头盔、臂衣、扳指、系盾的丝带等，韩国更是无不具备。凭着韩国士兵的勇敢，穿上坚固的铠甲，脚踏强劲的弩弓，佩戴锋利的宝剑，一人抵挡百人，不在话下。凭着韩国的强大和大王您的贤明，竟然想要西向侍奉秦国，自称是秦国的东方属国，给秦王修筑行宫，接受封赏，春秋两季向秦国进贡祭品，拱手臣服。使国家蒙受耻辱以致被天下人耻笑，没有比这更严重的了。所以希望大王您认真考虑这个问题。大王如果侍奉秦国，秦一定会索取宜阳、成皋。今年把土地献给他，明年又会得寸进尺，要求更多的土地。给他吧，又没有那么多来满足他；不给吧，就前功尽弃，以后不断遭受秦国侵害。况且大王的土地有穷尽，而秦国的贪欲却没有止境。拿着有限的土地去迎合那无止境的贪欲，这就是所谓的自己购买怨恨和灾祸啊，没有交战就已丧失领土。我听俗语说：‘宁肯当鸡嘴，不要做牛屁股。’现在大王您如果西向拱手屈服，像臣子一样侍奉秦国，这跟做牛屁股又有什么区别呢？以大王您的贤能，又拥有这么强大的军队，却有做牛屁股的丑名，我私下里为您感到惭愧。”

韩王被激怒了，脸色大变，挥起胳膊，按住宝剑，仰天长叹道：“我就算是死了，也一定不侍奉秦国。现在多亏先生把赵王的教诲告诉我，那么请允许我率全国上下听从吩咐。”

张仪为秦连横说韩王

张仪为秦连横说韩王曰：“韩地险恶，山居，五谷所生，非麦而豆[①]；民之所食，大抵豆饭藿羹[②]；一岁不收，民不餍糟糠[③]；地方不满九百里，无二岁之所食。料大王之卒，悉之不过三十万，而厮徒负养在其中矣[④]，为除守徼亭鄣塞[⑤]，见卒不过二十万而已矣。秦带甲百余万，车千乘，骑万匹，虎挚之士[⑥]，跿跔科头[⑦]，贯颐奋戟者[⑧]，至不可胜计也。秦马之良，戎兵之众，探前趹后，蹄间三寻者[⑨]，不可称数也。山东之卒，被甲冒胄以会战，秦人捐甲徒裎以趋敌，左挈人头，右挟生虏。夫秦卒之与山东之卒也，犹孟贲之与怯夫也；以重力相压，犹乌获之与婴儿也。夫战孟贲、乌获之士，以攻不服之弱国，无以异于堕千钧之重，集于鸟卵之上，必无幸矣。诸侯不料兵之弱，食之寡，而听从人之甘言好辞，比周以相饰也，皆言曰：‘听吾计则可以强霸天下。’夫不顾社稷之长利，而听须臾之说，诖误人主者，无过此者矣。大王不事秦，秦下甲据宜阳，断绝韩之上地；东取成皋、宜阳，则鸿台之宫、桑林之苑[10]，非王之有已。夫塞成皋，绝上地，则王之国分矣。先事秦则安矣，不事秦则危矣。夫造祸而求福，计浅而怨深，逆秦而顺楚，虽欲无亡，不可得也。故为大王计，莫如事秦。秦之所欲，莫如弱楚，而能弱楚者莫如韩。非以韩能强于楚也，其地势然也。今王西面而事秦，以攻楚为敝邑[11]，秦王必喜。夫攻楚而私其地，转祸而说秦，计无便于此者也。是故秦王使使臣献书大王御史[12]，须以决事。"

韩王曰："客幸而教之，请比郡县，筑帝宫，祠春秋，称东藩，效宜阳。"

【注释】

①而：犹则，就是。②藿：豆叶。③餍：饱足。④厮徒负养：杂役和苦力。负养，谓负担以给养公家，也是下等人。⑤徼亭：边境上的瞭望亭。鄣塞：即障塞，指边境上险要的堡垒。⑥虎挚之士：指勇士。⑦跿跔：腾跳踊跃。科头：犹言空头，光着头，指不戴头盔。⑧贯颐：被箭射穿了面颊。贯，射中，射穿。颐，面颊。⑨寻：八尺为一寻。⑩鸿台之宫、桑林之苑：二者都是韩国的宫苑。⑪为：帮助。⑫御史：此指替国君传命的小臣。

【译文】

张仪为秦国连横游说韩王说："韩国地势险恶，处于山区，出产的粮食不是麦子就是豆子；老百姓吃的，大部分是豆做的饭和豆叶做的汤；如果哪一年收成不好，百姓就连酒糟和谷皮都吃不饱。土地方圆不到九百里，粮食储备也不够吃两年。估计大王的兵力总共不到三十万，其中连杂役和苦力也算在内了。如果除去守卫边境哨所的人，现有的兵力不过二十万罢了。而秦国的军队有百余万，战车千辆，战马万匹。虎贲勇士，奔腾跳跃，高擎战戟，甚至不带铠甲冲锋陷阵的战士，不可胜数。秦国战马优良，士兵众多，战马探起前蹄蹬起后腿，两蹄之间一跃可达三寻，这样的战马不可胜数。崤山以东的诸侯军队，披盔戴甲来会战，秦军却可以不穿铠甲赤膊上阵，左手提着人头，右手抓着俘虏凯旋而归。由此可见，秦国的士兵与山东六国的士兵相比，犹如勇士孟贲和懦夫；用重兵压服六国，就像大力士乌获对付婴儿一般。用孟贲和乌获这样的勇士去攻打不驯服的弱国，无异于把千钧重量压在鸟蛋上，肯定无一幸免。各国诸侯不考虑自己兵力弱、粮食少的现状，却听信鼓吹合纵者的甜言蜜语，主张合纵的人互相勾结以掩饰欺骗，都称：‘听从我的计谋就可以雄霸天下了。’却并不顾及国家的长远利益，只听信一时的空话，贻误君主，没有比这更严重的了。大王如果不归顺秦国，秦必定发兵占领宜阳，断绝韩国上党的交通；东进夺取成皋和宜阳，那鸿台宫、桑林苑就不再归大王所有了。秦军封锁成皋、截断上党，那大王的国土就将分割开。先归顺秦国就能安全，否则就会危亡。那种制造灾祸却想得到好报，计谋浅陋而结怨太深，违背秦国去顺从楚国的做法，即使想不灭亡，也不可能做到。所以为大王您考虑，不如归顺秦国。秦国所希望的，不过是削弱楚国，而能使楚国削弱的，莫过于韩国。不是因为韩国比楚国强大，而是韩国的地理位置使然。如今大王可西向归服秦国，帮助敝国攻打楚国，秦王一定高兴。这样，攻打楚国而占有它的土地，既转祸为福，又让秦王高兴，没有比这更有利的计策了。因此秦王派使臣献书信一封给大王的御史，等待大王能有明智的裁决。”

韩王说：“幸承您的教诲，我请求让韩国做秦国的一个郡县，修建秦王行宫，春秋为秦王助祭，作秦国的东方属国，并将宜阳献给秦国。”

秦、韩战于浊泽

秦、韩战于浊泽，韩氏急。公仲（明）［朋］谓韩王曰[①]：“与国不可恃。今秦之心欲伐楚，王不如因张仪为和于秦，赂之以一名都，与之伐楚。此以一易二之计也。”韩王曰：“善。”乃儆公仲之行[2]，将西讲于秦。

楚王闻之大恐，召陈轸而告之。陈轸曰："秦之欲伐我久矣，今又得韩之名都一而具甲，秦、韩并兵南乡[3]，此秦所以庙祠而求也。今已得之矣，楚国必伐矣。王听臣为之，儆四境之内，选师言救韩，令战车满道路；发信臣，多其车，重其币，使信王之救己也。纵韩为不能听我，韩必德王也，必不为雁行以来。是秦、韩不和，兵虽至，楚国不大病矣。为能听我绝和于秦，秦必大怒，以厚怨于韩。韩得楚救，必轻秦。轻秦，其应秦必不敬。是我困秦、韩之兵，而免楚国之患也。"楚王大说，乃儆四境之内，选师言救韩，发信臣[4]，多其车，重其币。谓韩王曰："弊邑虽小，已悉起之矣。愿大国遂肆意于秦，弊邑将以楚殉韩。"

韩王大说，乃止公仲。公仲曰："不可，夫以实告我者，秦也；以虚名救我者，楚也。恃楚之虚名，轻绝强秦之敌，必为天下笑矣。且楚、韩非兄弟之国也，又非素约而谋伐秦矣。秦欲伐楚，楚因以起师言救韩，此必陈轸之谋也。且王以使人报于秦矣，今弗行，是欺秦也。夫轻强秦之祸，而信楚之谋臣，王必悔之矣。"韩王弗听，遂绝和于秦。秦果大怒，兴师与韩氏战于岸门，楚救不至，韩氏大败。

韩氏之兵非削弱也，民非蒙愚也，兵为秦禽，智为楚笑，过听于陈轸[5]，失计于韩明也。

【注释】

①朋：原作"明"，据鲍本改。②儆：警告，告诫。③乡：通"向"。④信臣：亲信的使臣。⑤过听：错误地听取。

【译文】

秦、韩两军在韩国的浊泽交战，韩国处境危急。韩国的相国公仲朋对韩王说："盟国不可依靠。现在秦国一心想攻打楚国，大王不如通过秦相张仪而与秦国讲和，送给秦国一个大城邑，与秦国一起攻打楚国。这是以一失换来二利的计策!”韩王说：“好。”于是告诫公仲朋将要西向与秦国讲和。

楚王听说此事后非常害怕，召请陈轸来，并告诉他这件事。陈轸说：“秦国想攻打我国，蓄谋已久了，现在又得到韩国一个大城邑，这就提供了武装力量，秦、韩合兵向南，这是秦国在宗庙烧香祷告时都孜孜以求的。如今实现伐楚的愿望，楚国必然遭受攻打。大王听我的，为此在全国调集军队，公开宣称准备救韩，让战车布满道路；再派出亲信的使臣，多配备车辆，多携带钱财，让韩国相信楚国真的要救援自己。韩国即使不听从我们的，也会因此感激大王，必定不会充当攻打我国的先锋，这样，秦、韩就不团结，军队即使打到楚国，我国也不会有太大的祸患。如果韩国听信了我们，拒绝与秦国讲和，秦王必定大怒，从而深怨韩国。韩国以为得到楚国的救援，一定轻视秦国。轻视秦国，韩国对待秦国就不会尊敬。这样，就会使秦、韩的军队陷入困境，楚国就可以免除祸患了。”楚王听后非常高兴，于是下令在全国调集军队，公开宣称准备救韩，派出亲信的使臣，多配备车辆，多携带钱财。使臣对韩王说：“敝国虽小，已经全国动员，希望贵国放心大胆地抵抗秦国，敝国将与贵国共存亡。”

韩王听了十分高兴，于是让公仲朋不出使秦国。公仲朋说：“不可以这样。以现实使我国受害的是秦国，用谎话来救我们的是楚国。依靠楚国救援的谎言，而轻率地与强大的秦国绝交，一定会被诸侯讥笑。再说，楚、韩不是兄弟之国，又没有事先约好要讨伐秦国。秦国想要进攻楚国，楚国因此说出兵援救韩国。这一定是陈轸的计谋。并且大王已经派人通报了秦国，如果现在不出兵，这是欺骗秦国。轻视强秦造成的灾祸，再加上轻信楚国的谋臣，大王一定会后悔的。”韩王不听，于是拒绝与秦国讲和。秦王果然大怒，发兵与韩国在岸门交战，楚国的救兵没有到，韩国因而大败。

韩国的兵力没有减弱，韩国的人民也不愚昧，但军队被秦国打败，计谋为楚国讥笑，其原因是错误地听信了陈轸，没有采用公仲朋的计谋。

卷二十七　韩二

谓公叔曰乘舟

谓公叔曰："乘舟，舟漏而弗塞，则舟沉矣。塞漏舟，而轻阳侯之波[①]，则舟覆矣。今公自以辩于薛公而轻秦[②]，是塞漏舟而轻阳侯之波也，愿公之察也。"

【注释】

①阳侯：晋阳国侯溺水，而为大海之神，能兴大波。②自以辩于薛公：自认为能力强于薛公。辩，同"辨"，分辨，此处有强于、高于的意思。薛公，指田婴。

【译文】

有人对公叔说："坐船，船漏了却不知道堵塞，那么船就会沉掉。如果只堵塞漏船而轻视阳侯兴起的大波，那么船也会倾覆。现在您自认为能力超过薛公就不把秦国放在眼里，这只是堵塞漏船而轻视了阳侯之波，希望您能详察。"

齐令周最使郑

齐令周最使郑[1]，立韩扰而废公叔。周最患之，曰："公叔之与周君交也，令我使郑，立韩扰而废公叔。语曰：'怒于室者色于市。'今公叔怨齐，无奈何也，必周君而深怨我矣[2]。"史舍曰："公行矣，请令公叔必重公。"

周最行至郑，公叔大怒。史舍入见曰："周最固不欲来使，臣窃强之。周最不欲来，以为公也；臣之强之也，亦以为公也。"公叔曰："请闻其说。"对曰："齐大夫诸子有犬，犬猛不可叱，叱之必噬人。客有请叱之者，疾视而徐叱之，犬不动；复叱之，犬遂无噬人之心。今周最固得事足下[3]，而以不得已之故来使，彼将礼陈其辞而缓其言，郑王必以齐王为不急，必不许也。今周最不来，他人必来。来使者无交于公，而欲德于韩扰，其使之必疾，言之必急，则郑王必许之矣。"公叔曰："善。"遂重周最。王果不许韩扰。

【注释】

①郑：韩灭郑，迁都新郑，故称韩为郑。②必：鲍本下有"绝"字，于义为长。③固：通"故"，旧时。

【译文】

齐国派周最出使韩国，要任命韩扰为相国，罢免公叔。周最为此而担忧，说："公叔和周君交谊很好，派我出使韩国，要任命韩扰为相国，罢免公叔。俗话说：'人在家里生气，一定会在大庭广众之中表露出来。'如今公叔怨恨齐国，那就没办法了，他一定会与周君关系恶化，而且会深深地怨恨我。”史舍说：“您出发吧，我让公叔一定看重您。”

周最出使到了韩国，公叔大怒。史舍入见公叔，说：“周最坚决不想出使，是我强迫他来的。周最不愿意来是为了您；我强迫他来，也是为了您。”公叔说：“愿听听您的道理。”史舍回答说：“齐国大夫庶子养了条狗，狗凶猛不能呵叱它，呵叱它就要咬人。有客人要求呵斥狗，注目熟视而又轻轻呵斥它，狗没有动；又呵斥它，狗竟然没有咬人的意思。周最以前有幸能够侍奉足下，是因为不得已而出使贵国，他将有礼貌地慢慢地陈述他的意思，韩王定会认为齐王并不急迫，一定不会同意。如果周最不来，其他人也一定会来。来的这位使者与您没有旧交，而想先讨好韩扰，那他办事时一定很快，说话也一定很急，韩王就一定会同意。”公叔说：“说得好。”公叔就很敬重周最。韩王果然没有同意任命韩扰为相国。

史疾为韩使楚

史疾为韩使楚，楚王问曰：“客何方所循？”曰：“治列子圉寇之言[1]。”曰：“何贵？”曰：“贵正。”王曰：“正亦可为国乎？”曰：“可。”王曰：“楚国多盗，正可以圉盗乎？”曰：“可。”曰：“以正圉盗，奈何？”顷间有鹊止于屋上者，曰：“请问楚人谓此鸟何？”王曰：“谓之鹊。”曰：“谓之乌，可乎？”曰：“不可。”曰：“今王之国有柱国、令尹、司马、典令，其任官置吏，必曰廉洁胜任。今盗贼公行，而弗能禁也，此乌不为乌，鹊不为鹊也。”

【注释】

①圉：同“御”，防御。

【译文】

史疾为韩国出使楚国，楚王问他："请问阁下是研究什么学问的?"史疾说："我研究列子御寇的学说。"楚王问："主张什么?"史疾说："主张正名。"楚王问："'正名'可以治理国家吗?"史疾回答："可以。"楚王问："楚国盗贼多，'正名'可以防盗吗?"史疾说："可以。"楚王问："'正名'怎样防盗?"一会儿，有只喜鹊落在房顶上，史疾问："请问楚国人把这鸟叫什么?"楚王说："叫它喜鹊。"史疾问："叫它乌鸦可以吗?"楚王说："不可以。"史疾说："现在大王的国家设有柱国、令尹、司马、典令，在设置、任命官吏时，一定要他们廉洁奉公、胜任其职。但现在盗贼公然横行，而不能禁止，这就叫做'乌鸦不成其为乌鸦，喜鹊不成其为喜鹊'啊!"

韩傀相韩

韩傀相韩[1]，严遂重于君[2]，二人相害也。严遂政议直指[3]，举韩傀之过。韩傀以之叱之于朝。严遂拔剑趋之，以救解。于是严遂惧诛，亡去，游，求人可以报韩傀者。

至齐，齐人或言："轵深井里聂政[4]，勇敢士也，避仇隐于屠者之间。"严遂阴交于聂政，以意厚之。聂政问曰："子欲安用我乎?"严遂曰："吾得为役之日浅，事今薄，奚敢有请?"于是严遂乃具酒，觞聂政母前。仲子奉黄金百镒，前为聂政母寿。聂政惊，愈怪其厚，固谢严仲子。仲子固进，而聂政谢曰："臣有老母，家贫，客游以为狗屠，可旦夕得甘脆以养亲。亲供养备，义不敢当仲子之赐。"严仲子辟人，因为聂政语曰："臣有仇，而行游诸侯众矣。然至齐，闻足下义甚高。故直进百金者，特以为夫人粗粝之费，以交足下之欢，岂敢以有求邪？”聂政曰：“臣所以降志辱身，居市井者，徒幸而养老母。老母在，政身未敢以许人也。”严仲子固让，聂政竟不肯受。然仲子卒备宾主之礼而去。

久之，聂政母死，既葬，除服[⑤]。聂政曰：“嗟乎！政乃市井之人，鼓刀以屠，而严仲子乃诸侯之卿相也，不远千里，枉车骑而交臣，臣之所以待之至浅鲜矣，未有大功可以称者，而严仲子举百金为亲寿，我虽不受，然是深知政也。夫贤者以感忿睚眦之意，而亲信穷僻之人，而政独安可嘿然而止乎？且前日要政，政徒以老母。老母今以天年终，政将为知己者用。”

遂西至濮阳，见严仲子曰：“前所以不许仲子者，徒以亲在。今亲不幸，仲子所欲报仇者为谁？”严仲子具告曰：“臣之仇韩相傀。傀又韩君之季父也，宗族盛，兵卫设，臣使人刺之，终莫能就。今足下幸而不弃，请益具车骑壮士，以为羽翼。”政曰：“韩与卫，中间不远，今杀人之相，相又国君之亲，此其势不可以多人。多人不能无生得失，生得失则语泄，语泄则韩举国而与仲子为雠也，岂不殆哉！”遂谢车骑人徒，辞，独行仗剑至韩。

韩适有东孟之会，韩王及相皆在焉，持兵戟而卫者甚众。聂政直入，上阶刺韩傀。韩傀走而抱哀侯[⑥]，聂政刺之，兼中哀侯，左右大乱。聂政大呼，所杀者数十人。因自皮面抉眼[⑦]，自屠出肠，遂以死。韩取聂政尸于市，县购之千金。久之莫知谁子。

政姊闻之，曰：“弟至贤，不可爱妾之躯，灭吾弟之名，非弟意也。”乃之韩。视之曰：“勇哉！气矜之隆。是其轶贲、育而高成荆矣[⑧]。今死而无名，父母既殁矣，兄弟无有，此为我故也。夫爱身不扬弟之名，吾不忍也。”乃抱尸而哭之曰：“此吾弟轵深井里聂政也。”亦自杀于尸下。

晋、楚、齐、卫闻之曰：“非独政之能，乃其姊者亦列女也。”聂政之所以名施于后世者，其姊不避菹醢之诛[9]，以扬其名也。

【注释】

①韩傀：韩相国，为韩国的公族。《史记》作侠累。②严遂：濮阳人，字仲子，韩臣。③政：通“正”。指：指斥，指责。④轵深井里：轵，地名，今河南济源南部。深井里，轵地的里名。⑤服：指丧服。⑥哀侯：此时为韩哀侯六年。⑦皮面抉眼：用刀划破脸皮，挖出眼珠。⑧轶贲、育：轶，超过。贲，孟贲。育，夏育。二人是古代的勇士。成荆：古代的勇士。⑨菹醢：指将人剁成肉酱。

【译文】

韩傀担任韩国的国相，严遂也受到韩哀侯的器重，两人因此相互忌恨。严遂敢于公正评论当面指责，曾直言不讳地指责韩傀的过失。韩傀因此在朝廷上怒斥严遂，严遂气得拔剑直向韩傀，幸而有人相劝才得以排解。此后，严遂担心韩傀报复，就逃出韩国，游历国外，四处寻找可以向韩傀报仇的人。

严遂到了齐国，有齐国人对他说：“轵地深井里的聂政，是个勇敢的侠士，因为躲避仇人才混迹于屠户中间。”严遂就和聂政暗中交往，以深情厚谊相待。聂政问严遂：“您想让我干什么呢？”严遂说：“我为您效劳的时间还不长，服侍您还这样薄，怎么敢对您有所求呢？”于是，严遂就备办了酒席，向聂政的母亲敬酒，又拿出百镒黄金，为聂政的母亲祝寿。聂政大为震惊，越发奇怪他何以厚礼相待，就坚决辞谢严遂的赠金，但严遂坚决要送。聂政就推辞说：“我家有老母，生活贫寒，只得离乡背井，做个杀狗的屠夫，现在我能够早晚买些甜美香软的食物来奉养母亲。母亲的供养已经齐备了，从道义上讲就不能接受您的赏赐。”严遂避开周围的人，告诉聂政说：“我有仇要报，曾游访过很多诸侯国。我来到齐国，听说您很讲义气，所以特地送上百金，只是想作为老夫人粗茶淡饭的费用罢了，同时也想让您高兴，哪里敢有什么请求呢？”聂政说：“我所以降低志向、辱没身份、隐居于市井之中，只是为了奉养老母。只要老母活着，我的生命就不敢托付给别人。”严遂坚持让聂政收下赠金，聂政始终不肯接受。然而严遂还是尽了宾主之礼才离开。

过了很久，聂政的母亲去世了，聂政葬了母亲，守孝期满脱去丧服，感叹地说：“唉！我不过是市井小民，动刀的屠夫，而严遂却是诸侯的卿相，他不远千里，屈驾前来与我结交，我对他太薄情了，没有做出什么可以和他待我相称的事情来，而他却拿百金为我母亲祝寿，我虽然没有接受，但这表明他很赏识我聂政啊。贤德的人因为心中的激愤而来亲近穷乡僻壤的人，我聂政怎么能够独自默然不动呢？况且以前他邀请我，我因母亲还健在，就拒绝了他。如今母亲已享尽天年，我要去为赏识我的人效力了！”

聂政于是向西到了濮阳，见严遂说：“以前之所以没有答应您，是因为母亲还在。如今老母不幸谢世。请问您想报仇的人是谁？”严遂将情况全告诉聂政，说：“我的仇人是韩国国相韩傀，他又是韩哀侯的叔父，家族势力很大，守卫设置严密，我曾派人刺杀他，始终没能成功。如今幸而您没有舍弃我，让我为您多准备些车马和壮士以作为您的助手。”聂政说：“韩国和卫国相隔不远，如今去刺杀韩国的相国，他又是韩侯至亲，这种情况下势必不能多带人去。人多了不能不出差错，出了差错就难免会泄露机密，泄露了机密就会使整个韩国与你为敌，岂不是太危险了吗？”于是聂政谢绝了车马和随从，告辞后独自上路，带着剑来到韩国。

正好韩国在东孟举行集会，韩侯和相国都在那里，拿着刀剑而守卫的人众多。聂政直冲而入，上台阶后刺杀韩傀，韩傀逃命时抱住韩哀侯。聂政再刺韩傀，同时也刺中韩哀侯，左右的人一片混乱。聂政大吼冲杀，杀死了几十人，随后自己用剑划破脸皮，挖出眼珠，又割腹挑肠，就此死去。韩国把聂政的尸体摆在集市上，以千金悬购他的姓名。过了很久，没有人知道他是谁。

聂政的姐姐听说这事后，说：“我弟弟非常贤能，我不能因为吝惜自己的性命，而埋没弟弟的名声，埋没声名也不是弟弟的本意。”于是她去了韩国，看着尸体说：“英勇啊！浩气壮烈！你的行为胜过孟贲、夏育，高过了成荆！如今死了却没有留下姓名，父母已不在人世，又没有其他兄弟，你这样做都是为了不牵连我啊。因为吝惜生命而不显扬你的名声，我不忍心这样做啊！”于是就抱住尸体痛哭道：“这是我弟弟轵邑深井里的聂政啊！”说完也在聂政的尸体旁自杀而死。

晋、楚、齐、卫等国的人听说这件事，都赞叹道：“不单聂政勇敢，就是她姐姐也是个刚烈的女子！”聂政之所以名垂后世，是因为她姐姐不怕剁成肉酱，以显扬他的名声！

卷二十八　韩三

或谓韩公仲

或谓韩公仲曰："夫孪子之相似者，唯其母知之而已；利害之相似者，唯智者知之而已。今公国，其利害之相似，正如孪子之相似也。得以其道为之，则主尊而身安；不得其道，则主卑而身危。今秦、魏之和成，而非公适束之[①]，则韩必谋矣。若韩随魏以善秦，是为魏从也，则韩轻矣，主卑矣。秦已善韩，必将欲置其所爱信者，令用事于韩以完之，是公危矣。今公与安成君为秦、魏之和，成固为福，不成亦为福。秦、魏之和成，而公适束之，是韩为秦、魏之门户也，是韩重而主尊矣。安成君东重于魏，而西贵于秦，操右契而为公责德于秦、魏之主[②]，裂地而为诸侯，公之事也。若夫安韩、魏而终身相，公之下服[③]，此主尊而身安矣。秦、魏不终相听者也。齐怒于不得魏[④]，必欲善韩以塞魏；魏不听秦，必务善韩以备秦，是公择布而割也[⑤]。秦、魏和，则两国德公；不和，则两国争事公。所谓成为福，不成亦为福者也。愿公之无疑也。"

【注释】

①束：约。②操右契：指掌握着重要的条件。操，掌握。右，古代尊崇右，表示重要。契，原意是契约，引申为条件。③下服：指次一等

的事。以裂地为侯为上，作相为下。服，犹事。④齐怒：吴师道补曰："齐怒，详文意，当作'秦怒'。"⑤布：比喻秦、魏二国。割：比喻制约二国。

【译文】

有人对韩国的相国公仲说："双胞胎长得很相似，只有他们的母亲才分辨得清楚；利与害很相似，只有明智的人才能分辨得清楚。如今您的国家利、害相似，正如同双胞胎的相似一样。如能用正道去做，那么国君尊贵且身心安宁；不能用正道去做，那么国君卑贱且自身危险。如果秦、魏两国联合成功，又不是您促成的，那么韩国一定会遭到秦、魏的谋伐。如果韩国跟着魏国去讨好秦国，那么韩国就成了魏国的随从，这样，韩国就要被轻视，国君地位就卑贱。如果秦国和韩国友好，秦国一定会把宠爱信任的人安插到韩国，让他控制韩国，来保全秦国的利益，这样您就危险了。如果您和安成君帮助秦、魏两国联合，成功了，固然是好事，不成功，也是好事。秦国和魏国联合成功，这是您促使他们联合成功的，秦国和魏国就一定会出入韩国，这样韩国地位受到重视，国君会受到尊重。安成君在东边受到魏国的倚重，在西边受到秦国的尊崇，他掌握着这些条件，可以向秦、魏两国的国君为您要求好处，分封土地，成为诸侯，这是您意料中的事。至于使韩、魏两国相安无事，您终身任两国的相国，这又是次一等了。不管是哪一种选择，都可以使主尊而身安。秦、魏两国是不可能永远友好下去的。到那时，秦会谴责魏，必然与韩友好，孤立魏国；魏一旦不能与秦友好下去，一定会一心一意地与韩友好，来防备秦。因此，与秦友好或是与魏友好，这可由您自作抉择。秦和魏联合，两国会感激您；秦和魏不联合，两国争相拉拢您。这就是所谓的'成功了，固然是好事；不成功，也是好事'。希望您不要怀疑。"

秦大国

秦，大国也；韩，小国也。韩甚疏秦，然而见亲秦。计之，非金无以也①，故卖美人。美人之贾贵②，诸侯不能买，故秦买之三千金。韩因以其金事秦，秦反得其金与韩之美人。韩之美人因言于秦曰：“韩甚疏秦③。”从是观之，韩亡美人与金，其疏秦乃始益明。故客有说韩者曰：“不如止淫用，以是为金以事秦，是金必行，而韩之疏秦不明。美人知内行者也④，故善为计者，不见内行。”

【注释】

①以：由也。②贾：同“价”。③韩甚疏秦：韩国很疏远秦国。指美女怨恨韩人出卖她们，因此说这句话。④内行：指内情。

【译文】

秦国是个大国，韩国是个小国。韩国很疏远秦国，可是表面上还显示出与秦国友好。考虑到非用黄金不可，所以韩国便出售美女。美女的价格很昂贵，诸侯都买不起，而秦国花了三千金买去。韩国用这三千金侍奉秦国，秦国既收回了他的三千金，又得到了韩国的美女。因而韩国的美女就对秦王说：“韩国很疏远秦国。”由此看来，韩国不但失掉美女和黄金，而且使疏远秦国的态度比当初更加明显了。因此有人游说韩国人说：“不如禁止奢侈挥霍，用这个办法积蓄黄金来侍奉秦国，这样一定可以筹措出所用的黄金来，而韩国疏远秦国不致明显。美女是了解内情的人，所以善于计谋的人，都不暴露内情。”

赵、魏攻华阳

赵、魏攻华阳，韩谒急于秦[1]。冠盖相望[2]，秦不救。韩相国谓田苓曰：“事急，愿公虽疾，为一宿之行。”田苓见穰侯，穰侯曰：“韩急乎？何故使公来？”田苓对曰：“未急也。”穰侯怒曰：“是何以为公之王使乎？冠盖相望，告弊邑甚急，公曰‘未急’，何也？”田苓曰：“彼韩急，则将变矣。”穰侯曰：“公无见王矣，臣请令发兵救韩。”八日中，大败赵、魏于华阳之下。

【注释】

①谒：告。②冠盖相望：比喻来往的车辆往来不绝。

【译文】

赵、魏联合攻打韩国的华阳，韩国向秦国告急。韩国的使车往来不绝，秦国不派救兵。韩相国对田苓说：“事情紧急，您即使有病，也希望辛苦您作一日之行。”田苓见了穰侯，穰侯说：“韩国很危急吗？为什么派阁下来呢？”田苓回答说：“还不危急。”穰侯生气地说：“这么说，怎么可以代表国君出使呢？韩国的使车往来不绝，都到敝国来告急，您却说‘不危急’，这是为什么？”田苓说：“如果韩国危急，就会背叛秦国了。”穰侯赶紧说：“您不必去见大王了，我马上出兵救韩。”八天之内，秦军就在华阳大败赵、魏联军。

段干越人谓新城君

段干越人谓新城君曰[①]：“王良之弟子驾[②]，云取千里马[③]，遇造父之弟子[④]。造父之弟子曰：‘马不千里。’王良弟子曰：‘马，千里之马也；服，千里之服也[⑤]。而不能取千里，何也?’曰：‘子纆牵长[⑥]。故纆牵于事，万分之一也，而难千里之行。’今臣虽不肖，于秦亦万分之一也，而相国见臣不释塞者[⑦]，是纆牵长也。”

【注释】

①段干越人：魏国人。②王良：赵简子的驾车者。③取：趋，行。马：“焉”字之讹。④造父：周穆王的驾车者，与王良不是同时代的人。⑤马：指骖马。服：指辕马。战国时一车驾四马，两旁之马称骖，中间夹辕之两马称服。⑥纆：绳索，指缰绳。牵：引。⑦塞：障蔽，屏障。

【译文】

段干越人对新城君说：“王良的弟子驾马车，说能日行千里，遇到了造父的弟子。造父的弟子说：‘马不可能日行千里。’王良的弟子说：‘骖马，是千里马；服马，也是行千里的服马。却不能日行千里，为什么?’造父的弟子说：‘您那驾马的缰绳太长了。缰绳，这对驾马所需的全部用具来说，只不过占万分之一而已，可是能妨碍千里之行。’现在我虽然无能，对于秦国来说，可还有万分之一的作用，相国见我却不打开阻塞的门路，这也正如‘缰绳长了，难行千里’一样啊。”

卷二十九　燕一

苏秦将为从，北说燕文侯

苏秦将为从，北说燕文侯曰："燕东有朝鲜、辽东，北有林胡、楼烦，西有云中、九原，南有呼沱、易水。地方二千余里，带甲数十万，车七百乘，骑六千匹，粟支十年。南有碣石、雁门之饶，北有枣（粟）［栗］之利[①]，民虽不由田作，枣栗之实，足食于民矣。此所谓天府也。夫安乐无事，不见覆军杀将之忧，无过燕矣。大王知其所以然乎？夫燕之所以不犯寇被兵者，以赵之为蔽于南也。秦、赵五战，秦再胜而赵三胜。秦、赵相弊，而王以全燕制其后，此燕之所以不犯难也。且夫秦之攻燕也，逾云中、九原，过代、上谷，弥地踵道数千里，虽得燕城，秦计固不能守也。秦之不能害燕亦明矣。今赵之攻燕也，发兴号令，不至十日，而数十万之众军于东垣矣。度呼沱，涉易水，不至四、五日，距国都矣[②]。故曰，秦之攻燕也，战于千里之外；赵之攻燕也，战于百里之内。夫不忧百里之患，而重千里之外，计无过于此者。是故愿大王与赵从亲，天下为一，则国必无患矣。"

燕王曰："寡人国小，西迫强秦，南近齐、赵[③]。齐、赵，强国也，今主君幸教诏之，合从以安燕，敬以国从。"于是赍苏秦车马金帛以至赵。

【注释】

①栗：原作“粟”，据鲍本及《札记》改。②距：至。③西迫强秦，南近齐、赵：《史记·苏秦列传》作“西迫强赵，南近齐”。今从。

【译文】

苏秦准备组织合纵联盟，北上游说燕文侯说：“燕国东边有朝鲜、辽东，北边有林胡、楼烦，西边有云中、九原，南边有呼沱、易水。土地方圆有两千多里，战士有数十万，战车有七百辆，战马有六千匹，粮食够吃十年。南有碣石、雁门富饶的物产，北有大枣、板栗丰饶的收成，老百姓即使不耕种，枣、栗的果实也足够人民吃饱。这就是所谓的‘天府之国’啊。国家安乐无事，没有军队被打败、将帅被杀戮的祸患，没有哪个国家能比得上燕国。大王知道其中的道理吗？燕国之所以未遭受敌兵侵扰，是因为赵国做了燕国的南面屏障。秦、赵发生五次战争，秦国两胜，而赵国三胜。秦、赵两国互相削弱了，而大王您以保全的燕国在他们的后边制约，这就是燕国没有受敌兵侵扰的原因。况且秦国要是进攻燕国，必须越过云中、九原，经过代郡、上谷，要接连走几千里的路程，即使得到燕国的城邑，秦国也料到本来不能守住。秦国不能侵害燕国也是明显的。如果赵国要进攻燕国，一发号令，不出十天，而几十万大军就可进驻东垣，渡过呼沱和易水，不到四五天，就可以兵临燕都。所以说：秦国攻打燕国，必须在千里之外作战；赵国攻打燕国，只在百里之内作战。不担忧百里之内的祸患却重视千里之外的敌人，没有比这更失策的了。所以，希望大王和赵国结成合纵联盟，诸侯团结一致，燕国就一定没有祸患。”

燕王说：“敝国是个小国，西近赵国，南近齐国。齐国和赵国都是强国。现在承蒙您的教导，组织合纵联盟来安定燕国，我完全同意参加联盟。”于是，燕王赠送给苏秦车马、金帛而去赵国。

燕文公时

燕文公时，秦惠王以其女为燕太子妇。文公卒，易王立。齐宣王因燕丧攻之，取十城。武安君苏秦为燕说齐王，再拜而贺，因仰而吊。齐王桉戈而却[①]，曰："此一何庆吊相随之速也[②]?"对曰："人之饥所以不食乌喙者[③]，以为虽偷充腹[④]，而与死同患也。今燕虽弱小，强秦之少婿也。王利其十城而深与强秦为仇。今使弱燕为雁行[⑤]，而强秦制其后，以招天下之精兵，此食乌喙之类也!"

齐王曰："然则奈何?"对曰："圣人之制事也，转祸而为福，因败而为功。故桓公负妇人而名益尊[⑥]，韩献开罪而交愈固[⑦]，此皆转祸而为福，因败而为功者也。王能听臣，莫如归燕之十城，卑辞以谢秦。秦知王以己之故归燕城也，秦必德王。燕无故而得十城，燕亦德王。是弃强仇而立厚交也。且夫燕、秦之俱事齐，则大王号令天下皆从。是王以虚辞附秦，而以十城取天下也。此霸王之业矣。所谓转祸为福，因败成功者也。"

齐王大说，乃归燕城。以金千斤谢其后，顿首涂中[⑧]，愿为兄弟而请罪于秦。

【注释】

①桉：同"按"。却：责让，责备。②一何：为什么。③乌喙：又名乌头，毒药名。④偷：苟且，暂时。⑤雁行：居前的行列。指前锋。⑥桓公负妇人而名益尊：齐桓公背弃妇人少姬而名号更加崇高。指齐桓

公尊王责楚而称霸王。⑦韩献开罪而交愈固：指晋灵公时，韩献因执行军法而开罪了推荐自己做官的赵盾的使者，赵盾与韩献的交谊反而更加巩固。⑧顿：叩，磕。表示恭敬有礼。

【译文】

燕文公时，秦惠王将女儿嫁给燕太子为妻。燕文公死后，太子易王即位。齐宣王趁燕国遇有国丧便派兵进攻，占领了十座城。武安君苏秦为燕国游说齐王，两次跪拜庆贺，接着又仰面吊唁。齐王按戈责备说："为什么庆贺和吊唁接连这么快呀？"苏秦回答说："人在饥饿时，其所以不愿吃毒药乌喙，这是因为它虽然可以暂时解除饥饿，但毒死和饿死同样痛苦。现在燕国虽然弱小，可也是强秦的女婿之邦。大王贪图十城却与强秦结下了深仇。如果让弱小的燕国打前锋，而强大的秦国做后盾，来召集天下的精兵，这就等于齐国吃了毒药乌喙一样。"

齐王说："那可怎么办呢？"苏秦回答说："圣人处理事情，可以把灾祸转变为吉利，可以把失败转变为成功。所以，齐桓公虽然有女色的牵累，但名声更加崇高；韩献子得罪了赵盾，可是赵盾和他的交情更加巩固。这些都是'转祸为福，转失败为成功'的事例。大王如能听从我的意见，不如归还燕国的十城，谦卑地向秦国致歉，秦王知道大王因为秦国的缘故而归还燕国十城，他一定会感激大王。燕国平白无故收回了十城，燕王也会感激大王。这就是舍弃强大的仇敌，建立深厚的邦交。而且燕国和秦国如果都和齐国建立了友好关系，大王的号令，诸侯都会听从。这样，大王虽然是谦卑地向秦国致歉，顺从秦国，却以十城换来了'大王号令，天下皆从'的实效。这是建立霸王的事业。也就是所谓'转祸为福，转失败为成功'。"

齐宣王听后非常高兴，于是归还燕国的十城。随后又送千金表示致歉，并在一路上叩头，希望结为兄弟之邦，恳请秦国赦罪。

人有恶苏秦于燕王者

人有恶苏秦于燕王者曰："武安君，天下不信人也。王以万乘下之，尊之于廷，示天下与小人群也。"

武安君从齐来，而燕王不馆也[①]。谓燕王曰："臣东周之鄙人也，见足下身无咫尺之功，而足下迎臣于郊，显臣于廷。今臣为足下使，利得十城，功存危燕，足下不听臣者，人必有言臣不信，伤臣于王者。臣之不信，是足下之福也。使臣信如尾生[②]，廉如伯夷[③]，孝如曾参[④]，三者天下之高行，而以事足下，可乎[⑤]？"燕王曰："可。"曰："有此，臣亦不事足下矣。"

苏秦曰："且夫孝如曾参，义不离亲一夕宿于外，足下安得使之之齐？廉如伯夷，不取素餐[⑥]，污武王之义而不臣[⑦]，焉辞孤竹之君，饿而死于首阳之山[⑧]。廉如此者，何肯步行数千里而事弱燕之危主乎？信如尾生，期而不来，抱梁柱而死。信至如此，何肯杨燕、秦之威于齐而取大功乎哉[⑨]？且夫信行者，所以自为也，非所以为人也。皆自覆之术[⑩]，非进取之道也。且夫三王代兴，五霸迭盛，皆不自覆也。君以自覆为可乎，则齐不益于营丘[⑪]，足下不逾楚境，不窥于边城之外。且臣有老母于周，离老母而事足下，去自覆之术，而谋进取之道，臣之趣固不与足下合者。足下皆自覆之君也，仆者进取之臣也，所谓以忠信得罪于君者也。"

燕王曰："夫忠信，又何罪之有也？"对曰："足下不知也。

臣邻家有远为吏者，其妻私人。其夫且归，其私之者忧之。其妻曰：‘公勿忧也，吾已为药酒以待之矣。’后二日，夫至，妻使妾奉卮酒进之。妾知其药酒也，进之则杀主父，言之则逐主母，乃阳僵弃酒⑫。主父大怒而笞之。故妾一僵而弃酒，上以活主父，下以存主母也。忠至如此，然不免于笞，此以忠信得罪者也。臣之事，适不幸而有类妾之弃酒也。且臣之事足下，亢义益国⑬，今乃得罪，臣恐天下后事足下者，莫敢自必也。且臣之说齐，曾不欺之也。使之说齐者，莫如臣之言也，虽尧、舜之智，不敢取也。”

【注释】

①不馆：指不到馆舍慰问。②尾生：人名，诚信的代表。③伯夷：人名，廉洁的代表。④曾参：人名，孝顺的代表。⑤可乎：可以吗？⑥不取素餐：犹言不吃不劳而获之食。⑦污武王之义：即认为武王不义。⑧首阳之山：即首阳山，又名雷首山。在今山西永济县南。⑨杨：通“扬”。⑩自覆：自护其名，犹言自我满足。⑪营丘：地名，在今山东淄博市旧临淄县。⑫阳：通“佯”，假装。僵：仆倒，跌倒。⑬亢义：使信义崇高。

【译文】

有人对燕王毁谤苏秦说：“苏秦是天下最不讲信义的人。大王以万乘之尊却非常谦恭地对待他，在朝廷上推崇他，但这是向天下人显示自己与小人为伍啊。”

苏秦从齐国归来，燕王不赴住所慰问。苏秦对燕王说：“我本是东周的一个平庸之辈，当初见大王时没有半点功劳，但大王到郊外去迎接我，使我在朝廷上地位显赫。现在我替您出使齐国，取得了收复十座城邑的利益，挽救了危亡之中的燕国，可是您却不再信任我，一定是有人说我不守信义，在大王面前中伤我。其实，我不守信义，那倒是您的福气。假使我像尾生那样讲信用，像伯夷那样廉洁，像曾参那样孝顺，具有这三种天下公认的高尚操行，来为大王效命，是不是可以呢？”燕王说：“当然可以。”苏秦说：“如果真是这样，我也就不会来侍奉大王了。”

苏秦继续说：“臣要像曾参一样孝顺，就不能离开父母在外面歇宿一夜，您又怎能让我出使齐国呢？像伯夷那样廉洁，不吃白食，认为周武王不义而不做他的臣下，又拒不接受孤竹国的君位，饿死在首阳山上。廉洁到这种程度，又怎么肯步行几千里而为弱小燕国的垂危君主服务呢？诚信如尾生，约会的女子不来，就抱着桥柱被淹死。讲信用到这种地步，怎么肯到齐国去宣扬燕、秦的威力，并取得巨大的功绩呢？再说讲信用道德的人，都是用来自我完善，不是用来帮助他人的。所以这都是安于现状的办法，而不是谋求进取的途径。再说，三王交替兴起，五霸相继兴盛，他们都不满足现状。您认为满足现状是可以的，那么齐国就不会进兵营丘，您也不能越过楚国边境，不可能窥探边城之外了。况且我在周地还有老母，离开老母来侍奉您，抛开保守的做法，而谋求进取的策略。我的趋向，本来不和您相同。大王是安于现状的君主，而我是谋求进取的臣子，这就是因为忠信而得罪于君主的原因啊。”

燕王说：“忠信又有什么可责怪的呢？”苏秦说：“您不知道，我的邻居中有个在远方做官的人，他的妻子跟别人私通。她的丈夫将要回来了，和他私通的人很忧虑。那妻子对他的情夫说：‘你别担心，我已经准备了毒酒等着他呢。’过了两天，丈夫到家了，妻子让小妾捧着毒酒送给他丈夫。小妾知道那是毒酒，若送上去就要毒死男主人，若说出实情女主人就要被赶走。她就假装跌倒，泼掉了毒酒。男主人很生气而用竹板打她。那小妾这一倒，对上救了男主人，对下保住了女主人。忠心到了这种地步，然而免不了被打，这就是因为忠信反而受到罪责的人啊。现在我的处境，恰恰不幸和那个小妾泼掉毒酒反而受罚的遭遇类似。况且我侍奉大王您，尽量使信义崇高，国家获益，如今竟受罪责，我担心以后天下来侍奉您的人，没有谁自信能够做到这样。况且我劝说齐王，确实没用欺诈的手段，只不过游说齐国的其他使者，没有谁像我说得那么婉转。即使他们像尧、舜一样贤明，齐国也不肯相信他们的话。”

燕王哙既立

燕王哙既立，苏秦死于齐。苏秦之在燕也，与其相子之为婚，而苏代与子之交。及苏秦死，而齐宣王复用苏代。

燕哙三年，与楚、三晋攻秦，不胜而还。子之相燕，贵重主断。苏代为齐使于燕，燕王问之曰：“齐宣王何如？”对曰：“必不霸。”燕王曰：“何也？”对曰：“不信其臣。”苏代欲以激燕王以厚任子之也。于是燕王大信子之。子之因遗苏代百金，听其所使。

鹿毛寿谓燕王曰：“不如以国让子之。人谓尧贤者，以其让天下于许由，由必不受，有让天下之名，实不失天下。今王以国让相子之，子之必不敢受，是王与尧同行也。”燕王因举国属子之[①]，子之大重。

或曰：“禹授益而以启为吏，及老，而以启为不足任天下，传之益也。启与支党攻益而夺之天下，是禹名传天下于益，其实令启自取之。今王言属国子之，而吏无非太子人者，是名属子之，而太子用事。”王因收印自三百石吏而效之子之。子之南面行王事，而哙老不听政，顾为臣[②]，国事皆决子之。

子之三年，燕国大乱，百姓恫怨。将军市被、太子平谋，将攻子之。储子谓齐宣王：“因而仆之[③]，破燕必矣。”王因令人谓太子平曰：“寡人闻太子之义，将废私而立公，饬君臣之义[④]，正父子之位。寡人之国小，不足先后。虽然，则唯太子所以令之。”

太子因数党聚众，将军市被围公宫，攻子之，不克；将军市被及百姓乃反攻太子平。将军市被死已殉，国构难数月，死者数万众，燕人恫怨，百姓离意。

孟轲谓齐宣王曰："今伐燕，此文、武之时，不可失也。"王因令章子将五都之兵，以因北地之众以伐燕。士卒不战，城门不闭，燕王哙死。齐大胜燕，子之亡。二年，燕人立公子平，是为燕昭王。

【注释】

①属：付与，委托。②顾：反而。③仆：赴，以兵赴之。④饬：整治。

【译文】

燕王哙即位以后，苏秦在齐国因与大夫争宠被杀死。苏秦当初在燕国时，与燕相国子之通婚，苏秦的弟弟苏代与子之也有交往。等到苏秦死后，齐宣王又任用了苏代。

燕王哙三年，燕国与楚国、赵国、魏国、韩国联合攻打秦国，未获胜而归。子之担任燕国的相国，尊贵专断。这时，苏代为齐国出使燕国，燕王问苏代说："齐宣王这人怎样？"苏代回答说："肯定成不了霸业。"燕王说："为什么？"苏代回答说："不信任自己的大臣。"苏代想用这个回答来激发燕王，让他重用子之。从此燕王更加信任子之。子之于是赠给苏代百金，任凭他使用。

苏代的使者鹿毛寿对燕王说："不如把燕国让给子之。人们说尧帝是贤君，因为他把天下让给许由，许由当然不肯接受，尧帝却有禅让天下的美名，实际上并没有失去天下。如今大王把国家让给相国子之，子之一定不敢接受，这样大王便与尧帝齐名了。"燕王就把燕国全部委托给子之，子之的势力更大了。

又有人对燕王说："当初，禹因伯益助他治水有功，授权给伯益，并让儿子启做伯益的官吏，到禹年老时，认为启不能胜任掌管天下的重任，就把国家大权传给了伯益。后来，启和他的党羽攻击伯益，并且夺取了国家政权。这样，禹名义上把国家传给了伯益，实际上又让启自己夺了权。现在大王说是把国家交给了子之，而官吏没有一个不是太子的人，这样，名义上交给子之，实际上是太子掌权。”燕王因此收回三百石以上俸禄官吏的印玺，交给了子之。子之因此正式行使燕王的权力，而燕王哙因老了，不再执掌国政，反而成为臣下，国家大事全由子之决断。

子之执政三年，燕国大乱，百姓痛恨子之。将军市被和太子平商议，准备攻击子之。储子对齐宣王说：“乘此时机进攻燕国，一定可以大败它。”齐宣王就派人给太子平转告自己的话，说：“我听说太子主持正义，准备废除私权，确立国权，整顿君臣的名分，重整子承父位的纲纪。敝国很小，无助于决定问题。即使如此，我完全听从太子的召唤。”太子于是急招党羽，聚集徒众，将军市被包围了王宫，攻打子之，没有攻下；将军市被和百姓又反过来攻打太子平。将军市被死后被示众，燕国内战数月，几万人死去，燕国大众痛怨，百姓离心离德。

孟轲对齐宣王说：“现在攻打燕国，正如同周文王、周武王讨伐殷纣一样，机不可失。”齐宣王于是派大将匡章率领军队，又加上北边地区的民众讨伐燕国。燕国士兵因不愿打仗，连城门也不关闭，燕王哙终于被杀死。齐军大胜燕军，子之逃亡。过了两年，燕国人拥立公子平为国君，这就是燕昭王。

燕昭王收破燕后即位

燕昭王收破燕后即位，卑身厚币，以招贤者，欲将以报雠。故往见郭隗先生曰：“齐因孤国之乱，而袭破燕。孤极知燕小力少，不足以报。然得贤士与共国，以雪先王之耻，孤之愿也。敢问以国报雠者奈何？”

郭隗先生对曰：“帝者与师处，王者与友处，霸者与臣处，亡国与役处。诎指而事之[①]，北面而受学，则百己者至。先趋而后息，先问而后嘿，则什己者至。人趋己趋，则若己者至。冯几据杖[②]，眄视指使[③]，则厮役之人至。若恣睢奋击[④]，呴籍叱咄[⑤]，则徒隶之人至矣。此古服道致士之法也。王诚博选国中之贤者，而朝其门下，天下闻王朝其贤臣，天下之士必趋于燕矣。”

昭王曰：“寡人将谁朝而可？”郭隗先生曰：“臣闻古之君人，有以千金求千里马者，三年不能得。涓人言于君曰[⑥]：‘请求之。’君遣之。三月得千里马，马已死，买其首五百金，反以报君。君大怒曰：‘所求者生马，安事死马而捐五百金？’涓人对曰：‘死马且买之五百金，况生马乎？天下必以王为能市马，马今至矣。’于是不能期年，千里之马至者三。今王诚欲致士，先从隗始；隗且见事，况贤于隗者乎？岂远千里哉？”

于是昭王为隗筑宫而师之。乐毅自魏往，邹衍自齐往，剧辛自赵往，士争凑燕。燕王吊死问生，与百姓同其甘苦。二十八年，燕国殷富，士卒乐佚轻战。于是遂以乐毅为上将军，与秦、楚、三晋合谋以伐齐。齐兵败，闵王出走于外。燕兵独追北入至临淄，尽取齐宝，烧其宫室宗庙。齐城之不下者，唯独莒、即墨。

【注释】

①诎指：折节。诎：屈也。指：同“恉”，意志。②冯：同“凭”。③眄视：斜视。④恣睢：放肆骄横。⑤呴籍：斥责，凌辱。叱咄：大声吼叫。⑥涓人：国君身边的侍从。

【译文】

燕昭王在收拾残破的燕国后登上王位。他谦卑恭敬，以厚礼重金招聘贤才，准备依靠他们报仇雪耻。他特地去见郭隗先生，说：“齐国趁我国内乱，发动突然袭击，打败了燕国。我深知国小力弱，不足以报仇。然而如果能得到有才干的人和我共同管理国家，来洗雪先王的耻辱，这是我的心愿。请问怎么样才能为国报仇呢？”

郭隗先生回答说：“成就帝业的国君，以贤者为师长；成就王业的国君，以贤者为朋友；成就霸业的国君，以贤者为臣下；亡国的国君，以贤者为奴仆。国君如能折节屈尊侍奉贤者，向老师请教，那么，才干超过自己百倍的人就会来；如果做事抢先而休息在后，发问在前而沉默在后，那么，才干超过自己十倍的人就会来；如果跟着别人亦步亦趋，那么，才能与自己相当的人就会来；如果靠着几案，拄着手杖，颐指气使，指手画脚，那么，干杂活、服苦役的人就会来；如果放肆骄横，对人随便发怒，任意呵斥，那么，只有唯命是从的犯人、奴隶才会来。这是自古以来服务有道者、招揽人才的办法。大王果真能够广泛选拔国内的人才，亲自登门拜访，天下人听说大王亲自拜访贤臣，天下的贤士一定都会奔赴燕国。”

昭王说：“我应当拜访谁才合适呢？”郭隗先生说：“我听说，古代有个君王，想以千金求购千里马，经过三年都没有买到。宫中有个内臣对国君说：‘请让我去买吧。’国君就派他去。三个月后他找到了千里马，可是马已经死了，他就以五百金买了那匹死马的头，回去向国君复命。国君大怒，说：‘我要找的是活马，怎么去买死马而白白花费我的五百金呢？’内臣回答说：‘死马尚且肯花五百金，更何况活马呢！天下人由此一定会认为大王喜欢买好马，那么千里马就会买到了。’于是，不到一年，三匹千里马就送上门来。现在大王果真想招揽人才，就先从我郭隗开始吧；像我这样的人尚且被任用，何况比我更有才干的人呢？难道他们还会嫌千里为远而不肯到燕国来吗？”

在这时，燕昭王专为郭隗修建了官宅，并尊他为师。不久，乐毅从魏国来了，邹衍从齐国来了，剧辛从赵国来了，有才干的人都争着聚集到燕国。燕昭王悼念死去的人，安慰活着的人，与老百姓同甘共苦。二十八年后，燕国殷实富裕了，士兵生活安适，敢于作战。于是，昭王就任命乐毅为上将军，与秦、楚、赵、魏、韩等国合谋讨伐齐国。齐军大败，齐闵王逃往国外。燕军单独追击败逃的齐军，攻下齐都临淄，把那里的宝物全部掠去，烧毁了齐国的宫殿、宗庙。齐国的城邑没有被攻下的，只有莒和即墨两处。

苏代谓燕昭王

苏代谓燕昭王曰[①]："今有人于此，孝如曾参、孝己，信如尾生高，廉如鲍焦、史鳝，兼此三行以事王，奚如？"王曰："如是足矣！"对曰："足下以为足，则臣不事足下矣。臣且处无为之事，归耕乎周之上地，耕而食之，织而衣之。"王曰："何故也？"对曰："孝如曾参、孝己，则不过养其亲耳。信如尾生高，则不过不欺人耳。廉如鲍焦、史鳝，则不过不窃人之财耳。今臣为进取者也。臣以为：廉不与身俱达，义不与生俱立；仁义者，自完之道也，非进取之术也！"

王曰："自忧不足乎[②]？"对曰："以自忧为足，则秦不出殽塞，齐不出营丘，楚不出疏章。三王代位，五伯改政，皆以不自忧故也。若自忧而足，则臣亦之周负笼耳，何为烦大王之廷耶？昔者，楚取章武，诸侯北面而朝；秦取西山，诸侯西面而朝。曩者，使燕毋去周室之上，则诸侯不为别马而朝矣[③]。臣闻之，善为事者，先量其国之大小，而揆其兵之强弱，故功可成而名可立也。不能为事者，不先量其国之大小，不揆其兵之强弱，故功不可成而名不可立也。今王有东向伐齐之心，而愚臣知之。"

王曰："子何以知之？"对曰："矜戟砥剑，登丘东向而叹，是以愚臣知之。今夫乌获举千钧之重[④]，行年八十，而求扶持。故齐虽强国也，西劳于宋，南罢于楚，则齐军可败，而河间可取。"燕王曰："善！吾请拜子为上卿，奉子车百乘，子以此为寡人东游于齐，何如？”对曰：“足下以爱之故与，则何不与爱子与诸舅、叔父、负床之孙[5]？不得，而乃以与无能之臣，何也？王之论臣，何如人哉？今臣之所以事足下者，忠信也。恐以忠信之故见罪于左右。”

王曰：“安有为人臣尽其力、竭其能而得罪者乎？”对曰：“臣请为王譬。昔周之上地尝有之。其丈夫官三年不归，其妻爱人。其所爱者曰：‘子之丈夫来，则且奈何乎？’其妻曰：‘勿忧也，吾已为药酒而待其来矣。’已而其丈夫果来，于是因令其妾酌药酒而进之。其妾知之，半道而立，虑曰：‘吾以此饮吾主父，则杀吾主父；以此事告吾主父，则逐吾主母。与杀吾主父、逐吾主母者，宁佯踬而覆之。’于是因佯僵而仆之。其妻曰：‘为子之远行来之，故为美酒，今妾奉而仆之。’其丈夫不知，缚其妾而笞之。故妾所以笞者，忠信也。今臣为足下使于齐，恐忠信不谕于左右也！臣闻之曰：‘万乘之主，不制于人臣；十乘之家，不制于众人；匹夫徒步之士，不制于妻妾。’而又况于当世之贤主乎？臣请行矣，愿足下之无制于群臣也！”

【注释】

①苏代：前人考证，当作“苏秦”。②自忧：自我完善。③别马：指别驾，另外的马车。④乌获：古代的大力士。⑤负床之孙：倚床而站的孙子。

【译文】

苏秦对燕昭王说：“如果这里有一个人，孝顺像曾参、孝己，信用像尾生高，廉洁像鲍焦、史鳍，以兼有这样三种高尚品德的人来侍奉大王，怎么样？”燕昭王说：“能这样，我就很满意了。”苏秦回答说：“您以为满足了，可我不侍奉大王了，我将无事可做，回家乡耕田种地去。耕种供家里人吃，织布供家里人穿。”燕昭王说：“这是为什么？”苏秦回答说：“孝顺像曾参、孝己一样，只不过是奉养双亲而已；信用像尾生高一样，只不过是不欺骗别人而已；廉洁像鲍焦、史鳝一样，只不过是不偷人的钱财而已。现在我是要有所作为的。我认为：行为虽廉洁，自己却处境穷困；虽舍生取义，自己却无所建树。即便行仁义，这是自我完善的办法，而不是有所作为的做法。”

燕昭王说：“自我完善还不满足吗？”苏秦回答说：“如果以自我完善为满足，那么，秦兵就不必开出殽塞，齐兵就不必开出营丘，楚兵就不必开出疏章。三王相继称王，五霸相继称霸，都是由于不自我满足的缘故。如果以自我满足为满足，我也就背上土筐回家乡耕田种地去了，何必还要在朝廷上麻烦大王呢？以前，楚国攻下章武，诸侯向南朝楚；秦国攻下西山，诸侯向西朝秦。以前，如果燕国没有丢失周室的土地，那么，诸侯会像朝见秦、楚一样地来朝见燕国。我听说，善于治国的，先要考虑敌国的大小，估量他的兵力强弱，因此，功可成，名可立；不善于治国的，不先考虑敌国的大小，不估量敌国的兵力强弱，因此，功不可成，名不可立。现在，大王有向东攻打齐国之意，而我了解这一点。”

燕昭王说：“您怎么知道的？”苏秦回答说：“长戟已准备好，宝剑已经磨利，登上丘山，东望叹息，因此我知道您的心意。现在齐国已经疲惫，就像大力士乌获一样，虽然可以举起三万斤的重物，但到了八十岁，也需要人搀扶。所以，齐国虽然是个强国，在西面因灭宋国而劳顿，在南边因割楚国淮北而疲惫，由此可知，齐军可以击败，而河间可以占领。”燕昭王说：“好，我就任命您为上卿，给您准备百乘车辆，您凭此为我去齐国游说，怎么样？”苏秦回答说：“大王如果出于喜爱，那么，为何不把车辆给爱子、诸舅、叔父以及还不会走路的孙儿呢？他们还没有车，反而给我这个无能之辈，为什么？大王观察我，是什么样的人？现在，我之所以侍奉大王，完全是出于忠信，我担心因为忠信的缘故而得罪大王。”

燕昭王说：“哪有做人臣的竭尽能力而获罪的道理呢？”苏秦回答说：“我请求为大王打个比方。从前，周室的洛阳曾有这样的事。一位妇女的丈夫在外做官，三年没有回家，他的妻子与人私通。与妻子私通的那人说：‘你的丈夫要回来了，可怎么办？’妻子说：‘不必担心，我已准备好毒药酒等着他呢。’不久，他丈夫果然回来了，于是他妻子就让小妾倒毒药酒给丈夫。小妾知道这是毒酒，半道中站住，心里想：‘我如果拿这毒药酒给男主人喝了，就会毒死男主人；将此事告诉男主人，就会导致赶走女主人。与其毒死男主人或赶走女主人，不如假装摔倒，把毒酒倒掉。’于是，她就假装摔倒而把毒酒倒掉了。他妻子说：‘为了您出远门回家，我特别准备了美酒，现在小妾捧酒摔倒了。’丈夫不了解，就把小妾绑起来鞭打。所以，小妾被鞭打，完全是因为她忠信的缘故。现在我为大王出使齐国，恐怕我的忠信不被大王了解啊。我听说：‘万乘大国的君王不受人臣的控制，十乘之家的大夫不受众人的控制，普通人不受妻妾的控制。’又何况当今贤明的国君呢？我请求出发去齐国了，希望大王不要受群臣的控制啊。”

燕王谓苏代

燕王谓苏代曰：“寡人甚不喜訑者言也[①]！”苏代对曰：“周地贱媒，为其两誉也；之男家曰女美，之女家曰男富。然而周之俗不自为取妻。且夫处女无媒，老且不嫁；舍媒而自衒[②]，弊而不售[③]。顺而无败，售而不弊者，唯媒而已矣。且事非权不立，非势不成。夫使人坐受成事者，唯訑者耳！”王曰：“善矣！”

【注释】

①訑：同“诞”，放纵，这里指欺骗。②自衒：自我吹嘘。衒，炫耀，夸耀。③弊：败，衰败。售：售出，指出嫁。

【译文】

燕王对苏代说：“我最不喜欢欺骗的是说话。”苏代回答说：“周地看不起媒人，因为她在两边说好话。到男家说‘女子长得漂亮’，到女家说‘男子家里有钱’。然而周地的习俗，是不能自己做主娶妻的。而且，处女没有媒人，到老也嫁不出去；舍弃媒人而自我吹嘘，就会衰败而嫁不出去。顺应风俗就不会坏事，要想嫁出去而不衰败，只有依靠媒人。再说，做事没有权谋就不会有成就，不会造势就不能成功。所以，要让人坐享成功，只有靠欺骗者。”燕王说：“有道理。”

卷三十　燕二

苏代为燕说齐

苏代为燕说齐，未见齐王，先说淳于髡曰："人有卖骏马者，比三旦立市[①]，人莫之知。往见伯乐曰：'臣有骏马，欲卖之，比三旦立于市，人莫与言，愿子还而视之[②]，去而顾之[③]，臣请献一朝之贾[④]。'伯乐乃还而视之，去而顾之，一旦而马价十倍。今臣欲以骏马见于王，莫为臣先后者，足下有意为臣伯乐乎？臣请献白璧一双，黄金千镒，以为马食。"淳于髡曰："谨闻命矣。"入言之王而见之，齐王大说苏子[⑤]。

【注释】

①比：接连。②还：同"旋"，环视。③去：离开。顾：回头看。④贾：通"价"，价钱。⑤说：通"悦"，喜爱。

【译文】

苏代为燕国去游说齐国，没有见齐威王之前，先游说淳于髡："有一个卖骏马的人，接连三个早晨守候在市场里，没有人知道他的马是骏马。卖马人前去见伯乐说：'我有骏马想卖掉它，可是接连三个早晨守候在市场里，也没有哪个人来问一下，希望先生您能绕着我的马看一下，离开时回头再瞅一眼，这样我愿意给您一天的费用。'伯乐就绕着马看一下，离开时回头再瞅一眼，结果一下子马价涨了十倍。现在我想把'骏马'送给齐王看，可是没有替我前后周旋的人，先生有意做我的伯乐吗？请让我送给您白璧一双，黄金千镒，以此作为您的辛苦费吧。”淳于髡说：“愿意听从您的吩咐。”于是淳于髡进宫向齐王推荐，而齐王接见了苏代，并很喜欢他。

燕饥，赵将伐之

燕饥，赵将伐之。楚使将军之燕①，过魏，见赵恢。赵恢曰：“使除患无至，易于救患。伍子胥、宫之奇不用，烛之武、张孟谈受大赏。是故谋者皆从事于除患之道，而先使除患无至者，今予以百金送公也，不如以言。公听吾言而说赵王曰：‘昔者吴伐齐，为其饥也，伐齐未必胜也，而弱越乘其弊以霸。今王之伐燕也，亦为其饥也，伐之未必胜，而强秦将以兵承王之西，是使弱赵居强吴之处，而使强秦处弱越之所以霸也。愿王之熟计之也。’”

使者乃以说赵王，赵王大悦，乃止。燕昭王闻之，乃封之以地。

【注释】

①使将军：郭人民认为“此句当作‘楚使者将之赵’为是”，可参。

【译文】

燕国遭到荒年，赵国准备乘机攻打燕国。楚国使者将到赵国，经过魏国，去会见赵恢，赵恢说：“消除灾祸，使灾祸不发生，这比救灾祸要容易。伍子胥规劝吴王，宫之奇规劝虞君，吴王和虞君都不听，这是‘救灾’而未能‘消祸’。烛之武说服秦国不攻打郑国，张孟谈说服韩、魏两国的君王不攻打赵国，因而受赏，这是做到了‘消祸’。所以，出谋划策的人应该想办法去‘消祸’，先要消除灾祸使它不发生。现在，与其以百金送您，还不如以好言送您。您如果听我的话去规劝赵王，说：‘从前吴国进攻齐国，是因为齐国遭饥荒，进攻齐国未必能取胜，可弱越趁吴国疲惫之时，打败了吴国而称霸。现在，大王进攻燕国，也是因为燕国遭饥荒，进攻燕国未必能取胜，而强秦将趁赵国进攻燕国的机会，出兵进攻赵国西部边境，这是让弱赵处在以往强吴的地位，而使强秦处在以往弱越的地位，秦国将像弱越打败强吴那样灭掉赵国而称霸于诸侯。希望大王深思熟虑啊。’”

楚国使者就用赵恢这一番话去规劝赵王，赵王很高兴，于是停止进攻燕国。燕昭王知道此事后，就把土地封给了赵恢。

昌国君乐毅为燕昭王合五国之兵而攻齐

昌国君乐毅为燕昭王合五国之兵而攻齐，下七十余城，尽郡县之以属燕。三城未下[①]，而燕昭王死。惠王即位，用齐人反间，疑乐毅，而使骑劫代之将。乐毅奔赵，赵封以为望诸君。齐田单欺诈骑劫，卒败燕军，复收七十城以复齐[②]。

燕王悔，惧赵用乐毅承燕之弊以伐燕。燕王乃使人让乐毅，且谢之曰[③]：“先王举国而委将军，将军为燕破齐，报先王之雠，天下莫不振动，寡人岂敢一日而忘将军之功哉！会先王弃群臣[④]，寡人新即位，左右误寡人。寡人之使骑劫代将军者，为将军久暴露于外[⑤]，故召将军且休计事。将军过听[⑥]，以与寡人有郄，遂捐燕而归赵。将军自为计则可矣，而亦何以报先王之所以遇将军之意乎？”

望诸君乃使人献书报燕王曰：“臣不佞，不能奉承先王之教，以顺左右之心，恐抵斧质之罪，以伤先王之明，而又害于足下之义，故遁逃奔赵。自负以不肖之罪，故不敢为辞说。今王使使者数之罪[7]，臣恐侍御者之不察先王之所以畜幸臣之理，而又不白于臣之所以事先王之心，故敢以书对。

“臣闻贤圣之君，不以禄私其亲[8]，功多者授之；不以官随其爱，能当之者处之。故察能而授官者，成功之君也；论行而结交者，立名之士也。臣以所学者观之，先王之举错[9]，有高世之心，故假节于魏王，而以身得察于燕。先王过举，擢之乎宾客之中，而立之乎群臣之上，不谋于父兄，而使臣为亚卿。臣自以为奉令承教，可以幸无罪矣，故受命而不辞。

“先王命之曰：‘我有积怨深怒于齐，不量轻弱，而欲以齐为事。’臣对曰：‘夫齐，霸国之余教也，而骤胜之遗事也[10]，闲于兵甲，习于战攻。王若欲攻之，则必举天下而图之。举天下而图之，莫径于结赵矣。且又淮北、宋地，楚、魏之所同愿也。赵若许约，楚、魏、宋尽力，四国攻之，齐可大破也。’先王曰：‘善。’臣乃口受令，具符节，南使臣于赵。顾反命，起兵随而攻齐。以天之道，先王之灵，河北之地，随先王举而有之于济上。济上之军，奉令击齐，大胜之。轻卒锐兵，长驱至国。齐王逃循走莒，仅以身免。珠玉财宝，车甲珍器，尽收入燕。大吕陈于元英，故鼎反于历室，齐器设于宁台，蓟丘之植，植于汶皇[11]。自五伯以来，功未有及先王者也！先王以为惬其志，以臣为不顿命[12]，故裂地而封之，使之得比乎小国诸侯。臣不佞，自以为奉令承教，可以幸无罪矣，故受命而弗辞。

“臣闻贤明之君，功立而不废，故著于春秋；蚤知之士[13]，名成而不毁，故称于后世。若先王之报怨雪耻，夷万乘之强国，收八百岁之蓄积，及至弃群臣之日，余令诏后嗣之遗义[14]，执政任事之臣，所以能循法令、顺庶孽者，施及萌隶，皆可以教于后世。

“臣闻善作者不必善成，善始者不必善终。昔者，伍子胥说听乎阖闾，故吴王远迹至于郢。夫差弗是也，赐之鸱夷而浮之江。故吴王夫差不悟先论之可以立功，故沉子胥而不悔。子胥不蚤见主之不同量，故入江而不改。夫免身全功，以明先王之迹者，臣之上计也，离毁辱之非⑮，堕先王之名者，臣之所大恐也！临不测之罪，以幸为利者，义之所不敢出也！臣闻古之君子，交绝不出恶声；忠臣之去也，不洁其名。臣虽不佞，数奉教于君子矣⑯。恐侍御者之亲左右之说，而不察疏远之行也，故敢以书报。唯君之留意焉！”

【注释】

①三城未下：据各种记载，仅莒与即墨未攻下，“三”当作“二”。②复齐：重建齐国。复，恢复。③谢：道歉。④会：逢，碰到。⑤暴：“曝”的本字，晒。⑥过听：错误地听信。⑦数：数说。⑧私：用如动词，偏私。⑨举错：举动，行事。错，通“措”。⑩骤：屡次，多次。⑪植于汶皇：以汶水竹田的竹子种植。皇，即“篁”，竹田。⑫顿：坠，失去。⑬蚤：通“早”。⑭余令：遗教，遗命。诏：告诫。⑮离：遭遇。⑯数：数次，屡次。

【译文】

昌国君乐毅为燕昭王率五国军队攻打齐国，攻下七十多座城邑，并将所占城邑建为郡县以归属燕国。只剩三座城没有攻下，燕昭王就死了。燕惠王即位，齐人使用反间计，使乐毅受到怀疑，惠王派骑劫代替乐毅做燕军统帅。于是乐毅逃往赵国，赵王封他为望诸君。后来，齐国大将田单设计骗骑劫，最终打败了燕军，收复了七十多座城邑，恢复了齐国。

惠王后悔了，又害怕赵国任用乐毅趁燕国疲惫时来进攻燕国。燕惠王就派人责备乐毅，并向乐毅表示歉意说：“先王把整个国家托付给将军，将军为燕国打败了齐国，替先王报了仇，天下人无不为之震动，我怎么敢忘记将军的功劳呢！现在，适逢先王去世，我又刚刚即位，结果竟被左右侍臣蒙蔽了。寡人之所以让骑劫代替将军，是因为将军长期行军于外，受日晒风吹之苦，因此召请将军回来暂且休整一下，并商议国家大事。然而将军误解了我的意思，以至与我有了隔阂，就丢下燕国而归附赵国。如果将军为自己打算那还可以，可您又拿什么来报答先王对将军的一番心意呢？”

于是望诸君乐毅派人送去书信回答燕惠王说：“我庸碌无能，未能恭受和遵行先王的教诲，来顺从您的心意，又恐遭杀身之祸，这样既有损先王用人之明，又陷大王您于不义，所以才逃到赵国。我背着不忠的罪名，所以也不敢为此辩解。大王派使者来数说我的罪过，我担心侍奉国君的人不能明察先王任用亲近我的理由，又不明白我之所以侍奉先王的心情，所以才斗胆写封信来回答您。

“我听说贤惠圣明的君主，不把爵禄任意送给自己亲近的人，而是赐给功劳大的人；不把官职随便授给自己喜爱的人，而是让称职的人居于官位。所以，考察才能再授以相应的官职，这才是能够建功立业的君主；考量人的德行再择善而交，这才是能显身扬名的人。我用所学的知识观察，先王行事，有超越当代君主的胸襟，所以我借着为魏王出使的机会，才能使自己得以被燕王所察知。先王不适当地举用了我，在宾客之中把我选拔出来，安排的官职在群臣之上，不与宗室大臣商量，就任命我为亚卿。我自以为秉承教导接受命令，可以万幸不致获罪，所以就接受了任命而没有推辞。

“先王命令我说：‘我和齐国有深仇大恨，极为恼怒，不计国力弱小，也要对齐国用兵。’我回答说：‘齐国有先代称霸的遗教，有屡胜他国的遗业。精于用兵，熟习攻守。大王若想攻打齐国，就一定要联合天下的诸侯共同对付它。要联合天下诸侯来对付齐国，最便捷的就是先和赵国结交。再说，齐国占有的淮北和宋国故地，是楚国和魏国想要得到的。赵国如果答应，再联合楚、魏和被齐占领土地的宋国共同出动兵力，四国联合攻齐，就一定可以大败齐国。’先王说：‘好。’于是亲口授命，准备好符节，让我出使到南边的赵国。待我回国复命以后，各国随即起兵攻齐。靠着上天的保佑和先王的威灵，黄河以北之地，随着先王兴师而全数被燕国占有。我国驻守在济水边上的军队，奉命进击齐军，获得全胜。轻便精锐的部队又长驱直入齐都。齐闵王逃到莒地，仅得免于身死。齐国的珠玉财宝，车马铠甲、珍贵器物，全部收归燕国。齐国钟律被陈放在燕国的元英殿，燕国的旧鼎又回到了历室宫，齐国的各种宝器摆设在燕国的宁台里，汶水的竹子移植到燕都蓟丘之上。从春秋五霸以来，没有一个人的功业能赶得上先王。先王认为满足了心愿，也认为我没有辜负使命，因此划分一块土地封赏我，使我的地位能够比得上小国的诸侯。我没有才能，但自认为奉守命令秉承教诲，就可以万幸不致获罪了，所以接受了封赏而毫不推辞。

“我听说贤明的君王，功业建立后就不能半途而废，因而才能名垂青史；有先见之明的人，获得名誉后就不可毁弃，因而才能为后人称颂。像先王那样报仇雪恨，征服了拥有万辆车的强国，收取它们八百年的积蓄，等到离开人世，先王仍不忘留下遗令，向后代宣示遗嘱。执政管事的大臣，凭着遵照先王的法令，不乱嫡庶之分，施恩于平民百姓，这些都可以成为后世的典范。

“我听说，善于开创的不一定善于守成，有好的开端未必有好的结局。从前，伍子胥的计谋被吴王阖闾采用，所以吴王的足迹能远踏楚国郢都。相反，吴王夫差对伍子胥的意见不以为然，赐死伍子胥，将他装在皮口袋里投入江中。可见吴王夫差始终不明白先前灭越的主张对吴国建立功业的重要性，所以把伍子胥沉入江中也不后悔。伍子胥不能及早预见阖闾与夫差两个君主的度量不同，所以即使被投入大江也不改变初衷。能免遭杀戮，保全功名，以此彰明先王的业绩，这是我的上策。遭受诋毁侮辱性的非难，毁坏先王的名声，这是我最害怕的事情。面对不可估量的大罪，还企图损害燕国以求取私利，从道义上讲，这是我所不敢做的。我听说，古代的君子，在交情断绝时也不说对方的坏话；忠臣离开本国时，也不为自己的名节辩白。我虽不才，也曾多次接受有德之人的教诲。我担心大王听信左右的话，而不体察我这个被疏远之人的行为，所以才斗胆以书信作答，只请大王您三思。”

或献书燕王

或献书燕王："王而不能自恃，不恶卑名以事强；事强可以令国安长久，万世之善计。以事强而不可以为万世，则不如合弱，将奈何合弱而不能如一，此臣之所为山东苦也[①]。比目之鱼，不相得则不能行，故古之人称之，以其合两而如一也。今山东合弱而不能如一，是山东之知不如鱼也[②]。又譬如车士之引车也，三人不能行，索二人[③]，五人而车因行矣。今山东三国弱而不能敌秦，索二国，因能胜秦矣。然而山东不知相索，智固不如车士矣。胡与越人，言语不相知，志意不相通[④]，同舟而凌波，至其相救助如一也。今山东之相与也，如同舟而济，秦之兵至，不能相救助如一，智又不如胡、越之人矣。三物者[⑤]，人之所能为也，山东之主遂不悟，此臣之所为山东苦也。愿大王之熟虑之也。山东相合，之主者不卑名[⑥]，之国者可长存，之卒者出士以戍韩、梁之西边，此燕之上计也。不急为此，国必危矣，主必大忧。今韩、梁、赵三国以合矣[⑦]，秦见三晋之坚也，必南伐楚。赵见秦之伐楚也，必北攻燕。物固有势异而患同者。秦久伐韩，故中山亡；今久伐楚，燕必亡。臣窃为王计，不如以兵南合三晋，约戍韩、梁之西边。山东不能坚为此，此必皆亡。"

燕果以兵南合三晋也。

【注释】

①苦：指担忧。②知：通“智”。③索：绳子类。这里比喻结合，联

合。④志意：思想。⑤三物：指上文所说三事。物，事。⑥之：代词，此。⑦以：同“已”，已经。

【译文】

有人上书给燕王说：“大王如果不能依靠自己的力量，那就不要嫌卑躬屈膝去投靠强国；投靠强国可以使国家长治久安，这是万世的良策。如果投靠强国却不能使国家长治久安，那就不如弱国彼此联合。弱国联合如果不能团结一致，那可怎么办呢？这是我山东六国担忧的原因啊。比目鱼不双双配合就不能游动，所以古人叫它们‘比目鱼’，因为它们两条鱼合在一起游动像一条鱼一样。如果山东六弱国联合却不能团结一致，那么，山东六国的智慧还不如比目鱼啊。又譬如车夫拉车，三个人分散用力，就不能使车前行，如果再联合二人，五个人合力拉车，就能使车前行。现在山东三国兵力弱而不能对抗秦国，如果再联合两国，就能战胜秦国。然而，山东各国不知互相联合，智慧实在是不如车夫啊。胡人和越人言语互不相通，思想观念互不相同，可是他们在波涛里同舟共济，则能行动一致。如今山东各国相互友好，应当同舟共济，秦国的军队打来了，若不能互相援救像一个人一样，那六国的智慧还不如胡人和越人啊。这三件事，人们都能够理解，而山东六国的国君竟不明白，这就是我为山东六国担忧的原因啊。希望大王深思熟虑。山东六国联合，他们的国君名声并不卑下，他们的国家可以长治久安，他们的士卒终究会出战，驻扎在韩国和魏国的西边以防备强秦，这是燕国的上策。如果不赶紧这样做，国家一定危险，大王一定有大患。现在韩、魏、赵三国已经联合，秦国见韩、魏、赵三国结盟牢固，一定会向南进攻楚国。赵国见秦国进攻楚国，一定会向北进攻燕国。事情本来有形势不同而祸患相同的。秦国长期进攻韩国，因此使得中山国灭亡；如今秦国长期进攻楚国，燕国一定要被赵国灭亡。我暗自为大王打算，不如出兵向南和韩、魏、赵三国结为军事同盟，约好驻守韩、魏两国的西边以防备强秦。山东六国如果不能坚决守住韩、魏的西边，那么，一定会被秦国全部灭掉。”

燕国果然出兵向南和韩、魏、赵三国结为军事同盟。

赵且伐燕

赵且伐燕，苏代为燕谓惠王曰："今者臣来，过易水，蚌方出曝，而鹬啄其肉，蚌合而拑其喙[①]。鹬曰：'今日不雨[②]，明日不雨，即有死蚌。'蚌亦谓鹬曰：'今日不出，明日不出，即有死鹬。'两者不肯相舍，渔者得而并禽之。今赵且伐燕，燕、赵久相支[③]，以弊大众，臣恐强秦之为渔父也！故愿王之熟计之也。"惠王曰："善。"乃止。

【注释】

①拑：同"钳"。②雨：金正炜疑作"甬"，通"涌"，指吐出。③相支：相持不下。支，拒，对抗。

【译文】

赵国准备进攻燕国，苏代为燕国对赵惠文王说："我今天来，经过易水，河蚌正出来晒太阳，而鹬鸟啄住了河蚌的肉，河蚌闭嘴夹住了鹬鸟的嘴。鹬鸟说：'今日不吐，明日不吐，就有死蚌。'河蚌也对鹬鸟说：'今日不出，明日不出，就有死鹬。'鹬鸟和河蚌都不肯放开对方，渔翁毫不费力就把鹬鸟和河蚌都抓住了。现在赵国准备进攻燕国，燕、赵两国长期相持不下，致使百姓疲惫不堪，我担心强秦就会成为'渔翁'了。所以希望大王深思熟虑啊。"赵惠文王说："好。"于是停止出兵。

卷三十一　燕三

燕王喜使栗腹以百金为赵孝成王寿

燕王喜使栗腹以百金为赵孝成王寿，酒三日，反报曰：“赵民其壮者皆死于长平，其孤未壮，可伐也。”王乃召昌国君乐间而问曰：“何如?”对曰：“赵，四达之国也，其民皆习于兵，不可与战。”王曰：“吾以倍攻之，可乎?”曰：“不可。”曰：“以三，可乎?”曰：“不可。”王大怒。左右皆以为赵可伐，遽起六十万以攻赵。令栗腹以四十万攻鄗，使庆秦以二十万攻代。赵使廉颇以八万遇栗腹于鄗[①]，使乐乘以五万遇庆秦于代。燕人大败。乐间入赵。

燕王以书且谢焉，曰：“寡人不佞，不能奉顺君意，故君捐国而去，则寡人之不肖明矣。敢端其愿，而君不肯听，故使使者陈愚意，君试论之。语曰：‘仁不轻绝，智不轻怨。’君之于先王也，世之所明知也。寡人望有非则君掩盖之，不虞君之明罪之也；望有过则君教诲之，不虞君之明（罪）［弃］之也[②]。且寡人之罪，国人莫不知，天下莫不闻，君微出明怨以弃寡人，寡人必有罪矣。虽然，恐君之未尽厚也。谚曰：‘厚者不毁人以自益也，仁者不危人以要名[③]。’以故掩人之邪者，厚人之行也；救人之过者，仁者之道也。世有掩寡人之邪，救寡人之过，非君

(心)[恶]所望之[④]？今君厚受位于先王以成尊，轻弃寡人以快心，则掩邪救过，难得于君矣。且世有薄于故厚施，行有失而故惠用。今使寡人任不肖之罪，而君有失厚之累，于为君择之也，无所取之。国之有封疆[⑤]，犹家之有垣墙，所以合好掩恶也。室不能相和，出语邻家，未为通计也。怨恶未见而明弃之，未尽厚也。寡人虽不肖乎，未如殷纣之乱也；君虽不得意乎，未如商容、箕子之累也。然则不内盖寡人，而明怨于外，恐其适足以伤于高而薄于行也，非然也？苟可以明君之义，成君之高，虽任恶名，不难受也。本欲以为明寡人之薄，而君不得厚；扬寡人之辱，而君不得荣，此一举而两失也。义者不亏人以自益，况伤人以自损乎！愿君无以寡人不肖，累往事之美。昔者，柳下惠吏于鲁，三黜而不去。或谓之曰：'可以去。'柳下惠曰：'苟与人之异，恶往而不黜乎？犹且黜乎，宁于故国尔。'柳下惠不以三黜自累，故前业不忘；不以去为心，故远近无议。今寡人之罪，国人未知，而议寡人者遍天下。语曰：'论不修心，议不累物，仁不轻绝，智不简功[⑥]。'弃大功者，辍也；轻绝厚利者，怨也。辍而弃之，怨而累之，宜在远者，不望之乎君也。今以寡人无罪，君岂怨之乎？愿君捐怨，追惟先王，复以教寡人！意君曰：'余且慝心以成而过[⑦]，不顾先王以明而恶。'使寡人进不得修功，退不得改过，君之所揣也[⑧]，唯君图之！此寡人之愚意也。敬以书谒之。"

乐间、(乐乘)怨不用其计[⑨]，(二人)卒留赵，不报。

【注释】

①遇：遭遇，这里指迎击。②弃：原作"罪"，据上下文义及鲍本等改。③要：同"邀"，求。④恶：原作"心"，据王念孙、黄丕烈说改，何，谁。⑤封疆：疆界。⑥简：抛弃。⑦慝：邪恶，恶念。⑧揣：王念

孙说当作“制”。⑨乐乘：郭人民认为“乐乘为燕将，而未之赵”，“二字衍文”，下“二人”亦衍文。可从。

【译文】

燕王喜派相国栗腹拿出金百斤向赵孝成王献礼祝福，饮酒三日，返回燕国汇报说：“赵国的老百姓壮年人都死于长平之战，年幼的一代还未壮大，可以乘机攻打。”燕王于是召见昌国君乐间，问他：“攻打赵国怎么样？”乐间回答说：“赵国是四通八达的国家，他们的民众都通晓作战，不能与赵国开战。”燕王说：“我用多一倍的兵力攻打赵国，可以吗？”乐间回答说：“不可以。”燕王说：“我用三倍的兵力，可以吗？”乐间回答说：“不可以。”燕王大怒。左右大臣都认为赵国可以攻打，于是立刻出兵六十万去攻打赵国，派栗腹率领四十万士卒进攻鄗地；派庆秦率领二十万士卒进攻代郡。赵国派廉颇率领八万人在鄗地迎战栗腹，派乐乘率领五万人在代郡迎战庆秦。结果燕军大败。乐间投奔赵国。

燕王写信责备乐间并致歉意，说：“寡人没有才能，没有遵从您的意见，所以您才弃国而去，可见寡人无能是非常明显的。我想改正自己的想法，您却不肯听，所以派使者陈述我的心思，请您评论其是非。常言说：‘仁者不轻易绝交，智者不轻易抱怨。’您对待先王，举世明知。寡人希望如果有不当之处则您能包涵，没想到您公开加罪于我；希望如有错误则您能教诲，没想到您公开抛弃了我。而且寡人的罪过，国人无不知道，天下人无不了解，您逃匿出国，公开抱怨并抛弃我，寡人就一定有罪了。即使这样，恐怕您也不算厚道吧。俗话说：‘厚道的人不以毁损他人来抬高自己，仁德的人不以毁损他人来追求名誉。’所以，掩盖别人的邪恶是厚道的人的行为，纠正别人的错误是仁德的人的行为。世间有能掩盖寡人的邪恶，纠正寡人的过错的，不指望你，又能指望谁呢？您受到先王的厚待而享受尊位，现在却轻率地抛弃寡人而让自己痛快，那么，掩盖我的邪恶，补救我的过错，就很难要求于您了。而且高尚的人理应世人虽然薄待我，我却厚待他们；他人行为虽然有错误，我却仁爱并任用他们。现在即使寡人蒙受无能的罪名，而您也受到缺乏仁厚之风的批评，替您打算的话，并不可取。国家有边界，就如同家庭有垣墙一样，是用来敦睦感情，掩饰内丑的。家庭不和睦，便出去告诉别人，这不是全面周详的主意。怨恨还未显露，就公开抛弃，不能说是尽到厚道之心了。寡人即使不好，还不像殷纣那样坏；您即使不得志，还没有像商容、箕子那样的污辱。可是，您不在内部遮盖我的错误，反而在外面公开抱怨，恐怕这恰恰足以伤害您的高义而降低您的品行，不是这样吗？如果您这样做，可以显明您的大义，成全您的高义，我即使蒙受恶名，也不觉得难以接受。本来想借此显明寡人的薄义，而您不见得厚道；宣扬寡人的耻辱，而您又不见得光荣。这样一做，双方都受损伤。讲节义的人，不以损害他人来抬高自己，何况损害了别人而又损害了自己呢？希望您不要因寡人无能，而伤害您以前的美名。从前柳下惠在鲁国做法官，多次被撤职，却不离开鲁国。有人对柳下惠说：‘你可以离开鲁国了。’柳下惠说：‘如果与一般凡人不同，到哪儿不会被撤职呢？既然一样被撤职，我宁愿在本国被撤职。’柳下惠并不因多次被撤职而自暴自弃，所以人们不忘却他过去的功业；不考虑离开本国，所以古今没有人非议他。现在我的错误，本国人未必知道，可是议论寡人的人遍及天下。谚语说：‘忠言不加修饰，高论不伤他人，仁人不轻绝交，智者不弃前功。’抛弃人的大功，就会使别人绝情；轻率绝交、贪求私利，就会产生怨恨。因绝情而抛弃前功，因怨恨而自暴自弃，这种情况只会产生于疏远的人之中，不希望发生在您的身上。如今我没有罪过，您难道会怨恨吗？希望您抛弃怨恨，追念先王，再来继续教导寡人。也许您会说：‘我将因为您的过错而感到高兴，不顾先王的厚爱来张扬你的丑恶。’使寡人进不能建立功业，退不能改正错误，都在您的掌握之中，希望您考虑。这是寡人区区心意，所以诚恳地写信向您说明。”

乐间抱怨燕王不采用他的计谋，终于留在赵国，没有回信。

燕太子丹质于秦，亡归

燕太子丹质于秦，亡归。见秦且灭六国，兵以临易水[①]，恐其祸至。太子丹患之，谓其太傅鞠武曰："燕、秦不两立，愿太傅幸而图之。"武对曰："秦地遍天下，威胁韩、魏、赵氏，则易水以北，未有所定也。奈何以见陵之怨[②]，欲排其逆鳞哉？"太子曰："然则何由？"太傅曰："请入，图之。"

居之有间，樊将军亡秦之燕[③]，太子容之。太傅鞠武谏曰："不可。夫秦王之暴，而积怨于燕，足为寒心，又况闻樊将军之在乎！是以委肉当饿虎之蹊[④]，祸必不振矣[⑤]！虽有管、晏，不能为谋。愿太子急遣樊将军入匈奴以灭口[⑥]。请西约三晋，南连齐、楚，北讲于单于，然后乃可图也。"太子丹曰："太傅之计，旷日弥久，心惛然[⑦]，恐不能须臾。且非独于此也。夫樊将军困穷于天下，归身于丹，丹终不迫于强秦，而弃所哀怜之交置之匈奴，是丹命固卒之时也。愿太傅更虑之。"鞠武曰："燕有田光先生者，其智深，其勇沉，可与之谋也。"太子曰："愿因太傅交于田先生，可乎？"鞠武曰："敬诺。"出见田光，道太子曰："愿图国事于先生。"田光曰："敬奉教。"乃造焉。

太子跪而逢迎，却行为道[⑧]，跪而拂席。田先生坐定，左右无人，太子避席而请曰："燕、秦不两立，愿先生留意也。"田光曰："臣闻骐骥盛壮之时，一日而驰千里。至其衰也，驽马先之。今太子闻光壮盛之时，不知吾精已消亡矣。虽然，光不敢以乏国事也。所善荆轲，可使也。”太子曰：“愿因先生得愿交于荆轲，可乎？”田光曰：“敬诺。”即起，趋出。太子送之至门，曰：“丹所报，先生所言者，国大事也，愿先生勿泄也。”田光俛而笑曰：“诺。”

偻行见荆轲，曰：“光与子相善，燕国莫不知。今太子闻光壮盛之时，不知吾形已不逮也，幸而教之曰：‘燕、秦不两立，愿先生留意也。’光窃不自外，言足下于太子，愿足下过太子于宫。”荆轲曰：“谨奉教。”田光曰：“光闻长者之行，不使人疑之，今太子约光曰：‘所言者，国之大事也，愿先生勿泄也。’是太子疑光也。夫为行使人疑之，非节侠士也。”欲自杀以激荆轲，曰：“愿足下急过太子，言光已死，明不言也。”遂自刭而死。

轲见太子，言田光已死，明不言也。太子再拜而跪，膝下行流涕[⑨]，有顷而后言曰：“丹所请田先生无言者，欲以成大事之谋，今田先生以死明不泄言，岂丹之心哉？”荆轲坐定，太子避席顿首曰：“田先生不知丹不肖，使得至前，愿有所道，此天所以哀燕不弃其孤也。今秦有贪饕之心，而欲不可足也。非尽天下之地，臣海内之王者，其意不餍。今秦已虏韩王，尽纳其地，又举兵南伐楚，北临赵。王翦将数十万之众临漳、邺，而李信出太原、云中。赵不能支秦，必入臣。入臣，则祸至燕。燕小弱，数困于兵，今计举国不足以当秦。诸侯服秦，莫敢合从。丹之私计，愚以为诚得天下之勇士，使于秦，窥以重利，秦王贪其贽，必得所愿矣[⑩]。诚得劫秦王，使悉反诸侯之侵地，若曹沫之与齐桓公，则大善矣；则不可，因而刺杀之。彼大将擅兵于外，而内有大乱，则君臣相疑。以其间诸侯，诸侯得合从，其偿破秦必矣。此丹之上愿，而不知所以委命，唯荆卿留意焉。”久之，荆轲曰：“此国之大事，臣驽下，恐不足任使。”太子前顿首，固请无让。然后许诺。于是尊荆轲为上卿，舍上舍，太子日日造问，供太牢异物，间进车骑美女，恣荆轲所欲，以顺适其意。

久之，荆卿未有行意。秦将王翦破赵，虏赵王，尽收其地，进兵北略地，至燕南界。太子丹恐惧，乃请荆卿曰："秦兵旦暮渡易水，则虽欲长侍足下，岂可得哉?"荆卿曰："微太子言，臣愿得谒之。今行而无信，则秦未可亲也。夫今樊将军，秦王购之金千斤，邑万家。诚能得樊将军首，与燕督亢之地图献秦王[11]，秦王必说见臣，臣乃得有以报太子。"太子曰："樊将军以穷困来归丹，丹不忍以己之私，而伤长者之意，愿足下更虑之。"

荆轲知太子不忍，乃遂私见樊於期曰："秦之遇将军，可谓深矣。父母宗族，皆为戮没。今闻购将军之首，金千斤，邑万家，将奈何?"樊将军仰天太息流涕曰："吾每念，常痛于骨髓，顾计不知所出耳。"轲曰："今有一言，可以解燕国之患，而报将军之仇者，何如?"樊於期乃前曰："为之奈何?"荆轲曰："愿得将军之首以献秦，秦王必喜而善见臣，臣左手把其袖，而右手揕抗其胸，然则将军之仇报，而燕国见陵之耻除矣。将军岂有意乎?"樊於期偏袒扼腕而进曰："此臣日夜切齿拊心也，乃今得闻教。"遂自刎。太子闻之，驰往，伏尸而哭，极哀。既已，无可奈何，乃遂收盛樊於期之首，函封之。

于是，太子预求天下之利匕首，得赵人徐夫人之匕首[12]，取之百金，使工以药淬之，以试人，血濡缕，人无不立死者。乃为装遣荆轲[13]。燕国有勇士秦武阳，年十二，杀人，人不敢与忤视。乃令秦武阳为副。

荆轲有所待，欲与俱，其人居远未来，而为留待。顷之未发，太子迟之，疑其有改悔，乃复请之曰："日以尽矣，荆卿岂无意哉？丹请先遣秦武阳。"荆轲怒，叱太子曰："今日往而不反者，竖子也！今提一匕首入不测之强秦，仆所以留者，待吾客与俱。今太子迟之，请辞决矣！”遂发。

太子及宾客知其事者，皆白衣冠以送之。至易水上，既祖[14]，取道。高渐离击筑[15]，荆轲和而歌，为变徵之声[16]，士皆垂泪涕泣。又前而为歌曰：“风萧萧兮易水寒，壮士一去兮不复还！”复为慷慨羽声，士皆瞋目，发尽上指冠。于是荆轲遂就车而去，终已不顾。

既至秦，持千金之资币物，厚遗秦王宠臣中庶子蒙嘉。嘉为先言于秦王曰：“燕王诚振畏慕大王之威，不敢兴兵以拒大王，愿举国为内臣，比诸侯之列，给贡职如郡县，而得奉守先王之宗庙。恐惧不敢自陈，谨斩樊於期头，及献燕之督亢之地图，函封，燕王拜送于庭，使使以闻大王。唯大王命之。”秦王闻之，大喜。乃朝服，设九宾[17]，见燕使者咸阳宫。荆轲奉樊於期头函，而秦武阳奉地图匣，以次进至陛下。秦武阳色变振恐，群臣怪之，荆轲顾笑武阳，前为谢曰：“北蛮夷之鄙人，未尝见天子，故振慴[18]，愿大王少假借之[19]，使毕使于前。”秦王谓轲曰：“起，取武阳所持图。”轲既取图奉之，发图，图穷而匕首见。因左手把秦王之袖，而右手持匕首揕抗之[20]。未至身，秦王惊，自引而起，绝袖。拔剑，剑长，掺其室[21]。时怨急，剑坚，故不可立拔。荆轲逐秦王，秦王还柱而走。群臣惊愕，卒起不意，尽失其度。而秦法，群臣侍殿上者，不得持尺兵。诸郎中执兵，皆陈殿下，非有诏不得上。方急时，不及召下兵，以故荆轲逐秦王，而卒惶急无以击轲，而乃以手共搏之。是时侍医夏无且，以其所奉药囊提轲[22]。秦王之方还柱走，卒惶急不知所为，左右乃曰：“王负剑[23]！王负剑！”遂拔以击荆轲，断其左股。荆轲废，乃引其匕首提秦王，不中，中柱。秦王复击轲，被八创。轲自知事不就，倚柱而笑，箕踞以骂曰：“事所以不成者，乃欲以生劫之，必得约契以报太子也。”左右既前斩荆轲，秦王目眩良久。而论功赏群臣及当坐者，各有差。而赐夏无且黄金二百镒，曰：“无且爱我，乃以药囊提轲也。”

于是，秦大怒燕，益发兵诣赵，诏王翦军以伐燕。十月而拔燕蓟城。燕王喜、太子丹等，皆率其精兵东保于辽东。秦将李信追击燕王，王急，用代王嘉计，杀太子丹，欲献之秦。秦复进兵攻之。五岁而卒灭燕国，而虏燕王喜。秦兼天下。

其后荆轲客高渐离以击筑见秦皇帝，而以筑击秦皇帝，为燕报仇，不中而死。

【注释】

①兵以：以兵。②见陵：被凌辱。③樊将军：秦将，名於期。从秦国逃亡到燕国。④委肉：弃肉。当：恰好放在。饿虎之蹊：饿虎经过的路上。⑤振：救。⑥灭口：灭人口实，让人抓不住把柄。⑦惛然：心里烦乱的样子。⑧却行为道：倒退着走，以示恭敬。道，同“导”。⑨膝下行：膝盖着地行走。“下”字，王念孙等疑衍。⑩必得所愿：必然可以如愿以偿，指得到秦王。⑪督亢：燕地，在今河北。⑫徐夫人：姓徐，名夫人，男性。⑬为装：置办行装。⑭祖：祖饯，祭路神。⑮高渐离：荆轲之友。筑：乐器名。⑯变徵：古代将乐音分为宫、商、角、徵、羽五音。又有变宫和变徵，变徵是徵音的变调，其音凄厉悲切。⑰九宾：九宾之礼。由九个傧相依次传呼、接引使者上殿。为外交上最隆重的礼节。⑱慴：惊，害怕。⑲假借：宽容。⑳揕：击。㉑掺其室：拿着剑鞘。掺：执，操。室，剑鞘。㉒提：投掷。㉓负剑：将剑背到背上。

【译文】

燕太子丹在秦国做人质，逃回了燕国。太子丹眼看秦国就要灭掉六国，秦兵已逼近易水，害怕亡国之祸就要降临燕国。太子丹为此而担忧，对他的太傅鞠武说：“燕国和秦国势不两立，希望太傅能为国家出谋划策。”鞠武回答说："秦国占领的土地遍布天下，如果秦出兵胁迫韩、魏、赵三国，那么易水以北的燕国土地未必保得住。您何必为了曾经被欺凌的怨恨而去触怒凶暴的秦国呢？"太子丹说："那该用什么办法呢？"太傅说："请太子休息，容我仔细考虑。"

过了一些日子，樊於期将军从秦国逃到燕国，燕太子收留了他。太傅鞠武劝他说："您不能收留。秦王暴虐无道，对燕国久怀怨恨，足以让人提心吊胆，更何况又听说樊将军躲在我们这里呢！这是所谓把肉扔在饿虎出没的小路上，大祸临头一定无法挽救了。即使有像管仲、晏婴那样的谋士，也不能为您出谋划策。希望太子赶快送樊将军到匈奴去，以便消除秦国进攻燕国的借口。这样做，西边可与韩、赵、魏三国结盟，南边可与齐国和楚国联合，北边可与匈奴单于讲和，然后才可以想办法对付秦国。"太子丹说："太傅的计划，耽搁的日子太久，我心里忧闷烦乱，恐怕是一会儿都等不及了。而且问题不仅仅在此。樊将军在诸侯中走投无路，投身到我这里来，我毕竟不能因为强秦所胁迫，便抛弃我所怜惜的朋友，把他推到匈奴去。此刻是我的生命本当结束的时候了。希望太傅重新考虑这件事。"鞠武说："燕国有位田光先生，他深谋远虑，勇敢沉着，可以和他商量。"太子说："希望通过太傅结交田先生，可以吗？"鞠武说："谨遵命。"鞠武出来去见田光，说太子讲："想跟先生商量国家大事。"田光说："谨遵指教。"于是就到太子丹门下请见。

太子跪拜上前迎接，向后退着走为田光引路，跪下来把座席擦干净。田先生坐好以后，看左右没有人，太子便离开座位，请教说："燕国和秦国势不两立，希望先生能多留意。"田光说："我听说，千里马精力旺盛的时候，一日可行千里；到它精力衰退的时候，劣马也可以跑在它前面。如今太子听到的是我精力旺盛的情况，却不了解现在我精力已经消耗完了。即使如此，我不敢让国家大事耽搁下来。我的好朋友荆轲可以任用。"太子说："希望能够通过先生结交荆轲，可以吗？"田光说："谨遵命。"于是立刻起身，快步走出。太子送他到门口，说："我告诉您的以及先生所说的，都是国家大事，希望先生不要泄露出去。"田光低头笑着说："行。"

田光弓着腰去见荆轲，说："我和您交情很深，燕国无人不知。如今太子只知道我精力旺盛时的情况，可不了解我的身体已经不行了，我荣幸地承蒙他教导，说：‘燕国和秦国势不两立，希望先生能多留意。’我自以为与您不疏远，已将您推荐给太子，希望您到宫中去拜见太子。”荆轲说：“谨遵命。”田光说：“我听说，品行高尚的人的所作所为，不能让别人有所怀疑。如今太子和我相约说：‘我们所说的都是国家大事，希望先生不要泄露出去。’这是太子怀疑我。为人做事让人怀疑，这不是忠义的侠士。”他准备用自杀来激励荆轲，说：“希望您赶快去拜见太子，就说田光已死，表明我没有对外人言。”于是田光自刎而死。

荆轲见到太子丹，说田光已自刎身死，表明他没有对外人言。太子拜了两次，跪下来，用膝盖往前行，流着泪，过了一会儿以后才说：“我请求田光先生不要对外人言，是想使对国家大事的谋划得以成功。现在田先生用死来表明没有泄露我说的话，这哪里是我的本意呢?”荆轲坐好以后，太子离开坐席，叩头至地说：“田先生不知我无能，让我得以来到您的跟前，我有话想对您说，这是上天以此哀怜燕国，不因其孤弱而抛弃他啊。现在秦国有贪得无厌的野心，他的欲望永远无法满足。不全部占领诸侯的土地，使诸侯都向秦国称臣，他是不会满足的。现在，秦国已经俘虏了韩王，吞并了韩国全部的土地，又派兵向南进攻楚国，向北进攻赵国，秦将王翦率领数十万大军逼近赵国南境漳、邺两地，而秦将李信出兵赵国西境太原、云中两地。赵国如果抵挡不住秦国，必然投降秦国；赵国投降了秦国，大祸就要降临到燕国。燕国弱小，屡遭战争的困扰，现在算来就是发动全国的力量也不可能抵抗秦军。诸侯都屈服于秦国，没有谁敢组织合纵联盟。我个人的想法，认为如果真能找到天下的勇士，出使秦国，用重利引诱秦王，秦王贪图厚重礼品，我们一定能如愿以偿。如果真能劫持秦王，让他全部归还诸侯被秦国侵占的土地，像曹沫劫持齐桓公那样，就最好不过了；如果不行，就乘势杀死秦王。秦国大将掌握重兵驻扎在外，而国内因秦王被刺必然引起大乱，这样，君臣就会互相猜疑。趁此机会，诸侯可以组织合纵联盟，就一定可以补偿打败秦国的心愿。这是我最大的愿望，可是，我不知把这个使命托付给谁才好，希望荆卿您多留意这件事。”过了好一会，荆轲说：“这是国家大事，我才质低劣，恐怕不能胜任这样重大的使命。”太子上前叩头至地，坚决要求他不要推让，这样，荆轲才答应了。于是太子尊荆轲为上卿，让他住进上等宾馆，太子每天登门问候，特地备好丰盛的宴席及珍异的物品，不断地进献车马和美女，尽量满足荆轲的要求，以使荆轲顺心满意。

过了好久，荆轲没有出发的意思。秦将王翦已打败赵国，俘虏了赵王，全部占领了赵国的领土，继续进兵北侵，打到燕国的南界。太子丹害怕了，就来催请荆轲，说："秦兵很快就要渡过易水了，虽说我想长久地侍奉您，又怎么可能呢？"荆轲说："就是太子不提起，我也会向您提出请求的。如今前往秦国，没有取信之物，那就不能接近秦王。而现在的樊将军，秦王已悬赏黄金千斤和一个万户的都邑来要他的头，如果能得到樊将军的头和燕国督亢的地图进献秦王，秦王一定会高兴地接见我。我才能有办法报效您。"太子说："樊将军在走投无路时来投奔我，我不忍心为自己的私利去伤害他的一番心意，希望您另想别的办法吧。"

荆轲懂得太子不忍心，于是私下去见樊於期，说："秦国对待将军可以说是够刻毒的了。您的父母和族人都被杀死。现在又听说要用黄金千斤和一个万户的都邑来悬赏将军的头，您打算怎么办呢？"樊将军仰天长叹，流着泪说："我每每想到这些，常痛入骨髓，只是想不出什么办法啊！"荆轲说："现在我有一计，可以解除燕国的祸患，又给将军报仇，您看怎么样？"樊於期就上前问："有什么办法？"荆轲说："希望得到将军的头去献给秦王，秦王一定会很高兴，友好地接见我。于是我左手抓住他的袖子，右手用匕首直刺他的胸膛，这样，将军的仇可报，燕国被欺凌的耻可除。将军是否同意这样做呢？"樊於期脱下一边衣袖，露出臂膀，左手抓住右手腕，上前说："这是我日日夜夜切齿捶胸的恨事，今天才听到您的指教。"于是自刎而死。太子听到这个消息，驾车飞奔前往，伏尸痛哭，十分哀伤。人已经死了，也无可奈何，于是就把樊於期的头装入匣内封藏起来。

与此同时，太子预先搜求天下最锋利的匕首，得到赵国徐夫人的匕首，用金百斤买来，要工匠用毒药炼附在匕首上，用人来试验，被刺伤后，只要流出一丝的血，没有不立即死亡的。于是太子准备行装送荆轲出发。燕国有个勇士叫秦武阳，十二岁杀过人，人们都不敢迎着他的目光对视，太子就派秦武阳作荆轲的助手。

荆轲等待另一人，想和他同去，那人住得远，还没有来，因此便留住等他。等了一些日子，还没有动身。太子嫌荆轲拖延，怀疑他有反悔之意，便再一次催请他说："日子已经不多了，荆卿难道不打算去了吗？请让我先派秦武阳去吧。"荆轲生气了，斥责太子说："现在我就去秦国，如果不能完成使命回报，那才是一个庸俗的小子呢！如今提一把匕首到吉凶难测的秦国去，我暂时留住的原因，是想等待我的朋友和他一同去。现在太子既然嫌拖延，那我就请求告辞吧！"于是便出发。

太子以及知道这件事情的宾客，都穿着白衣戴着白帽去送他。到易水边上，祭完路神，然后上路。高渐离击着筑，荆轲按着节拍唱歌，发出凄凉的变徵音调，人们都流泪哭泣。他又一边前进一边唱道："风呼呼地吹啊，易水寒，壮士一离开啊，不回还。"接着又发出慷慨激昂的羽声，人人都怒目圆睁，怒发冲冠。于是荆轲登车离去，始终没有回头看一眼。

荆轲到了秦国，拿着价值千金的钱财礼物，重重地贿赂秦王的宠臣中庶子蒙嘉。蒙嘉替荆轲先向秦王说明："燕王确实已经震惊于大王的威严，不敢兴兵与大王对抗，愿意献出整个国家做秦国内属的臣民，排在诸侯的行列，像秦国的郡县那样交纳贡品，只要求能尊奉先王的宗庙，按时祭祀。他心里害怕，不敢亲自来陈述，特此砍下樊於期的头，并献上燕国督亢的地图，用匣子封藏起来，燕王在朝廷举行了送行仪式，特派使臣来让大王得知。请大王指示。"秦王听了，很高兴，于是穿了上朝的礼服，举行外交上最隆重的九宾之礼，在咸阳宫接见燕国的使臣。荆轲捧着装樊於期头的匣子，秦武阳捧着装地图的匣子，依次前进到宫殿的台阶下。此时，秦武阳脸色变了，露出害怕的神情，群臣觉得奇怪。荆轲回头对秦武阳笑了笑，上前向秦王谢罪，说："北方粗野之人，从未见过天子，因此害怕了，希望大王对他稍宽容一点，让他能够在大王面前完成他的使命。"秦王对荆轲说："起来，把武阳拿的地图送来。"荆轲取出地图献上，展开地图，当地图展到尽头时露出了匕首。于是，荆轲左手抓住秦王的袖子，右手拿起匕首，向秦王刺去。还未刺到身上，秦王大惊，抽身跳起，把袖子挣断了。秦王拔剑，因剑太长，拿着剑鞘。当时惊慌紧急，加之剑又被剑鞘套得很牢，所以不能立刻拔出。荆轲追逐秦王，秦王绕着柱子跑。群臣惊慌失措，因事件出人意料，都失去常态。而秦国的法律规定：在殿上的侍从大臣不得携带任何武器，所有警卫武官都在宫殿台阶下面排列，没有皇帝的命令不得上殿。正在这紧急关头，秦王来不及召唤殿下的警卫人员，因此荆轲才能追赶秦王，而殿上的人在仓猝惊惶之际，没有什么可用来击打荆轲的，只好赤手空拳和荆轲对打。这时御医夏无且用捧着的药囊投击荆轲。秦王正绕着柱子跑，仓猝惊慌之际，不知该怎么办，侍从人员才说："大王，快背上剑，快背上剑！"秦王于是拔出剑以击刺荆轲，砍断他的左腿。荆轲倒下了，便举起匕首投向秦王，没有击中，中了柱子。秦王又用剑击刺荆轲，荆轲被砍伤八处。荆轲知道事情不能成功了，便靠着柱子冷笑，又席地而坐，伸开两腿，骂道："事情之所以没有成功，是因为想要劫持你，一定要得到秦国归还侵地的凭证以回报太子。"侍卫人员便上前杀了荆轲。秦王头昏目眩了好久。最后，论功赏赐群臣，以及判处依法应该判罪的，各有轻重，差别不等。而赏赐御医夏无且黄金二百镒，说："无且最爱我，才拿药囊去投击荆轲。"

因这件事秦王更恨燕国，他增派兵力开往赵国，下令王翦的部队进攻燕国。十月，攻下燕都蓟城。燕王喜、太子丹等都率领精兵往东退过辽东。秦将李信追击燕王，燕王急迫之下，便采用赵国代王嘉的计策，杀了太子丹，准备把头献给秦王。秦还是继续进兵攻打燕国。五年以后，终于灭了燕国，并俘虏了燕王喜，于是秦国统一了天下。

后来，荆轲的朋友高渐离借击筑的机会见到秦始皇，又用筑去打秦始皇，想为燕国报仇，没有击中，被秦始皇杀了。

卷三十二　宋卫

公输般为楚设机

公输般为楚设机①，将以攻宋。墨子闻之②，百舍重茧③，往见公输般，谓之曰："吾自宋闻子。吾欲藉子杀王。"公输般曰："吾义固不杀王。"墨子曰："闻公为云梯，将以攻宋。宋何罪之有？义不杀王而攻国，是不杀少而杀众。敢问攻宋何义也？"公输般服焉，请见之王。

墨子见楚王曰："今有人于此，舍其文轩，邻有弊舆而欲窃之；舍其锦绣，邻有短褐而欲窃之；舍其粱肉，邻有糟糠而欲窃之。此为何若人也？"王曰："必为有窃疾矣。"墨子曰："荆之地方五千里，宋方五百里，此犹文轩之与弊舆也。荆有云梦，犀兕麋鹿盈之，江、汉鱼鳖鼋鼍为天下饶，宋所谓无雉兔鲋鱼者也，此犹粱肉之与糟糠也。荆有长松、文梓、楩、楠、豫樟，宋无长木，此犹锦绣之与短褐也。恶以王吏之攻宋④，为与此同类也。"王曰："善哉！请无攻宋。"

【注释】

①公输般：鲁国的巧匠，也称鲁般。设机：制造机械。②墨子：名翟。鲁国人，仕宋为大夫，倡导兼爱、尚同之说，今传有《墨子》。③重茧：厚茧。④恶：鲍本作"臣"，可从。吏：同"使"，派。

【译文】

公输般为楚国制造攻城的云梯，将用来攻打宋国。墨子听到这件事，步行万里，脚底磨起了厚茧，赶着去见公输般，对他说道：“我在宋国就听说您的大名。我想借助您的力量去杀掉宋王。”公输般说：“我是讲道义的，不杀宋王。”墨子说：“听说您在造云梯，将用来攻打宋国。宋国有什么罪？你讲道义不杀宋王，却攻打宋国，这是不杀少数人而杀多数人。请问您攻打宋国是什么道义呢？”公输般被说服了，墨子请他为自己引见楚王。

墨子见到楚王，说道：“假如这里有一个人，放着自己华美的彩车不坐，却想去偷邻居的一辆破车；放着自己锦绣织成的衣服不穿，却想去偷邻居的粗布短衫；放着自己家里的好饭好菜不吃，却去偷邻居的酒糟和糠皮。这是个什么样的人呢？”楚王说：“一定是有偷东西的癖好。”墨子接着说：“楚国土地纵横五千里，而宋国才不过五百里，这就如同用华美的彩车和破车相比。楚国有云梦泽，犀牛和麋鹿充斥其中，长江和汉水的鱼鳖、大鼋和鳄鱼，为天下最多，而宋国却是连野鸡、兔子、鲫鱼都不产的地方，这就如同用精美的饭菜和糟糠相比。楚国有高大的松树，带花纹的梓树，以及楩树、楠树、豫樟树等名贵树种，而宋国没什么大树，这就如同用锦绣和粗布短衫相比。因此我认为大王派兵攻打宋国，与有盗窃癖差不多。”楚王说：“说得好！我不去攻打宋国了。”

宋康王之时，有雀生䳟

宋康王之时，有雀生䳟于城之陬①。使史占之，曰：“小而生巨，必霸天下。”康王大喜。于是灭滕伐薛，取淮北之地，乃愈自信，欲霸之亟成，故射天笞地，斩社稷而焚灭之，曰：“威服天下鬼神。”骂国老谏曰[②]，为无颜之冠[③]，以示勇。剖伛之背，锲朝涉之胫[④]，而国人大骇。齐闻而伐之，民散，城不守。王乃逃倪侯之馆，遂得而死。见祥而不为祥，反为祸。

【注释】

①鸇：一种猛禽。②曰：黄丕烈认为“者”字之误。可参。③无颜之冠：指帽子遮不住额头。④锲：刻。

【译文】

宋康王时，有只小鸟在城墙角落里孵出了鸇。康王要太史占卜，卜辞说：“小鸟生大鸟，一定称霸天下。”康王非常高兴，于是，灭了滕国，进攻薛邑，又夺取淮北之地。他因此更加自信，希望霸王之业马上成功。所以上射天神，下鞭地神，砍断土神、谷神的牌位把它们烧掉，还说：“我的威力可以降服天下鬼神。”他骂国老中敢于直谏的大臣，戴着没有帽沿的帽子，以表示自己英勇。劈开驼子的背，斩断早晨过河人的小腿，因此国内大为骚乱。齐国听说后，出兵讨伐宋康王，于是百姓逃散，无人守城。宋康王只得逃到倪侯之馆，后被抓获杀死。看到吉祥却不做好事，吉祥反会变成灾祸。

智伯欲伐卫

智伯欲伐卫，遗卫君野马四[①]，（百）白璧一[②]。卫君大悦，群臣皆贺，南文子有忧色[③]。卫君曰：“大国大欢，而子有忧色何？”文子曰：“无功之赏，无力之礼，不可不察也。野马四，白璧一，此小国之礼也，而大国致之，君其图之。”卫君以其言告边境。智伯果起兵而袭卫，至境而反[④]，曰：“卫有贤人，先知吾谋也。”

智伯欲袭卫，乃佯亡其太子，使奔卫。南文子曰："太子颜为君子也，甚爱而有宠，非有大罪而亡，必有故。"使人迎之于境，曰："车过五乘，慎勿纳也。"智伯闻之，乃止。

【注释】

①遗（wei）：赠送。②百：黄丕烈等疑为"白"字误衍，今从。③南文子：卫悼公的相。④反：通"返"。

【译文】

智伯想攻打卫国，就送给卫君四匹名为野马的良马和一块白璧。卫君十分高兴，群臣都来庆贺，南文子却面有愁容。卫君说："全国上下一片喜庆，而你却愁眉苦脸，这是为什么呢？"文子说："没有功劳受到赏赐，没费力气得到礼物，不可以不慎重对待。四匹野马和一块白璧，这是小国送给大国的礼物，而如今大国却将这种礼物送给我们，您还是慎重考虑为好。"卫君把南文子的这番话告诉边防人员，让他们加以戒备。智伯果然出兵偷袭卫国，到了边境又返回去了，说："卫国有能人，预先知道了我的计谋。"

智伯还是想偷袭卫国，就假装太子逃亡，让他逃奔卫国。南文子说："太子颜是个君子，很受宠爱，他没有犯什么大罪却逃亡出来，这其中必有缘故。"南文子让人到边境迎接他，并告诫道："如果太子的兵车超过五辆，就不接纳他入境。"智伯听说后，只好停止了偷袭卫国的念头。

卫嗣君时，胥靡逃之魏

卫嗣君时，胥靡逃之魏[①]，卫赎之百金，不与[②]。乃请以左氏。群臣谏曰："以百金之地[③]，赎一胥靡，无乃不可乎？"君曰："治无小，乱无大。教化喻于民，三百之城，足以为治；民无廉耻，虽有十左氏，将何以用之？”

【注释】

①胥靡：指服刑的犯人。胥：相。靡：随。②与：许，同意。③之：犹“与”。

【译文】

卫嗣君执政的时候，一名犯人逃到魏国，卫国想用百金把他赎回来，魏国不同意。卫国竟要加上城邑左氏去赎。群臣劝谏卫嗣君说：“用百金和土地赎回一名犯人，这恐怕不合适吧？”卫嗣君说：“国家安定，就不算国小；国家混乱，就不算国大。教化深入人心，即使是三百户人家的城邑，也足可以安定；如果百姓不讲廉耻，即使有十个左氏城，则有什么用呢？”

卫人迎新妇

卫人迎新妇，妇上车，问：“骖马，谁马也？”御曰：“借之。”新妇谓仆曰：“拊骖，无笞服[①]。”车至门，扶[②]，教送母：“灭灶，将失火。”入室见臼，曰：“徙之牖下，妨往来者。”主人笑之。此三言者，皆要言也，然而不免为笑者，蚤晚之时失也。

【注释】

①拊：鞭打。服：古代一车四马，中间两匹叫服。②扶：下车。

【译文】

卫国有人迎娶新娘，新娘上车后，就问：“两边拉套的马是谁家的马？”车夫说：“借来的。”新娘对驾车夫说：“鞭打两边拉套的马，不要鞭打中间驾辕的马。”车到了新郎家门口，新娘下车时，又对护送的老妇说：“把灶火灭了，以防失火。”进了新房，看见舂米的臼，说：“把它搬到窗户下面，免得妨碍往来的人。”主人觉得她可笑。新娘几次说的话，都是切中要害的话，然而不免被人笑话，这是因为新娘说这些话的早晚时机掌握不当。

卷三十三　中山

阴姬与江姬争为后

阴姬与江姬争为后，司马憙谓阴姬公曰："事成，则有土子民；不成，则恐无身。欲成之，何不见臣乎？"阴姬公稽首曰："诚如君言，事何可豫道者。"司马憙即奏书中山王曰："臣闻弱赵强中山。"中山王悦而见之，曰："愿闻弱赵强中山之说。"司马憙曰："臣愿之赵，观其地形险阻，人民贫富，君臣贤不肖，商敌为资[①]，未可豫陈也。"中山王遣之。

见赵王，曰："臣闻赵，天下善为音，佳丽人之所出也。今者臣来，至境，入都邑，观人民谣俗，容貌颜色，殊无佳丽好美者！以臣所行多矣，周流无所不通，未尝见人如中山阴姬者也。不知者特以为神，（力言不能及也）[②]。其容貌颜色，固已过绝人矣。若乃其眉目、准頞[③]、权衡、犀角、偃月，彼乃帝王之后，非诸侯之姬也。"赵王意移，大悦曰："吾愿请之，何如？"司马憙曰："臣窃见其佳丽，口不能无道尔。即欲请之，是非臣所敢议，愿王无泄也！"

司马憙辞去，归报中山王曰："赵王非贤王也，不好道德，而好声色；不好仁义，而好勇力。臣闻其乃欲请所谓阴姬者。"中山王作色不悦。司马憙曰："赵，强国也，其请之必矣。王如不与，即社稷危矣；与之，即为诸侯笑。”中山王曰：“为将奈何?”司马憙曰：“王立为后，以绝赵王之意。世无请后者。虽欲得请之，邻国不与也!”中山王遂立以为后，赵王亦无请言也。

【注释】

①商：比较，计算。敌：王念孙认为“当为敲，字之误也”。商敲为资，即斟酌情况以为参考。②力言不能及也：《太平御览》引文无此六字，王念孙《读书杂志》列王引之说，“力”是“也”之误，“言不能及也”是高注误入正文。译文从之。③颎（è）：鼻梁。

【译文】

阴姬与江姬争着要做中山君的王后。司马憙对阴姬的父亲说：“争王后的事如果成功，您就能拥有封地子民；如果不成功，恐怕连性命都保不住。想要成功，为什么不来见我商量呢?”阴姬的父亲行礼叩头，说：“果真像您说的那样，厚报之事哪里用得着先说。”司马憙即刻向中山王上书说：“我知道使赵国弱、中山强的办法。”中山王很高兴，接见了司马憙，说：“希望听听使赵国弱、中山强的高论。”司马憙说：“我希望到赵国去，察看那里的地理形势，险要的关塞，人民贫富的生活情况，君臣贤愚的情况，斟酌情况以为参考，而不能无根据地陈说。”中山王于是派司马憙到赵国去。

司马憙拜见赵王，说：“我听说，赵国是天下擅长音乐、出美女的国家。现在，我来到赵国，到了大都市，去了小县城，听了民歌，看了风俗，也看到各色各样的人，实在没有见到什么美丽漂亮的女子。我到的地方不少，周游各地，无所不到，从未见到过像中山的阴姬那样的美人。不知道的人，还以为是仙女。那容貌、姿色，简直已经是绝代佳人了。至于那眼眉、鼻子、脸蛋、眉宇、额角，她真是帝王之后，绝不是诸侯的姬妾。”赵王的心被说动了，他非常高兴地说：“我想娶她，怎么样?”司马憙说：“我心里觉得她太美了，口里不知不觉就说出来了。如果想要娶她，这可不是我敢插嘴的，希望大王不要泄露出去。”

司马憙告辞，回报中山王说：“赵王不是贤德的君王，他不喜好道德，而喜好音乐、女色；不喜好仁义，而喜好勇武。我听说，他竟然还想娶阴姬哩。”中山王神情严肃，很不高兴。司马憙说：“赵国是强国，赵王想娶阴姬是娶定的了。大王如果不给，那么国家就危险了；如果给了，又要被诸侯们耻笑。”中山王说：“那可怎么办？”司马憙说：“大王可立阴姬为王后，以此断了赵王的念头。世上没有向人家求娶王后的道理。即使他想提出要求，邻国也不会赞同。”中山王于是立阴姬为王后，赵王也没有提出要娶阴姬的事。

中山君飨都士

中山君飨都士，大夫司马子期在焉。羊羹不遍，司马子期怒而走于楚，说楚王伐中山。中山君亡，有二人挈戈而随其后者，中山君顾谓二人：“子奚为者也？”二人对曰：“臣有父，尝饿且死，君下壶飡饵之①。臣父且死，曰：‘中山有事②，汝必死之。’故来死君也。”中山君喟然而仰叹曰：“与不期众少③，其于当厄；怨不期深浅，其于伤心。吾以一杯羊羹亡国，以一壶飡得士二人。”

【注释】

①下：给予。飡：《汉书》颜师古注韦昭曰：“熟食曰飡。”②事：指战事。③与：施舍，给予。期：限，在于。

【译文】

中山国君宴请国都里的士人，大夫司马子期也在其中。由于羊羹不够分，司马子期没有分到，便生气跑到楚国去了，劝说楚王攻打中山。中山君逃亡时，有两个人提着武器跟在他身后，中山君回头对这两个人说：“你们是干什么的？”两人回答说：“我们的父亲有一次饿得快要死了，您赏给一壶熟食给他吃。父亲临死时说：‘中山君有了危难事，你们一定要为他而死。’所以特来为您效命。”中山君仰天长叹，说：“施与不在于多少，在于正当人家困难的时候；仇怨不在于深浅，在于是否伤了人家的心。我因为一杯羊羹亡国，因为一壶熟食得到两个勇士。”

昭王既息民缮兵

昭王既息民缮兵，复欲伐赵。武安君曰：“不可。”王曰：“前年国虚民饥，君不量百姓之力，求益军粮以灭赵。今寡人息民以养士，蓄积粮食，三军之俸有倍于前，而曰‘不可’，其说何也？”

武安君曰：“长平之事，秦军大克，赵军大破；秦人欢喜，赵人畏惧。秦民之死者厚葬，伤者厚养，劳者相飨，饮食铺馈，以靡其财[①]；赵人之死者不得收，伤者不得疗，涕泣相哀，勠力同忧，耕田疾作，以生其财。今王发军虽倍其前，臣料赵国守备，亦以十倍矣。赵自长平已来，君臣忧惧，早朝晏退，卑辞重币，四面出嫁，结亲燕、魏，连好齐、楚，积虑并心，备秦为务。其国内实，其交外成。当今之时，赵未可伐也。”

王曰：“寡人既以兴师矣。”乃使五（校）大夫王陵将而伐赵[②]。陵战失利，亡五校[③]。王欲使武安君，武安君称疾不行。王乃使应侯往见武安君，责之曰：“楚地方五千里，持戟百万。君前率数万之众入楚，拔鄢、郢，焚其庙，东至竟陵，楚人震恐，东徙而不敢西向。韩、魏相率，兴兵甚众，君所将之不能半之，而与战之于伊阙，大破二国之军，流血漂卤，斩首二十四万。韩、魏以故至今称东藩。此君之功，天下莫不闻。今赵卒之死于长平者已十七八，其国虚弱，是以寡人大发军，人数倍于赵国之众，愿使君将，必欲灭之矣。君尝以寡击众，取胜如神，况以强击弱，以众击寡乎？”

武安君曰：“是时楚王恃其国大，不恤其政，而群臣相妒以功，谄谀用事，良臣斥疏，百姓心离，城池不修。既无良臣，又无守备，故起所以得引兵深入，多倍城邑④，发梁焚舟以专民⑤，以掠于郊野，以足军食。当此之时，秦中士卒，以军中为家，将帅为父母，不约而亲，不谋而信，一心同功，死不旋踵。楚人自战其地，咸顾其家，各有散心，莫有斗志。是以能有功也。伊阙之战，韩孤顾魏，不欲先用其众。魏恃韩之锐，欲推以为锋。二军争便之力不同，是以臣得设疑兵，以待韩阵，专军并锐，触魏之不意。魏军既败，韩军自溃，乘胜逐北，以是之故能立功。皆计利形势，自然之理，何神之有哉！今秦破赵军于长平，不遂以时乘其振惧而灭之，畏而释之⑥，使得耕稼以益蓄积，养孤长幼以益其众，缮治兵甲以益其强，增城浚池以益其固。主折节以下其臣，臣推体以下死士。至于平原君之属，皆令妻妾补缝于行伍之间。臣人一心，上下同力，犹勾践困于会稽之时也。以合伐之，赵必固守。挑其军战，必不肯出。围其国都，必不可克。攻其列城，必未可拔。掠其郊野，必无所得。兵出无功，诸侯生心，外救必至。臣见其害，未睹其利。又病，未能行。”

应侯惭而退，以言于王。王曰：“微白起⑦，吾不能灭赵乎？”复益发军，更使王龁代王陵伐赵。围邯郸八九月，死伤者众，而弗下。赵王出轻锐以寇其后，秦数不利。武安君曰：“不听臣计，今果何如？”王闻之怒，因见武安君，强起之，曰：“君虽病，强为寡人卧而将之。有功，寡人之愿，将加重于君。如君不行，寡人恨君。”武安君顿首曰：“臣知行虽无功，得免于罪。虽不行无罪，不免于诛。然惟愿大王览臣愚计，释赵养民，以诸侯之变[⑧]。抚其恐惧，伐其憍慢，诛灭无道，以令诸侯，天下可定，何必以赵为先乎？此所谓为一臣屈而胜天下也。大王若不察臣愚计，必欲快心于赵，以致臣罪，此亦所谓胜一臣而为天下屈者也。夫胜一臣之严焉[⑨]，孰若胜天下之威大耶？臣闻明主爱其国，忠臣爱其名。破国不可复完，死卒不可复生。臣宁伏受重诛而死，不忍为辱军之将。愿大王察之。”王不答而去。

【注释】

①靡：通“糜”，消费，浪费。②校：据黄丕烈等说删。五大夫为秦爵第九级。③五校：校，古代部队每八百人为一校，即主尉。五校为四千士兵。④倍：益，增加。⑤发梁：拆毁桥梁。⑥畏而释之：因其畏惧屈服而释放赵国。⑦微：没有。⑧以：下有缺文，或以为“待”字，等待。⑨严：威严。

【译文】

秦昭王已使百姓得到休息，修缮了武器，又想攻打赵国。武安君说：“不行。”秦昭王说：“前一年，国家府库空虚，人民遭受饥饿，您不估量百姓的能力，要求增加军粮去消灭赵国。现在寡人使百姓得到休息，士卒得到休养，蓄积了粮食，全军的给养又超过从前一倍，您却说‘不行’，为什么这么说呢？”

武安君说：“长平大战，秦军大胜，赵军大败；秦国人欢喜，赵国人害怕。秦国人战死的给以厚葬，受伤的给以精心治疗，有功绩的设酒食给予慰劳，百姓借机请客聚餐，浪费了财物；赵国人战死的无人收殓，受伤的得不到医疗，军民悲泣哀号，齐心协力，同甘共苦，努力耕田，以增加财产。现在大王派兵虽然双倍于以前，我预料赵国的守备力量也会十倍于从前。赵国从长平之战以来，君臣忧愁恐惧，早上朝，晚退朝，用谦卑的言辞，贵重的礼品，向四方派出使节，结交盟友，与燕、魏结亲，与齐、楚结盟。他们千方百计，同心同德，致力于防备秦国来犯。赵国国内财力充实，外交活动成功。现在这个时候，赵国不可以攻打。”

秦昭王说：“寡人已经派兵了。”于是他派出五大夫王陵率军攻打赵国。王陵战败，损失了四千士兵。秦王又要派武安君白起，武安君声称有病不去。秦王于是派应侯范雎去见武安君，责备他说：“楚国土地方圆五千里，战士百万。您从前率领数万军队攻打楚国，攻下了楚鄢、郢等地，烧了他们的宗庙，一直打到东面的竟陵，楚国人震惊，往东迁都而不敢向西抵抗。韩、魏两国前后相随，动员大批军队，而您率领的军队不及韩、魏联军的一半，却与他们大战于伊阙，大败了韩、魏二国联军，以致血流成河漂起了大盾，共斩首二十四万。因此，韩国、魏国至今还称作秦国东面的属国。这是您的丰功，天下人无不了解。现在赵国士卒死于长平之战的已有十分之七八，赵国虚弱，所以寡人派遣大军，人数是赵军的数倍，希望派您领兵出战，一定要消灭赵国。您曾以少击多，获胜如神，何况现在是以强攻弱，以多攻少呢？”

武安君说：“当时楚王依仗他的国家大，不顾国政，而大臣们相互嫉妒争功，阿谀谄媚之臣掌权，贤良的忠臣受到排挤，百姓离心离德，护城河也不修浚。既无良臣，又无守备，所以我能够带兵深入楚国，占领了很多城邑，拆除桥梁、烧毁船只以绝归路，来坚定百姓作战的决心，并在郊野各处寻找食物，来补充军粮。在那个时候，秦国的士兵，把军队当做自己的家，把将帅当做自己的父母；没有经过约定，大家都很亲近；没有经过商量，大家都很信任；全军上下同心同德，抱着必死的决心，至死也不回头。相反，楚国人在自己的国家作战，都只关心自己的家，全军将士没有斗志。所以，我才能够建立战功。在伊阙战役中，韩军势力孤单，等待魏军，不愿首先动用自己的军队。魏军依靠韩军精锐，想推韩军打头阵。韩、魏两军争利，不能同心协力，所以我有机会能够设置疑兵，与韩军对阵而不决战；并集中精锐，组织劲旅，出其不意，进攻魏军。魏军已经战败，韩军自然溃散。我们乘胜穷追败军，因此才能够建立战功。这都是由于谋划得当，利用形势，随机应便，符合自然的道理，哪有什么神奇可言啊！秦国在长平打败了赵军，不抓住时机趁赵国畏惧而灭掉它，却因赵国畏惧归服而放弃进攻，让他们能够从事耕种，增加积蓄；使孤儿得以养育，幼儿成长，以增加人口；修缮兵器，以增强战斗力；增高城墙，修浚护城河，以巩固防守。国君放下架子，对臣下以礼相待；臣下对敢死之士推心置腹，同甘共苦。至于平原君赵胜这类人，都让他们的妻妾到军营中为战士缝补衣裳。臣民一心，上下协力，如同越王勾践当初被困在会稽山上受辱而后卧薪尝胆、励精图治一样。现在如果攻打赵国，赵国必定拼死坚定；如果向赵军挑战，他们必定不出战；包围其国都邯郸，必然不可能攻克；攻打赵国其他的城邑，必然不可能攻下；掠夺赵国的郊野，必然一无所获。我国对赵国出兵毫无战功，诸侯就会产生抗秦救赵之心，赵国一定会得到诸侯的援助。我只看到攻打赵国的危害，还没有看到有利之处；再加上我有病，所以不能出征。”

应侯范雎惭愧地退下，把白起的话告诉了秦王。秦王说：“没有他白起，我就不能灭掉赵国吗?”又增加兵力，另派王龁替换王陵攻打赵国。包围赵都邯郸八九个月，死伤人数很多，却没有攻下。赵王派出轻兵锐卒袭击秦军的后路，秦军接连失利。武安君说：“不采纳我的计谋，现在到底怎么样呢?”秦王听说后大怒，于是亲自去见武安君，强迫他起来带兵，说：“您虽然生病，也要为寡人带病指挥。如果建立军功，这是寡人的心愿，一定重赏您；如果您不去，寡人怨恨您。”武安君叩头致礼，说：“我知道出战即使无功，也可以免于获罪；不出战即使没有罪过，却不免于处死。但还是希望大王接受愚见，放弃攻打赵国，让人民养精蓄锐，以等待诸侯的关系变化。安抚他们中担惊害怕的，讨伐他们中骄傲轻慢的，消灭他们中昏庸无道的，这样来号令诸侯，天下可定，何必先要攻打赵国呢？这就是所谓‘为白起一臣屈服，却可以战胜诸侯’的做法呀。大王如果不明察我那愚计，一定要求得一时痛快消灭赵国，致使我获罪，这也就是所谓‘取胜白起一臣，而被诸侯所屈服’的做法呀。取胜一臣的威严，哪里比得上战胜诸侯的威严大呢？我听说，明君爱他的国家，忠臣爱他的名誉；灭亡的国家不可能再复原，死去的士卒不可能再复活。我宁愿受重罪而死，也不忍心做一个辱军败国的将领。希望大王谨慎考虑。”秦王没有回答，转身离开了。